経営学を創り上げた思想

経営学史学会編

〔第十一輯〕

文眞堂

巻頭の言

経営学史学会理事長　佐々木　恒　男

経営学史学会第十一回全国大会は平成十五年五月、龍谷大学深草学舎を会場に、三日間の会期で開催された。大会開催を引き受け、お世話下さった龍谷大学の関係者の皆さんに、学会を代表して衷心より御礼を申し上げたい。

今大会の統一論題は「経営理論における思想的基盤」であった。統一論題の選定は理事会で行われるが、そのたたき台をつくる学会運営委員会ではかなり突っ込んだ議論が行われた。

経営の諸理論は、それぞれの国や地域の具体的な時代的背景のなかから生まれてくるが、同時に特定の論者のおかれた限定された個人的諸事情、たとえば家庭の状況とか個人の宗教、思想、信条、価値観などが理論構築に大きく関わっているのである。ウエーバーのいう「プロテスタンティズムの倫理」がどのように経営理論と結びつくのか、マリアンヌの国のカソリシズムがどのような経営理論と、どこで、いかように関わり合うのか、内なる光を信奉するクエーカーがどこで、どのように経営理論を生み出したのか、などである。

日の本の国であれば、伝統的な既成宗教よりも、「道」なる概念こそ、興味を惹き起こす。華道、花道、歌道に、茶道、香道、弓道、柔道に剣道、空手道、そして武士道等など、この国ではすべてが「道」に繋がる。挙句の果てには、上野陽一の「能率道」なるものまでが登場する。これは一体、何なのか。

経営理論の基底に潜むこのような信仰や価値意識の問題は、通常は捨象される。このような問題を公の場で議論するのは、あるいはタブーであるのかもしれない。それを承知で、この問題を意図的に俎上にのせて吟味し、経営の理論を文化価値的に捉え直そうというのは、一部マニアの嗜好ではなく、経営学の理論研究に必須のものであると考えられる。

「人はパンのみにて生きるにはあらず」、されどまた「人は信仰のみにては生きられもせず」である。物心二元の間において、経営理論を把握し、理解しようという壮大な試みが、今回の大会の構想であった。最後の報告まで、大勢の会員が残られ、熱心に議論されていたことからすれば、統一論題は会員諸氏のご要望にある程度はお応えできたのかも知れないと、安堵している。

目　次

目次

Ⅰ

経営理論における思想的基盤

一　経営学における実践原理・価値規準について

——アメリカ経営管理理論を中心として——

仲田正機

一　はじめに

英国を拠点にビジネス・ジャーナリストとして活躍している、スチュアート・クレイナー（Stuart Crainer）は二十世紀マネジメントの思想と実践（thought & practice）をサーベイした近著のなかで、二十一世紀における「経営の考え方や実践の両方で価値観の重要性が増している」ことを強調している（Crainer 2000, p. 218）。この指摘じたいにはまったく異存はない。しかし、ことば尻を捉えてのコメントではあるが、価値観や行動規範は二十世紀マネジメントの思想と実践にとっても重要であったことを見落としてはならない。まさにこの点について、おもに経営学史の視点からマネジメント理論における価値規準について検討を加えることが、ここでの課題なのである。したがって、ここでは特定の個別企業における実践原理の具体的・特殊的な態様に関する経営史の視点からの論究は避けることにする。

それで、本書における諸研究との関連で言えば、本稿はおもにアメリカ経営管理論史のなかで一九三〇年代および一九七〇年代に見られた価値規準の転換、すなわち能率基準の拡大と価値規準の多元化について論究することによって、本書における私の役割と責任の一端を果たすように努めたい。その際、マネジメントの実践・理論・思想（価値、規範、文化等々）の相互作用と相互関係に関する分析の大枠は、ほぼ定説化した既存の捉え方に基づいて設定されているので、この点についての説明は省くことにする。

二　全般的管理への問題領域の拡大

現代における経営管理論は、全般的管理またはトップ・マネジメントの観点から企業の経営組織や非営利組織の全体構造を認識し、それらにたいする管理システム、管理過程、および管理職能のあり方について研究している。その源流をなすアメリカ経営管理論は、かの垂直統合型巨大企業における管理システムを基盤にして、そこでの実践的諸課題に応え得る理論として発展してきた（仲田正機、一九八五年）。

工場や生産の管理、販売や人事の管理など、職能別分野ごとに行われていたマネジメント研究のなかに全般的管理（general management or general executive）の視点を最初に導入したのは、チャーチであった。彼は、一九一四年に取締役の固有の役割が企業の方針決定であることを、*The Science and Practice of Management* のなかで指摘したが、一九二〇年代になるとそれを受けてシェルドンは、*Harvard Business Review* (Vol.IV, No. 1, 1925) において経営方針の客観的諸条件に関する分析的研究の成果、"Policy and Policy-Making"を発表し、この研究領域に先鞭をつけた。さらに一九三〇年代にはGM社に関係のあった人々、ムーニーとライリーの共著 *Onward Industry!* (1931)、およびデイヴィスの *The Principles of Business Organization and Operation* (1935) によって、経営管理論のなかにトップ・マネジメントの観点が確立された。デイヴィスは、レンへの手紙の中でチャーチの考え方から学んだこと、および（一九三〇年に英訳された）ファヨール *Administration Industrielle et Generale*（1916）における所説にふれたことが自分の管理に関する思考に定型を与えたと伝えている。すなわち、デイヴィスはチャーチとファヨールから影響を受けて、全般的管理の視点から企業の経営組織を分析する思考を固めたのであった。

全般的管理の内容について、はじめて本格的な研究をまとめたのはムーニーとライリーであったと言える。彼らは、「組織とは共通目的を達成するためのあらゆる人間的共同（human association）の形式である」と捉え（Mooney and Reiley 1931, p. 10）、また「管理とは組織の計画と手続きに作用し、方向づけてそれを統制する活動である」と捉えている（*Ibid.,* p. 13）。

彼らの組織と管理の概念は、職能部門別管理の個々の分野でなく、はっきりと全般的管理の在り方を問うものであり、それまでのアメリカ経営管理論における問題領域の範囲を打ち破るものであった。この点について、ジョージは「その後の著作者たちは、ムーニーの分析を自分勝手に借用してきたし、・・・中略・・・、より人間主義的接近をなすための概念的枠組みとして彼の諸概念を利用したのである」と述べたほどである（George, 1968, p. 208）。

しかしながら、ムーニーとライリーは「人間関係論」の基礎となったホーソン実験によって提起された組織の社会学ないし社会心理学的側面については、時間的・経過的な制約も影響してか、それらについては触れることがなかった。

三　心理-社会学的側面への研究対象の拡大

一九二〇年代に開始されたホーソン実験は、紆余曲折を経てインフォーマル集団とそこに作用する社会的規制力の存在を発見するのに貢献した。メイヨーやレスリスバーガーなどの「人間関係論」は、ここに立論の根拠を置いている。レスリスバーガーは、職場の労働者は一人ひとりが孤立したアトム的な個人でなく、「一つの集団ないしいくつかの集団の成員である」ことを強調している（Roethlisberger, 1941, p. 208）。そして、彼は職場の労働者が集団のなかに形成される共通感情・行動規範に影響されて行動することを重視する。この点に着目して、彼はフォーマル組織が能率と費用の論理に基づく評価システムを持ち、労働者の社会的接触を通じて形成されるインフォーマル組織が「感情の論理」によって動くことを指摘し、そこには一人ひとりの労働者の行動規範となる「社会的規制力」が存在することを見抜いていく。こうして、レスリスバーガーは職場の全体状況、すなわちインフォーマル組織の行動規範を充分に把握した上で、人間協働を獲得できるように人事管理を改善すべきだと主張した（*Ibid.*, p. 134）。

このように、「人間関係論」は組織の社会学的側面ないし社会心理的側面を強調しているところに特徴があり、またバーナードが彼らの諸研究（Mayo, 1933, Whitehead 1936）をあげて「フォーマル組織と結合したインフォーマル組織は、・・・中略・・・、今までは経営組織の生産レベルだけについて明確に研究されてきたにすぎない」（Barnard, 1938, pp. 121-122）と述べたように、「人間関係論」は問題領域を生産組織に限定した心理-社会学的研究として特色づけられる。

こうして、アメリカ経営管理論は一九三〇年代において、一方ではムーニーとライリーによって問題領域が「組織と管理」の一般理論へと拡大され、他方ではメイヨーとレスリスバーガーらによって、研究対象が生産組織の心理-社会学的研究へと拡大されたのであった。ムーニーとライリーは、公式組織における全般的管理を見ているが、インフォーマル組織を無視しているし、メイヨーとレスリスバーガーは生産組織のなかのインフォーマル組織に注目しているが、しかし公式組織の全般的管理を見ていない。

四　経営管理論における理論構成の転換

一九三〇年代には、ファヨール、デイヴィス、およびムーニーとライリーの全般的管理理論が存在したが、「人間関係論」はその対立であり否定である。したがって、否定の否定、ないし対立の統一としての新たな統合理論が現れなければならなかったし、実際に現れてきた。それがバーナードの経営理論であった。この点については、かつてアンドリュウスが述べたとおり、「もしわれわれがバーナードの著書の・・・組織文献における地位を見ると、まず次のことに注目しなければならない。すなわち、バーナードはウエスタン・エレクトロニック実験の報告が、F・W・テイラーの業績とアンリ・ファヨールによって形成された諸理論に対立しかけたところに、自分の思考に定型を与えた」(Barnard：30th anniversary ed., pp. IX-X) のであった。

バーナードは、ニュージャージー・ベル電話会社における社長としての体験をも踏まえながら、パレートの社会学、およびそれについての研究成果でもあるヘンダーソンの社会システム論に依拠して、「協働システム」の概念を確立した上で「組織と管理」の一般理論を発展させた。その際、バーナードは七年前にムーニーとライリーが定立した「共通目的達成のための人間の共同」の概念に、ホーソン実験からの成果を吸収して、加工を施しているように見える。この加工をつうじて、彼自身の言葉によれば、「公式組織の社会学」(主著の「日本語版への序文」三四頁) を著したのである。

ここで、私たちが注目したいのは、ムーニーとライリーにしても、またバーナードにしても、どちらも組織の構成員ないし貢献者を、従業員、管理者、株主だけでなく、消費者または顧客を含めて理論を組み立てている点である (鈴木幸毅、一九七五年、七五頁、仲田正機、一九八五年、五五頁)。とりわけ、バーナードはこの視点をいっそう明確にしている。すなわち、彼は「産業の組織に関するかぎり、貢献者のうちでもとくに従業員グループに強調を置いているが、『顧客』もひとしく含めている・・・。ここで論じた原理（誘因による貢献の確保の原理・・・仲田）は、人の雇い入れのみならず、販売活動にも関係する」（Barnard, 1838, p. 229）という。周知のとおり、このバーナードの見地は「組織の三つの基本形態」、すなわち顧客の参加の型、従業員の参加の型、および専門経営者の参加の型を識別して、組織均衡を論ずるサイモンに受け継がれて行く。

このように、バーナードたちによって組織構成員の理解が著しく広げられたので、組織の最終的な「共通目的」は、特定貢献者グループのインタレストに関わるのでなく、より遠大で理念的なもの、すなわち彼が「社会的、倫理的、ならびに宗教的な価値」（*Ibid.*, p. 306）と呼んだものに関わることになる。

五　経営管理論における能率基準の拡大

アメリカで発達した管理の諸理論は、いわゆる能率増進運動（efficiency movement）のなかで技師（engineer）たちによる実践活動をつうじて理論化された経緯から、「時間あたり出来高の増大」、「標準作業量にたいする実際作業量の比率の増大」などを価値規準としてきた。こうして、二十世紀の初頭までに経営学や経済学の分野にも能率という用語が使われるようになったとされる（Simon, 1945, pp. 180–181）。

「能率」という用語は、さまざまの分野に使われ、それに応じてさまざまに定義されているが、それは一定の資源の使用から最大の成果を引き出すというエンジン技師たちの思考に支えられて生じたものである。この能率という価値基準（value criterion of efficiency）が、さまざまの管理論の実践原理・価値規準となっていたのである。テイラーの管理論は勿論であるが、初めて全般的管理の視点を打ち立てたチャーチによる「実践的指針（practical guidance)」としての「労力の法則（law of effort)」の定式化（仲田正機、一九八五年、七六―八二頁）の試みもそうであったように、能率基準はさまざまに表現されながらもアメリカ経営管理論の最高の価値規準となっていた。

ところで、一九二〇年代までの能率の価値基準は、部分的な労働または個別的な管理活動における能率の増大が全体のそれを達成するという仮定のうえに成り立っていた。例えば、チャーチの場合でさえ、「労力の法則」という能率の原理は、生産の有機的諸職能のすべてに、しかも個別的に適用されるべきものであった（Church, 1914, p. 112)。しかしながら、一九三〇年代における経営管理論では価値規準としての能率概念に大きな変化が見られた。ホーソン実験は、初期には生産能率に影響を与える諸要因の解明を目指して開始されたが、そこから生まれた「人間関係論」は職場のインフォーマル組織の行動規範を重視することになった。ここには、価値規準の多元化のはしりが見られるが、この時点では「はしり」以上のものではなかった。一九三〇年代において経営管理論における能率基準の概念を画期的に塗り替えたのは、やはりバーナードであった。

バーナードは、それまでのような個別的・部分的な職能別の管理論ではなく、「協働システム」という包括的な概念に基づいて「組織と管理」の一般理論を確立しようとしたので、能率基準も広げられるのは当然である。周知のとおり、バーナードは「有効性」と「能率」を区別している。彼によれば、協働の有効性とは協働行為の確認された目的の達成の程度をあらわし、協働システムの能率とは協働システムが提供する個人的満足によって自己を維持する能力である（Barnard, 1938, pp. 55-57)。

バーナードにとって、この意味での能率が意義をもつのは「管理職能の諸要素が生きたシステムへ結合する」（*Ibid.*, p. 233）過程、言い換えると「全体感（the sense of the whole）が意思決定の支配的な基準となるような全般的な組織行動の部面」（*Ibid.*, p. 235）においてである。この意味での能率は、全体組織（whole organization）

からみた統制に関係するのであり、この「組織の能率」は「組織の四重経済（quadruple economy）」から生ずる（*Ibid.*, p. 254）と理解されている。

こうして、バーナード理論においては「組織の能率」という基準が全般的な組織行動の部面、ないしは全般的な管理過程にとっての実践原理または価値規準となっているのである。まさに「能率は常に全体という観点（the viewpoint of the whole）が支配している」（*Ibid.*, p. 238）とバーナードが述べているとおり、部分的労働や個別的管理の内部における実践原理・価値規準でなく、全体指向のそれに変化していることに注目しなければならない。ここでは、この意味の能率基準が第二次大戦後にはサイモンの組織均衡の理論に継承されたことを指摘するにとどめたい。

六　経営管理論における価値規準の多元化

第二次大戦後のアメリカ経営管理論における価値規準は、一九六〇年代まではバーナードとそれを継承したサイモンによって主張されたもの、すなわち組織全体の観点からの能率基準が支配的となっていた。もっとも、人事労務管理・人的資源管理の分野では、マズローやハーズバーグ、リッカートやマックレガーなどにより、能率基準とともに従業員個人の価値観、職場における人間性、管理システムの民主制などの価値を重視する主張・提案がなされるようになった（仲田正機、一九八五年）。これらの動きが全般的管理を取り扱う経営管理論の分野に見られるようになるには少し後のことであった。

一九六〇年代の後半以降、経営管理論はトップ・マネジメント機能に関する分析的・記述的な研究だけでなく、「どう解決したらよいか」についての実践的・規範的な研究としても展開されるようになった。これは、旧来の経営方針論が企業戦略論ないし戦略的管理論として転換されることを意味する。この点は、アンソフが最初の著書 *Corporate Strategy* (1965) に「成長と拡張をめざす経営方針への分析的アプローチ」というサブタイトルをつけたこと、その原稿が経営大学院や経営者訓練コースにおいて「経営方針」科目のテキストに使われたことなどにも表われている。アンソフは、企業トップ・マネジメントの戦略的意思決定が「企業とその環境との関係に係わるもの」との見地から、市場浸透、市場開発、製品開発という成長・拡大戦略と、シナジー効果を得る多角化戦略とに大別するとともに、この記述的な分析に基づく戦略概念を企業の経営計画に適用して「戦略的計画化」として実践すべきであるとする、規範的な主張も行っている。

一九七〇年代後半になると、アンソフは東ヨーロッパの学者との共同著作 *From Strategic Planning to Strategic Management* (1977) という業績を世に問い、続いて単独著書 *Strategic Management* (1979) を出版した。これらの著書を通じて、彼は記述的な分析と規範論としての戦略的管理論を結合するとともに、企業だけでなく学校や病院などの非営利組織にも適用できる包括的で一般的な戦略的管理論を構築し、次の三点において理論の展開を図った。

第一に、戦略問題の分析を深め、①管理上の問題の次元では、「企業外との関係」のほかに「企業内部の能力配置」の問題への分析を加え、②過程の次元では「(問題解決) 計画化」のほかに「(行動) 実行・統制」の過程の分析を加え、③目的規定の次元では投資利益率の設定とその最適化という「技術・経済」目的のほかに、「心理・社会」と「政治」という目的変数を加えて分析を広げ、かつ深めた。

第二に、それまで企業だけで展開されていた戦略問題は、一九七〇年代になると病院や大学など非営利組織でも重視されるようになったので、それらにも適用できる戦略的管理の規範的な理論の構築をめざした。

第三に、こうして営利企業だけでなく非営利組織の実践的な戦略的課題にも応えるために、「組織構造は企業戦略に従う」という命題を部分的に否定して「戦略は組織（能力）に従う」という命題を内包する「環境に貢献する組織（environment-serving organization）」の理論を提案している。

このように、アンソフの企業戦略論は記述的な分析の段階から、しだいに実践的な規範論の性格を強める過程で、価値規準についても能率基準に収斂するであろう技術・経済的な価値とともに、心理・社会的な価値や政治的な価値を加えるようになった。目的規定、または価値規準に「心理・社会」と「政治」の変数を加えたのは、彼の理論が企業だけでなく非営利組織の戦略課題にも応える理論へと拡大されたことに関連するかもしれない。とにかく、アンソフの経営管理理論は単なる記述的分析にとどまらず、それに基礎づけられた実践志向の強い規範論としての性格を強めるとともに、理論のなかに価値規準の多元化を確立した点に注目しておきたい。

七　おわりに

本稿は、アメリカ経営管理理論の代表的な学説のなかに示された価値、行動規範、実践的な原理のもっとも基底をなすものは何かという点にこだわって検討してきたが、ここでの考察はまるで宇宙空間からの偵察撮影のごときものにすぎない。経営理論と実践における思想的基礎を解明するためには、ある時代の特定人物の学説や実践を深く考察・検討しなければならないであろう。それらは、その人が属する学派の研究マインドや個人の思想・信条によっても特色づけられており、研究方法における格段の進展が求められるであろう。これらの課題が本書において達成されつつあると確信できるのは、誠にさいわいである。

参考文献（引用順に引用文献だけを挙げる）

Crainer, S., *The Management Century: A Critical Review of 20th Century Thought & Practice,* Booz-allen & Hamilton Inc., 2000.（嶋口充輝監訳『マネジメントの世紀』東洋経済新報社。）

仲田正機『現代アメリカ管理論史』ミネルヴァ書房、一九八五年。

Barnard, C. I., *The Functions of the Executive,* Harvard University Press, 1938.（山本安次郎・田杉競・飯野春樹訳『新訳　経営者の役割』ダイヤモンド社。）

Church, A. H., *The Science and Practice of Management,* The Engineering Magazine Company, 1914.

Mooney, J. D. and Reiley, A. C., *Onward Industry!: The Principles of Organization and their Significance to Modern Industry,* Harper & Brothers, 1931.

Fayol, H., *Administration Industrielle et Generale,* 1916.（佐々木恒男訳『産業ならびに一般の管理』未来社。）

鈴木幸毅『組織と管理の批判的研究』中央経済社、一九七五年。

George, Jr. C. S., *The History of Management Thought,* Prentice-Hall, Inc. 1968.（菅谷重平訳『経営思想史』同文舘出版。）

Roethlisberger, F. J., *Management and Morale,* Harvard University Press, 1941.（野田一夫・川村欣也訳『経営と勤労意欲』ダイヤモンド社。）

Mayo, G. E., *The Human Problem of an Industrial Civilization,* Harvard University Press, 1933.（勝木新次・村本栄一訳『産業文明における人間問題』日本能率協会。）

Whitehead, T. N., *Leadership in a Free Society: A Study in Human Relations Based on an Analysis of Present-day Industrial Civilization,* Harvard University Press, 1936.

Henderson, L. J., *Pareto's General Sociology: A Physiologist's Interpretation,* Harvard University Press, 1935.（組織行動研究会訳『組織行動論の基礎』東洋書店。）

Simon, H. A., *Administrative Behavior: A Study of Decision-making Process in Administrative Organization,* The Macmillan Company, 1945.（松田武彦・高柳　暁・二村敏子訳『経営行動』ダイヤモンド社。）

Ansoff, H. I., *Corporate Strategy,* McGraw-Hill, Inc., 1965.（広田寿亮訳『企業戦略論』産業能率短期大学出版部。）

Ansoff, H. I., Declerck, R. G. and Hayes, R. l. (eds.), *From Strategic Planning to Strategic Management,* John Wiley & Sons, 1977.

Ansoff, H. I., *Strategic Management,* The Macmillan Company, 1979.

二　プラグマティズムと経営理論
――チャールズ・S・パースの思想からの洞察――

岩田　浩

一　序言――分析の視点――

「プラグマティズム」は、十九世紀末から二十世紀初頭にかけてアメリカ東海岸を中心に展開された思想運動から生まれたものである。ギリシア語で「行為」を意味する「**プラグマ**（*pragma*）」に語源をもつ、このプラグマティズムという言葉は、一般用語としては、しばしば「実用主義」だとか「現実主義」と訳され、使用されることが多い。だが、プラグマティズムを一つの哲学・思想として、その成立過程から少し立ち入って見ていけば、それはこうした一般的な見方とは程遠いものであることが容易に理解できる。

本稿では、このプラグマティズムを通俗的な意味ではなく、あくまで哲学的な意味で根源から捉え、その思想的特徴を浮き彫りにしたうえで、それが経営学の理論的・方法論的研究にどのような有意味な視点を提供しうるのかを考察することにしたい。ところで、史実に即して言えば、プラグマティズムという言葉が初めて哲学界で広く紹介されたのは、一八九八年八月二六日、カリフォルニア大学でウィリアム・ジェイムズが行なった講演、「哲学的概念と実際的結果」[1]においてである。この講演で、ジェイムズは、プラグマティズムの原理が一八七〇年代にチャールズ・S・パースによって生み出されたものであることを明言している。したがって、プラグマティズムの思想の真髄を正確に理解するには、何よりもまず「パースの門」をくぐらなければなるまい。

そこで、ここでは、パースを軸にしてプラグマティズムが一つの哲学的理論として確立されていく過程を概観することから始めることにする。その際、まず、プラグマティズムの原点として比較的一般によく知られている彼の初期の哲学的理論を取り上げ、プラグマティズムの根本的なテーゼを確認してから、一九〇三年に彼が行なった、通称「プラグマティズムに関するハーバード講義」を重点的に検討することにしたい。というのも、このハーバード講義は、一般にはあまり知られてはいないが、本論で明らかにするように、それは彼の思想の転換点に当たるだけでなく、プラグマティズムに内在する規範論的性格を初めて明確に打ち出したという点でも、極めて重要な意味をもつように思われるからである。こうした予備的な考察を踏まえたうえで、プラグマティズムなる思想が経営学の理論研究にどこまで迫りうるのかを見定めることにしよう。

二　プラグマティズムの原点――パースの「探究の理論」と「意味の理論」――

パースは、一八八七年から翌年にかけて、科学論に関する六篇の連続論文を発表したが、そのうちの最初の二つの論文が一般にプラグマティズムの思想的源流であると言われる。そこで、まず、これら二論文に目を通そう。

かねてより反デカルト主義的な立場から超越的・無媒介的な直観主義的認識論を否定し、「既知の事実を考察することで未知の事実を発見することをめざす」推論に基づいた人間の思考と認識の優位性を指摘してきたパースにとって、推論の妥当性をいかにして確保するかは極めて重要な問題であった。第一論文「信念の固定化」[2]は、探究の理論を展開することにより、この問題に直接迫るものである。

パースによると、探究とは「疑念が刺激となって信念に到達しようとする努力」、端的に言えば、疑念から逃れて信念に至る思考過程のことである。われわれは、既存の信念に基づいて行為した結果、この信念と行為との間に何らかの軋轢なり葛藤が生じた場合、不快で不満な状態に陥る。疑念とは、このような状態を示唆し、そこから脱却して新たな行動習慣としての信念を確立するために探究が開始されるのである。かくして、「探究の唯一の目的は信念の確定」、すなわち行為への傾向性としての習慣の確定を追求するところにあると考えられる。パースは、探究をこのように規定したうえで、信念を確定する最も妥当な方法として、われわれ自身の信念を客観的・社会的事実に一致させようとする「科学の方法」を推奨するのである。

かように、探究の目的が客観的妥当性の追求を通じた信念の確定であるとするならば、こうした信念の確定化をめざす認識作用はどのような方法で規制されるべきなのであろうか。この問いこそ、パースの第二論文「われわれの観念をいかにして明晰にするか」[3]の主題であるのだ。

彼によれば、われわれの思考を明晰にし、その意味を明確化するには、その思考がいかなる習慣を生み出すのかということを理解しさえすればよい。そこで、彼は、われわれの観念の意味を明確化するために、以下のような規則を提示するのである。

「われわれの概念の対象について、それが実際的意味をもつと考えられる効果としてどのような効果をもつと考えられるか、を考察してみよ。そのとき、これらの効果についてのわれわれの概念がその対象についてのわれわれの概念のすべてである」[4]。

要するに、この規則の言わんとすることは、われわれの認識内容は、行為と関係づけられることによって初めてその意味を有することができるということである。この規則こそ、いわゆる「プラグマティズムの格率（pragmatic

maxim)」の最初の定式化であり、その原型として最も頻繁に取り上げられる有名な一文なのである。
このように、パースは、デカルト主義に依拠した直観主義的認識論に代わる新たな認識論として、現前する疑念から逃れて信念を確定することに関わる「探究の理論」と、われわれの認識を明晰化するために認識内容をわれわれの行為の実際的効果と関係づけて解釈すべきことを説く「認識の意味の理論」とを打ち立てた。この二つの理論こそプラグマティズムの最も根本的なテーゼであり、他のプラグマティストの思想にも基本的に通底するものなのである。その意味で、これら二つの論文は、一般にプラグマティズムの理論的礎石であるとみなされている。

もっとも、パースは、これらの論文の中では「プラグマティズム」という言葉を用いてはいない。冒頭で述べたように、かかる概念は、ジェイムズの一八九八年の講演において初めて公に提唱されるのである。ジェイムズは、この講演で、プラグマティズムの創設者がパースであることを認めたうえで、パースが提起した格率を真理の判定基準として利用する方法（すなわちプラグマティズムの真理論）に道を開いたと同時に、かかる格率に拡大解釈を加えることによって、「実際的効果」のテストには、あらゆる人が経験する一般的・普遍的な経験だけではなく、特殊な経験（例えば宗教的・審美的経験）も含まれることを強調したのだ。[5] これにより、プラグマティズムは勢い唯名論に傾斜し、主観主義的・相対主義的解釈の余地を多分に残すことになってしまった。

パースは、自分が約二十年前に発案したプラグマティズムの原理がジェイムズによってこのように拡大解釈され、普及していくことに対して違和感を覚え、これを機に自らの初期の理論の再定式化へと歩を進めるのである。その第一歩になったのが、ジェイムズらの尽力によって実現した、ハーバード大学でのプラグマティズムに関する七回の連続講義（正式な総題は『正しい思考の原理と方法としてのプラグマティズム』）である。次節では、パトリシア・A・タリッシによって編集された最新のテクスト[6]を基に、この講義内容に一瞥を加えよう。

三　「プラグマティズムに関するハーバード講義」をめぐる若干の考察

一九〇三年の三月から五月にかけて開かれたこの連続講義において、パースは初期の自説への哲学的反省を踏まえたうえで、自らのプラグマティズムの全体像を初めて披瀝した。その意味で、この連続講義は、パースのプラグマティズム思想の転換点に当たる極めて重要な地位を占めるのである。ここでは、そこでの中心的主題である「規範学（normative sciences）の理論」と「アブダクションの論理」を取り上げ、検討することにしよう。

パースは、連続講義を始めるに当たり、その第一講義において、自らの初期の認識論に哲学的反省を加える。既に述べたように、探究とは、何らかの心理的欲求を契機に疑念を除去し、確たる信念を確定することであったが、このようにして確定された信念は確かに行為の指針にはなるが、必ずしも行為を客観的実在の把握に向かわせる保証はない。つまり、彼の初期の理論では、心理学的観点から信念と行為との関連は説明されていても、信念と行為の目的との関連は必ずしも十分に把握されていなかったのである。その意味で、彼の初期の理論には、心理学的・唯名論的傾向が依然として残存していたのだ。

このように、パースは、プラグマティズムに関する自分の最初の論文が心理学的な原理に依拠していたことを率直に認めたうえで、次のように明言する。「論理学の基礎を心理学に置こうとする試みは本質的に浅薄であるように思われる（p. 116.）」、と。当然、この点を改善するには、論理学を心理学から明確に切り離し、それを何らかの別の哲学的原理に基礎づける必要があろう。そこで、パースが提唱するのが「規範学」の理論である。

彼によれば、「事物と目的との合致に関する法則の学」としての規範学には、美学、倫理学、論理学が含まれることになる。(7) これら三者の関係について、パースは次のように述べている。「プラグマティズムがわれわれに教示するように、われわれが何を考えるかはわれわれが行為する心構えがあるという観点で解釈されるべきであるならば、論理学は……倫理学の応用でなければならない。しかし、われわれは、われわれが称賛する用意があるものに対するわれわれの信条をまず作り上げるまでは、倫理学の秘密への糸口を得ることはできないのだ。……要するに、倫理学は……ある理想が称賛されるべきものであるということを構成する何かを厳密に定義しようとする学に依存しなければならないのである（pp. 118-119.)」、と。この一文から読み取れるように、ここでの要点は、人間の論理的思考に関わる論理学（＝思索行動の規範）は、われわれが熟慮して行為を選択する学たる倫理学（＝自己制御的行動一般の規範）に依存しなければ、客観性を確保できないし、また倫理学は、われわれが称賛するに値する理想に関する学たる美学に依存しなければ、行為の究極的目的を決めることができないということである。このように、パースは、規範学の理論を提唱することにより、人間の思考に関わる論理学が倫理学を基礎とし、倫理学が美学に基づくものであることを明確に打ち出すことで、探究の論理過程に倫理学的・美学的観点からの規制をかけ、そうすることで、より客観的妥当性の高い信念の確定化を図ろうとしたのである。かくして、パースの初期の理論に見られた欠陥、すなわち論理学を心理学に依拠させるがゆえに事実的認識と行為の目的との連関を十分に捉え切れなかった点は、行為の究極的目的を明らかにする規範学の理論に立つことによって大幅に改善されるのである。ところで、このように、探究の究極的目的が美的善による具体的事実に関わる合理性の感知にあるとするならば、その動因は探究過程の一体どこに現れるのであろうか。パースは、それを「アブダクションの論理（logic of abduction)」に求めるのである。

パースによると、推論の形式には、演繹、帰納、アブダクションという三つのタイプがあるが、わけてもアブダクションは「説明的仮説を形成する過程であり、それは何らかの新たな観念を導入する唯一の論理的操作である（p. 230.)」という意味で、他の二つよりも際立っている。彼によれば、これら三つの推論形式の関係は、アブダクションの示唆から演繹が予見を引き出し、その予見が帰納によってテストされるという様式で段階的に関係づけられるが、探究の究極的目的が多様な部分からなる全体状況の中から一つの統一的な質を感知することであるとするならば、仮説形成に関わるアブダクションこそがプラグマティズムの探究過程の最も原初的で本質的な段階であると考えられよう。かくして、「プラグマティズムに関わる真の学説はアブダクションの真の論理以外にはありえない（p. 239.）」のである。では、アブダクションの特性とは、一体いかなるものなのだろうか。パースの見解を一瞥してみよう。

「アブダクションの示唆は、あたかも閃光のように生じる。それは一つの洞察の働きであるが、極めて可謬的な洞察である（p. 245.）」と言われるように、アブダクションは天啓の閃きのように現れる受動的な作用であると同時に、探究者の主体的な洞察の結果に関わる能動的な作用でもある。こうしたアブダクションの推論は知覚判断と重なる部分が多いが、前者は後者に比して、既存の言語的規約や意味論的規則に縛られることなく主体的に具体的現象を解釈・翻訳し、仮説を意識的に形成しうるという点で、探究者の主体性に重きが置かれている。また、アブダクションの推論形式は仮言的三段論法で表示されるがゆえに、観察事実を論理的に説明するような仮説は無数に存在するものと考えられるから、仮説選択には常に誤謬の可能性がつきまとうことになる。だが、誤謬に恐れてばかりしていては大胆な仮説を立てることはできない。したがって、論理的形式からはほとんど無限と思われる可能性の中からある現象を説明するために、これまで蓄積されてきた知識を頼りに妥当な仮説を想像的に打ち立てていくところに、アブダクションの論理の特性が存するのである。

このように見てくると、アブダクションの論理は、仮説選択の規準に役立つプラグマティズムの格率と密接に繋がることが理解できる。というのも、前節で明らかにしたように、プラグマティズムの格率は、概念の意味を起こりうる行動の結果としての事実のレベルで押さえるところに着目することによって、探究過程における仮説形成の目安を提供するものだからである。こうしてみると、結局、「プラグマティズムの問題を注意深く考えれば、それはアブダクションの論理（p. 249.）」に行き着くのである。

以上のように、パースのハーバードでの連続講義は、プラグマティズムの原点になった初期の自説に対する反省から、論理学－倫理学－美学の三項関係からなる規範学の理論をその哲学的原理として新たに打ち立て、そこから探究理論の核心に迫るべく、探究過程における重要な契機としてアブダクションの論理を際立たせるという形で展開された、全く独創的なものであった。パースは、この連続講義のフィナーレを、プラグマティズムの認識論の特質を巧みに突いた、次のような一文で締め括っている。「あらゆる概念の要素は、知覚という門を通って論理的思考に入り、目的的行為の門を通ってそこから出て行く。この二つの門でパスポートを示すことのできないものは、理性の認可を受けていないものとして逮捕されるべきである（p. 256.）」、と。

四　プラグマティズムが経営理論に提供しうる有意味な視点

これまで、パースの思想を軸にして、プラグマティズムが一つの哲学的理論として確立されていく過程を概観してきた。その中で明らかにしたように、パースは、その初期の理論においてプラグマティズムの根幹をなす認識論的テーゼを提起しただけでなく、晩年の「ハーバード講義」においてそれを規範学の理論として展開していく道筋をも示してくれたのである。従来、プラグマティズムと言えば、一般に前者の認識論に関する思想的特徴が注目されがちであるが、私見では、後者の規範論的次元も含めてより包括的に捉えなければ、その思想の本性を正しく理解することができないように思われる。そこで、ここでは、このような広いパースペクティヴに立って、プラグマティズムの思想とほぼ同時期に生成してきた経営学の理論研究との接点を探るという、本稿の主題に取り掛かることにしたい。もっとも、このような大きなテーマを体系的に論じるのは私の手に余る問題なので、以下では、これまでの考察から見て取れるプラグマティズム特有の認識論、道徳論、および知識論に論点を絞り込み、それらが経営理論に提供すると考えられる有意味な視点を断片的に取り上げることで、一つのささやかな見通しを示すに止めることにしたい。

1　プラグマティズムの認識論と経営理論

まず、プラグマティズムの認識論に着目してみよう。既に見たように、その基本的特性は、「われわれの概念の意味を起こりうる行為の実際的効果との関係で常に捉えよ」とする「プラグマティズムの格率」に典型的に見られるように、人間の「思考」を、自我の理性的直観をもってそれ自体で意味を生み出す無媒介的な独立した内的過程とみなす（＝近代的認識論）のではなく、本質的に「行為」と結びついたものとして把握するということである。したがって、そこでは、思考と行為、理論と実践の二項対立という近代的な区別はもはや存在せず、むしろ両者は密接不可分なものとして関連づけられている。こうした実践志向的な見方は、アメリカ経営学の諸理論に顕著に見られる認識論的前提であり、かねてよりプラグマティズムとの関連でたびたび指摘されてきた点でもあるので、ここでは多言を要しまい。ところで、この「思考と行為の密接不可分性」という視点は、プラグマティズム固有の経験論、すなわち人間が環境世界に働きかけ、そこから得られる知覚体験を契機に行動の指針になりうるような有意味な観念を形成していく、能動性と受動性の混交した経験論の相貌を端的に描出していよう（それは、白紙のような精神に観念を刻印していくロック流の伝統的なイギリス経験論とは明らかに一線を画しているものと言える）。こうした視点は、経営の環境適応の問題を理論的に考察するうえで、一つの哲学的根拠を提供するものと言えるのではなかろうか。

さて、このようなプラグマティズムの認識作用を先導し、それを動態化せしめる役割を果たすのが「アブダクションの論理」である。既に述べたように、アブダクションとは、パースによって演繹と帰納の前段に位置づけられたものであり、未だ説明のつかない不可解かつ不規則な現象の中から一つの説明的仮説を見出すための方法的過程と捉えられる。そこにおいては、人間の持つ閃きや直観といった想像力が多分に介入し、確実性には劣るが、既知の事実や体験を基にして新たな知識を感知・発見することで、知識の拡張に繋がる可能性が多分に含まれている。こうしてみると、パースの提起する論理的推論過程は、従来の科学論では、科学の埒外であるとみなされてきた「発見の論理」としてのアブダクションを推論の出発点に据えることによって、前論理的思考過程と論理的思考過程の相互的連関を重視するものであると理解できる。このように、言語では表現し難い経験的知識を認識作用の起点に据えるプラグマティズムの探究の方法論は、組織の意味創造やイノベーションといった知識創造に関する経営理論に一つの科学方法論的な視点を投げ掛けるものであると考えるのは通俗的であろうか。

以上、プラグマティズムの認識論を手がかりに、経営理論との接点を探ってきた。次に、焦点を、パースの「規範学の理論」を端緒とするプラグマティズムの道徳論に移し、その経営学的意義を考えることにしよう。

2　プラグマティズムの道徳論と経営理論

先に見たように、パースは、人間行為の理想目的を明らかにする規範学の理論において、論理学が倫理学を基礎とし、倫理学が美学に基づくということを明らかにしたが、プラグマティズムの道徳論を考察する場合、特に後者、すなわち倫理学の基礎を美学に求めるという点に着目する必要があろう。私見では、この点をよりよく理解する一つの鍵が、プラグマティズムの語源に関するパースの見解の中に隠れているように思われる。そこで、ここでは、これを手がかりに議論を進めることにしよう。

カントに精通し、彼の用語で物事を考える習性が身についていたパースは晩年、「プラグマティズムという言葉をドイツ語の pragmatisch から着想した」と告白している。(8) ところで、カントによれば、道徳原理には

moralisch-praktisch な法則と pragmatisch な法則の二種があるが、前者は純粋理性に基づきアプリオリに規定された定言命法の形を取るのに対して、後者は経験的原理に基づきアポステリオリな仮言命法の形を取る。(9)カントは、このように類別したうえで、moralisch-praktisch な定言命法をその哲学体系の礎に据えた。だが、経験論を重視するパースの目には、praktisch という言葉は「足元にしっかりした基盤があることを確信できない思考領域に属する」(10)ものにしか映らない。そこで、彼はカントを逆手に取り、pragmatisch な仮言命法を核にし、われわれが有する概念の意味を実際的な行為との関わりにおいて分析する方法を模索したのである。こうして、彼はプラグマティズムという名称に辿り着いたのだ。このように、プラグマティズムが語源的に見て pragmatisch な法則に規定されるということは、当然その道徳論も経験的条件を含む「仮言命法の学」として展開されねばならず、ここに美学と倫理学が結びつく余地が生まれるのである、と推察することができるのだ。

このようなパースの見解を踏まえ、プラグマティズムの道徳的行為論を素描すれば、それは「現実の社会的状況の中で生を営む人間が、直面する具体的な全体状況の中に浸透する統一的な質を感受し、そこからそれに抵触しない道徳的理想目的を主体的に形成し、それに即した行為を実践していくことである」、と規定できよう。

この簡潔な定義から、以下のようなプラグマティズムの道徳論の特性が浮かび上がるであろう。まず第一に、行為の倫理的規制の基礎に美的質の感受という一種の道徳的感情が措定されるという意味で、そこには経験論的な観点が含まれているということである。ここで留意すべきことは、このような経験論の容認は、決して利己主義的快楽主義とは直接には結びつかないという点である。なぜなら、パースが示唆したように、ここでの美的質とは美的善であり、それは客観性を想定した自己制御的な意志的行為たる道徳的善の基礎づけにほかならないからである。その意味で、プラグマティズムの道徳論は経験論（＝道徳的感性）と合理論（＝道徳的理性）の結合の上に成り立つものであるとみなすのが妥当であるかもしれない。第二に、そこには道徳的価値を主体的に創造する自由意志と、その価値に即した責任ある行動とを両立させようとする傾向性が認められるということである。プラグマティズムの見地に立てば、道徳的価値とは外部から課された受動的なものではなく、行為者自らが主体的に形成するものであり、当然その価値を遵守する責任とその行為の結果責任を引き受ける覚悟が徹底的に求められる。もちろん、一旦設定された価値とて、それは永遠不変な絶対的なものではなく、流動的な現実の状況に照らして常に修正される可能性の下にある——そこには、いわゆる道徳的価値の決定不可能性の問題がつきまとうわけだ。したがって、プラグマティズムの道徳論の本性には、動的な連続的発展性が含まれているのである。

以上がプラグマティズムの道徳論に認められる大まかな特性である。ところで、社会全般にモラルを問い直す機運が高まる中、経営理論においても経営倫理学が確たる地位を占めるようになり、倫理学的・道徳論的知識が勢い要求されるようになってきた。ただし、従来の経営倫理学の理論研究においては、既存の特定の倫理学的な原理を経営状況に形式的に適用していく応用倫理学的手法が一般的であり、行為主体としての経営が道徳的価値を創造するという主体的な視点がやや等閑にされてきた感は拭えない。上述したプラグマティズムの道徳論は、この点を改善する一つの有効な手立てになりうるのではなかろうか。

3　プラグマティズムの知識論と経営理論

最後に、プラグマティズムの知識論について簡単に触れておこう。これまで、その認識論と道徳論を概観してきたが、それらに通底するプラグマティズムの基本的な精神は、知識や理論を根本的に基礎づける確実な基盤や永遠不変の本質など存在しないという主張——それは近年のネオ・プラグマティズムにおいて「反基礎づけ主義」と名づけられ継承されている主張——である。かように、基礎づけ主義や絶対性を放棄したプラグマティズムは、その代替案として徹底的な可謬主義を取り入れるのである。この立場に立てば、人間が獲得しうる知識はすべて、それがいかに現在絶対確実な真理に見えても決して最終的な真理とは断定できず、常に誤りが発見され、新たな解釈と批判にさらされ、修正される可能性を残したものでなければならない。このように、プラグマティズムは、可謬主義に基づいた知識論に立つことにより、知識を、過去－現在－未来の時間的連関の中で発展する可能性を孕んだ可変的な過程であると捉えるのである。

このような知識観は、経営の発展の論理ともよく符合しよう。かつて山本安次郎教授が言われたように、経営存在は時空的制約を全く受けない不変的な存在ではなく、歴史的社会的に発展する主体的な存在、すなわち発展的存在である。[11] 発展的存在としての経営は、単に量的拡大に関わる成長の論理を追求するだけではなく、「質的（＝価値的）向上」ないし「知的能力の発達」といった意味での発展の論理をも追求するものでなければならない。[12] そのためには、もちろん、既存の知識にいつまでも拘泥するわけにはいかない。経営は過去の知識や事実を踏まえながらも、現在の状況に主体的に適応すべく、過去に反省を加え、新たな知識を自由に創出していくことで、より良き未来へ向けて発展していかねばならないのだ。こうした経営発展の論理の基底には、プラグマティズムの可謬主義的知識観と同様、「自然法則のような時空を超越した知識など本来ありえない」との深い信念が存在していよう（否、もしそのような不変の知識がありうるなら、経営発展論など殊更取り上げる必要もあるまい）。また、質的向上を志向する発展の論理には、プラグマティズムの「改善論（meliorism）」のニュアンスも感じ取られる。このように見てくると、より良き方向へ向けての未完のプロジェクトとしての経営発展の論理は、ある意味、プラグマティックな知識論によって哲学的に根拠づけられうるものと言えるのではなかろうか。

五　結言――経営理論の思想的基盤としてのプラグマティズム――

要約しよう。プラグマティズムが認知されるようになったのは、十九世紀から二十世紀にかけての転換期であり、それはちょうどアメリカにおいて経営学が生成した時期とほぼ重なり合う。この時代的相似性ということもあってか、プラグマティズムは、しばしばアメリカ経営学の思想的バックボーンであるとみなされてきた。とはいえ、これまでの経営学がプラグマティズムに寄せてきた関心と言えば、一般には、その思想に流れる実践志向性がメインであり、他の思想的特徴にはそれほど光が当てられてこなかったように思われる。果たして、このような一面的で皮相的な捉え方だけでプラグマティズムを限定してしまって良いのであろうか。本稿の出発点には、このような問題意識があった。そこで、ここではまず、プラグマティズムとは本来いかなる哲学・思想なのかをより深遠かつ正確に理解するために、その創設者であるパースを中心に簡単な思想史的考察を加えることにした。一般に、プラグマティズムと言えば、パースの初期の認識論、すなわち「探究の方法論」と「意味の理論」が衆目を集めがちであるが、私見では、晩年の「ハーバード講義」における規範学的転向以降をも加味しなければ、彼の思想、ひいてはプラグマティズム思想の全体像を正しく捉えることはできないように思われる。それゆえ、ここでは、極めて簡略ではあったが、パースの初期の論文とともに「ハーバード講義」にも目を通すことによって、プラグマティズムの思想的特徴をより包括的に描くように心がけた。そして、このような予備的な哲学的考察から、プラグマティズム特有の認識論、道徳論、および知識論を抽出し、それらが経営理論にいかなる有意味な視点を提供しうるかを巡って若干の考察を展開した。そこでの一応の帰結として、プラグマティズムは経営理論に、理論と実践の統合を促すだけではなく、環境への適応過程、感性と理性を融合した包括的な推論的認識過程、美と善、自由と責任の結合の上に成り立つ価値創造的な道徳過程、さらには可謬主義に基づいた知識の発展過程といった知見をも提供しうる、ということを明らかにした。

このように、プラグマティズムは、認識論や知識論のレベルに止まらず、道徳論のレベルにおいても経営理論を支える一つの有効な思想的基盤であると考えられるのである。本稿は、「哲学の側から経営理論を取り上げる方法」を用いて、この点を明示するためのプロレゴメナであった。

注

(1) James, W., "Philosophical Conceptions and Practical Results (1898)," in McDermott, J. J., *The Writings of William James: A Comprehensive Edition*, The University of Chicago Press, 1977, pp. 345-362.
(2) Peirce, C. S., "The Fixation of Belief (1877)," in Kloesel, C. J. W. (ed.), *Writings of Charles S. Peirce: Chronological Editions*, Vol. 3, Indiana University Press, 1986, pp. 242-257.
(3) Peirce, C. S., "How to Make Our Ideas Clear (1878)," in Kloesel, (ed.), *op. cit.*, pp. 257-276.
(4) *Ibid.*, p. 266.
(5) Cf. James, *op. cit.*, pp. 348-349.
(6) Peirce, C. S., *Pragmatism as a Principle and Method of Right Thinking: The 1903 Harvard Lectures on Pragmatism* (1903), edited by Turrisi, P. A., State University of New York Press, 1997. 以下、この著書からの引用は、本文中に頁数のみ記すことにする。
(7) パースは、これら三つの学問を次のように簡単に定義している。「美学は、その目的が感受的な質を表現することであるような事柄を考察し、倫理学は、その目的が行為の内にあるような事柄を考察し、論理学は、その目的があるものを表象することにあるような事柄を考察する」(*Ibid.*, p. 212.)、と。
(8) Peirce, C. S., "What Pragmatism Is (1905)," in The Peirce Edition Project (ed.), *The Essential Peirce: Selected Philosophical Writings*, Vol. 2, Indiana University Press, 1998, pp. 332-333.
(9) カント、篠田英雄訳『純粋理性批判（下）』岩波文庫、一九六二年、九一―一一一頁。カントは、moralisch（道徳的）な法則とpragmatisch（実用的）な法則を並置し、praktisch（実践的）な法則を両者の上位概念に置いている。しかし、「道徳的法則のみが純粋理性の実践的使用に属し、また規準をもち得るのである」（九四頁）との言明からも明らかなように、moralischとpraktischはほぼ同一的に捉えられているので、ここでは説明の便宜上、両概念を一括りにしてpragmatischと対照させることにした。
(10) Peirce, "What Pragmatism Is," p. 333.
(11) 山本安次郎『経営学研究方法論』丸善、一九七五年、第四章、第五章。山本安次郎・加藤勝康編『経営発展論』文眞堂、一九九七年、第一章。
(12) 山本・加藤編『前掲書』九頁。

三　プロテスタンティズムと経営思想*

――クウェーカー派を中心として――

三井　泉

一　はじめに――経営学史研究の方法――

経営学史研究を行う場合、その研究対象は多くの場合、ある理論家（実務家）によって書かれたテクストである。そのテクストを、われわれがどのような視点から、どのようなアプローチで、どのように解釈するかということが学史研究の主要な方法論的問題となる。ここでわれわれの態度は大きく分けて次の二つである。第一は、テクストをコンテクストから切り離し「自律的体系」として読む方法（テクスト中心主義）、第二は、テクストを、歴史的、社会的、文化的、思想的なコンテクストとの関わりで解釈する方法（コンテクスト中心主義）である。

一九九五年の経営学史学会で筆者自身が報告したように、テクスト中心主義には下記のような三つの問題点があると考えられる。[1]

①　解釈者が無意識に自分自身の「構え」を用いてテクストを読むことで、時代を超越した普遍的な応用性がそこにあると思い込み、これを見出すことをテクスト研究の意義とすること。これは、時代の変遷や文化

的な相違に起因する「言葉の意味の変化」を見逃してしまう危険性をはらむ。

② 主張された観念が思想家本人を離れて実体化し、その観念を先取するものを、より前の時代に求めようとする場合、歴史の忠実な記述から離れる危険性がある。

③ 一人の思想家の思想に一貫性があるかのように思い込み、これから外れた主張が見られた場合は、読み手側の解釈の失敗であると結論づける傾向に陥ること。

以上のような問題点を克服するためには、テクスト自体を自立的なものと捉えそこから「普遍的な意味」を探ろうとするのではなく、「一定の状況下での、主体としての個々の思想家の意図に基づく言葉による陳述」として捉えることが必要である。そのためには、どうしてもこの「陳述」という行為の先行条件としてのコンテクストを知る必要がある。つまり、テクストを理解するとは、「それが何を意味すべく意図されているのか」また、この意味が「読者にどのように受け取られるべく意図されたか」ということ、つまり読者との間の「コミュニケーション的行為」としてのテクストが意図しているものを理解する必要がある。

マネジメント理論・思想は、その時代的要求から生じた問題を解決するべく構想され、時代的背景の中で育まれてきたものである。それぞれの理論家・思想家は、その発展の過程で、歴史的・社会的・文化的要因、具体的にはそれを取り巻く「共同体的な価値や信念」に影響を受けつつ、周囲との相互作用の中から、時代を革新するような創造的な理論を生み出していった。このような創造的かつ動態的なプロセスを描き出すことが、経営学史研究の役割であると思われる。従って、われわれの研究には、テクストそのものの精緻な理解と同時に、そのコンテクストを探ることが極めて重要となる。本稿で扱う宗教の問題も、そのような理論や思想のコンテクストを構成する重要な要素であると考えられる。

本稿では、これまで重要性は指摘されながらもほとんど扱われることのなかった、経営思想とその基盤にある宗教（ここではクウェーカー派）の問題を扱う。論述の手順としては、まず第一に本稿における「宗教」の扱い方について触れ、第二にクウェーカー派と企業の関係を述べ、第三に、筆者の研究領域であるアメリカ経営思想に見られるクウェーカー派の影響について検討していく。

二　経営理論と宗教の問題

経営学史研究において、理論や思想の背後にある宗教の問題は、極めて重要でありながら今までほとんど言及されることはなかった。おそらくその理由のひとつは、ある時期から、価値の問題を排除して「科学」を標榜してきた経営学研究にとって、価値の問題の中心ともいえる「宗教」を扱うことは、「客観的対象」を扱うべき研究姿勢に反するように見えたこと。さらに、宗教や信仰は極めて個人的な問題であり、他者が踏み込むことを拒む「タブー」の領域とも言えることから、学史研究で扱えるような、特定の経営思想家の宗教や信仰に関わるデータが極めて少ないということもその大きな理由であったと思われる。

この報告では、あえてこの領域に踏み込むことにする。というのは、プロテスタンティズムが資本主義社会形成に与えた影響は、ウェーバーの指摘以来多くの論争を繰り返しながらも一応の承認が得られている、にもかかわらず、この関係を経営思想の中で明確に位置付けた研究は少ないと思われるからである。また、筆者がこの三年間英国の研究者たちと取り組んでいる国際的学際研究「日英ビジネス文化の比較調査」において、宗教と企業文化との関連を調べる過程で、プロテスタントの一派であるクウェーカー主義がもたらした産業界への影響のみならず、経営思想への影響も無視できないことを認識したためでもある。

まず最初に、この研究の基本的な前提として、経営学と宗教との関係を、社会学者ロバート・ベラーの「社会学における宗教」の見解に拠りながら整理することから考察を始めたい。

ベラーは、従来の社会科学における「宗教」の扱いを「合理主義」「非合理主義」という視点から整理している。この観点から見ると、ウェーバーは「非合理的要素としての宗教を社会科学の一般理論の脈絡に位置づけようとした」人物であるという。つまりウェーバーは、悪、苦難、死といった人間生活に不可避的で、しかも純粋に科学的述語では解決し得ない「意味」の問題に関心を持ち、このような問いに対する宗教的回答が個人の動機づけに深い影響をあたえ、長期的にみると、(プロテスタンティズムと資本主義のように) 社会的発展の上に重要な因果的影響を与えてきたと論じたのである。また、ウェーバーは「カリスマ」(一義的には通常の役割期待を越え、新しい掟を伝える権威をある人間に付与するような個人の資質) の理論により、強力な非合理的動機づけの力に形式や型を与える宗教の能力に注目し、社会行為における宗教の重要性を強調した人物でもあった、とベラーは指摘する。[2]

それに対してデュルケームは、宗教的表象は個人の心の中に存在しており、自己中心的な衝動を禁じ、個人を律して人々が外的実在に客観的に対処することを可能にし、これらの共有された表象が個人の動機づけに方向を与え、それを統御することで、社会の存立そのものを可能にする役割を果たしている (社会構成的役割) ことを指摘した人物である。

ベラーによれば、これら両者とも方向性は異なるが、宗教の中心性や非還元性を否定することなく、宗教を記述的というよりはむしろ論理的脈絡に位置づけ、非合理的要素の重要性を認識させた点では評価できるという。しかし、宗教の「構造的理解」つまり「行為体系へといたる説明」には欠けていたという。

人間や集団が効果的に機能するためには、環境や自分自身に対する比較的凝縮された、高度に一般的な「定義づけ」を持つ必要がある。そのような定義づけが「アイデンティティ」(自己同一性) とよばれるものであり、緊張や混乱の現代には、自らを維持し一貫性を持たせるために、この「自己同一性」の感覚が必要不可欠となる。われわれの認識の上からもまた動機づけの上からも意味のある、この「自己同一性」をもたらすものが、行為体系における宗教の役割である、とベラーは言う。(3)

これは、人類学者ギアツの言う「宗教とは存在の一般的秩序の概念を形成し、さらに、態度や動機づけがこの上なく現実的であると思えるようにこれらの概念に実際性の微妙な雰囲気を纏わせることによって、人間の中に、強力で、全体的に浸透し、長期間持続するような態度や動機づけを確立する象徴体系」とほぼ同義である、とベラーは指摘している。(4)

これを誤解を恐れずにさらに単純化すると「宗教は、個人や集団に対しそれら自身やその世界についての最も一般的なモデルを与えることによって、意味と動機づけとを結びつけている統御体系」ということになる。つまり、宗教はわれわれの存在の根拠となるような、意味と位置を与えるシンボリックな体系であり、一種の「コスモロジー」と呼んでもよいと思われる。宗教は、こうして人間が自分自身に対して世界の意味を解釈するための伝統的様式であったが、その役割は、今日では社会科学に期待されてもいるとベラーはいう。一方で、伝統的宗教も人間理解に対する社会科学の貢献を次第に学びつつあり、こうした社会科学と宗教との交流の中に、われわれの「アイデンティティ」の基盤確立の可能性があるとベラーは強調するのである。(5)

経営学すべてがここで言う「社会科学」の中に含まれるかどうかは議論の余地を残すが、この報告では、経営学も社会科学の一部として捉え、宗教との実りある交流により、われわれのアイデンティティの基盤確立を行う可能性のあるものと理解しておきたい。

三　クウェーカー企業家の発展と職業倫理の変遷

プロテスタントの一派であるクウェーカー派（Religious Society of Friends）は、ジョージ・フォックス（George Fox）により十七世紀半ばに創設され、初期の思想は「内なる光」を重視する聖霊主義であった。クウェーカーという名称は、宗教的陶酔の境地にある教徒が「震える（Quake）」様子に由来していると言われる。フォックスによる創設当初から、普通のキリスト教会に見られるような、あらゆる儀礼・形式・律法主義に反対するという立場をとり、徹底した平和主義の姿勢を貫いていた。

現在の信徒は世界でも一〇〇万人以下、アメリカで一〇万人程度（一九九四年度調査）であるといわれている。三〇〇年以上の時代的変遷を経て、その信仰的姿勢は現在ではかなり変化しているが、今日でも彼等の集まりは「礼拝」ではなく「集会」（meeting）と呼ばれ、十字架も聖像もなく、司式を執り行う牧師もおらず―会のコーディネーターはいるが宗教的リーダーではないという―、共通の賛美歌や祈りの言葉もない。集まった教徒は各自静かに瞑想に入り、「神からのメッセージ」を受け取った者が次々と立ち上がって発言し、最後に皆で握手をして礼拝を終了するというものである。(6)

創設当初から、彼らは非国教徒であることや、徴兵・納税義務の拒否などにより、社会的支配層からは排除されており、そのことが必然的に彼らを経済活動へと向かわせた。しかしフォックスは信者の経済活動に関して以下のように厳しく律している。(7)

① 交易、商取引と農耕などの、神の知恵による統御。善行による同世代への奉仕（service）。

② 取引における万民に対する正確性、誠実性、清らかさの保持。すべての人の「内なる光・正しい原理」へ

の応答。

③　負債と高利と強制取り立ての禁止。自分の資力を超えた事業展開の禁止。

④　営業における怠慢の禁止。営業状態の、言葉と書状による説明責任。（誰もお互いに不正を働かず、お互いを抑圧せず、お互いに奉仕しあい、約束を守り、自己の能力の範囲内にとどまるためである。外的な財産、外的な富について誠実でないならば、誰が真の財産をもっておまえたちを信用するだろうか。）

⑤　経済活動が神を誉め、栄光をあらわすための活動であること。

ここで注目したいのは、フォックスは経済活動を禁止しているのではなく、「誠実に」他者に「奉仕」することで神の栄光を増すことができる、ということを主張した点である。自らもクウェーカー教徒であった経済思想家の上田辰之助は、この点に着目し、「まずクエーカーはなぜに商業を営むか。商業生活の意義いかん。清教徒は神の選民たらんがために財を積む。クエーカーの目指すところは利殖そのものよりも、隣りおよび博く同胞に仕えることにある。営利にあらずして奉仕である」と指摘している。[8]

フォックスの示した上記のような規律は、十七世紀の終わりには以下のような七項目の「警告の書簡」（いわば教徒のモラルコード）としてロンドンの会議で提案されるに至る。[9]

①　派に遅滞なく、人を害することなく返済できる限度内で、融資を受けて事業を行うべきである。

②　満期がきたら、なるべく早く負債を支払うよう注意すべきである。

③　もし早急に負債の返却を行わない者がいるなら、まず一人のフレンド（友）会徒が彼を喩し、つぎには数名の会徒が彼を喩すべきである。だが、もし説得が成功しないなら、彼の問題は月会の審議にかけられるべきである。

④　友会徒は、一年に一度収支決算書を作成すべきである。

⑤　自分が破産寸前の状態にあることがわかった者は、自分が所属する集会の、複数の誠実な友会徒たちに相談すべきである。
⑥　実際に破産してしまった者については、彼を批判する証が発行されるべきである。
⑦　諸月会は、以上の事柄を検査する任務を帯びた友会徒を、各々任命すべきである。

以上のような規則は、クウェーカーのコミュニティーにおいて、一般的にしかも厳格に実施され、事業で破産したクウェーカーは、ほとんどの場合破門されたという。さらに、このような原則は、十八世紀になるとより厳しく適用されるようになり、教徒内部の統制と同時に外部の人々のクウェーカーへの信頼性を高めていった。世界で初めての商品定価販売もクウェーカーにより始められており、その誠実性から会計監査業務に携わるものも多く現れた。

十八世紀、十九世紀はイギリスのクウェーカー実業家達が大活躍した時代である。その代表的なものとしては、世界最初の鉄道業、綿工業のブライト（Bright）、銀行業のロイズ（Lloyds）、製鉄業のダービー（Darby）、会計事務所のプライスウォーターハウス（Price Waterhouse）、ビスケット業のハントリー&パーマー（Huntrey & Parmers）、ココア・チョコレート業のキャドベリー（Cadbury）やロウントリー（Rowntree）などがあげられる。この時期にイギリスの全人口に占めるクウェーカーの割合（約〇・〇五％）を考えれば、これら企業の活躍は注目すべきものであったと言えよう。このような発展の原因は次のようなものであると考えられている。[10]

①　この時期にクウェーカーに入信した人々は中産的階層に属しており、その中核は新興工業都市の手工業者や商人達であり、クウェーカーの指導者達の説く職業倫理がこれらの人々に適合していたこと。
②　一八二八年の「審査法（The Test Act）」廃止にいたるまで、クウェーカーを含む非国教徒は公職や支配者層の職業から排除されていたことから、活躍の場が実業界に限定されていたこと。職業のみならず、パ

ブリックスクールやオックスフォードやケンブリッジ大学への入学も許可されていなかったため、独自の中等教育機関を設立して、科学・技術・実務教育を重視していったこと。

③　クウェーカーの職業倫理である、勤勉、正直、慎重、自己審査、質素、慈善などは、内部の行動基準となるのみならず、外部に対する評判を維持することに役立ったこと。

④　クウェーカー教徒間以外の婚姻を禁止していたので、家族間に強力な結合関係が形成され、それが企業活動に有利に働いたこと。

⑤　月会、季会、年会という集会の開催が、クウェーカー企業家間の情報交換の機会を提供したこと。

以上のようにクウェーカー企業が発展すると同時に、これらの企業家達の中から教団の実務的指導者や思想的指導者も誕生していった。また、実業家が中心となって集会の形態も整備されていく。しかし、十九世紀半ば以降になると、事業の拡大とともに、より高い社会階層への移動を希望して、クウェーカー派を棄教する企業家も多くなった。その結果、主な企業家のうちで最後まで残ったのは、キャドバリー家とロウントリー家であった。

十九世紀末以降は、英国の工業先進国としての地位はアメリカに取って代わられるようになり、英国は「福祉国家」へと方向転換を図っていく。このような社会情勢の中で、従業員住宅や田園工場の設営で従業員福祉に力を入れてきたキャドバリー社やロウントリー社は、さらに社会的な発言を強めていく。その結果、彼らの経営姿勢はイギリス産業界に一定の影響力をもつにいたったと言えよう。とりわけ、シーボーム・ロウントリー（Seebohm Rowntree）はヨークの「貧困」に関するイギリスで初めての統計的社会調査を行い、「クウェーカー雇用主会議」を開催するなどして、社会改革のリーダーの役割を担い、国家の社会福祉政策にも深く関与していった。彼はまた、イギリスやアメリカの経営学者を雇用主会議に招いたり、ロウントリー社のボードメンバーに加えたりもした。(11)

このような中で、一九一八年には社会・経済問題に対するクウェーカー派の基本的立場を示した以下のような「真の社会秩序の八つの基礎」がロンドンの年会で採択される。これは、それまでのクウェーカーの思想を時代の状況の中で明確に示したものであり、今日まで続くクウェーカー精神を如実に示していると言える。[12]

「真の社会秩序の八つの基礎」

① 人種、性別、社会階層を越えた兄弟愛の実現。
② 物質的目的に優先して、人間的成長を実現する社会秩序の実現。
③ 経済的、物的な不公正の解消と、全人格的発展の平等性の実現。
④ 個々人の間の障壁撤廃。負担の平等性。
⑤ 正義・親愛・信頼の重視と、その労使関係への適用。
⑥ 力による支配ではなく、協力と善意による対立の克服。
⑦ 生活の基盤としての奉仕の精神。
⑧ 人間の社会発展のための物的資本の有効利用。

その後、クウェーカー派から棄教することなく、福祉主義的経営を貫いていたキャドバリー家も、チョコレート事業のグローバル化とともに企業合併をくりかえし、現在は、キャドバリー・シュウエップス社（Cadbury Schweppes）というグローバル企業の一部として名前を残すのみとなり、現在はクウェーカー主義の経営理念も一掃されているという。また、最後までこの企業のボードメンバーとして残っていたキャドバリー家の末裔エイドリアン・キャドバリー（Sir. Adrian Cadbury）も一九九一年にはメンバーを退いた。退任後、彼はサッチャー政権下で、今日の世界的なコーポレートガバナンスの先駆けとなった「キャドバリー委員会」の委員長に指名され、一九九二年に通称「キャドバリーコード」と呼ばれる報告書を起草したことでも世界的に知られている。[13]

他方、ロウントリー家は三つの財団を運営するとともに、ロウントリー・マッキントッシュ社の株主として経営にも参画していたが、一九七〇年代にネスレに買収されるとともに企業経営から退き、現在は「ヨゼフ・ロウントリー財団（Joseph Rowntree Foundation）」を中心とする三つの財団運営を行っている。その活動は、かつて労働者住宅として建てられたNew Earswickの住宅群のメンテナンスや不動産管理、都市開発や奨学金事業などを行っている。二〇〇二年の筆者の現地調査では、財団のボードメンバーには現在も数名のクウェーカー教徒が所属しており、その精神をいろいろな社会活動を通じて今日まで確実に受け継いでいる。しかし、ヨーク郊外にあるかつてのロウントリー社の工場は、現在はネスレ社の工場として使用されており、「ネスレ・ロウントリー事業部（Nesle Rowntree Division）」という看板にのみかつての面影を残している。(14)

四　クウェーカーの精神とアメリカ経営思想：「奉仕」の精神と「対立の克服」

前述のように、宗教とは、われわれ個々人や社会のアイデンティティを決定づける基本的な枠組みであり、一種の「シンボリックな体系」としてコミュニティーの中に浸透し、われわれの行為や思考を方向付けていくものと理解された。上で見てきたクウェーカー派のコミュニティーのシンボリックな体系は、次の三つの要素から形成されると筆者は考える。

第一に、「内なる光（inner light）」という個々人に内面化された基準である。この基準は個人個人でそれぞれ解釈は異なるものの、それに導かれた行動をとることにより、結果として「神の意思」に従うことになるはずである、というコミュニティー全体の共通認識がある。第二には、先に見てきたように、フォックスの「警告の書簡」以来、時代的変遷に合わせて柔軟に変化してきた、クウェーカーコミュニティーの「社会規範（モラルコード)」である。これは、教徒間の関係のみならず、クウェーカーコミュニティーと周囲の社会との関係を確立するのにも有益であったことがわかる。そして第三には、「集会（meeting)」という形式による意思決定（合意形成）のスタイルである。このスタイルは礼拝にも、また「ビジネスミーティング」とよばれる会の運営会議にも共通のスタイルとして使われている。[15]特に経営思想との関係で注目したいのは、「社会規範」の中の「職業倫理」についてである。

クウェーカー教徒に共通する職業倫理を要約すれば以下のようになる。「経済的活動や物的成果は、奉仕の精神を社会的に実現するための手段にすぎず、奉仕と協力による人間的成長により、この世に神の国を実現させることが最高の目的である」ということ。また、「徹底した平等主義」と「善意と協力による対立の克服」を、職場の労使関係から国際関係に至るまで強調している点も大きな特徴であると思われる。

以上のような観点を踏まえて、アメリカ経営学史の中でもクウェーカー教徒の家庭に生まれ、その宗教的色彩を思想に残しているF・W・テイラー（Taylor）とM・P・フォレット（Follett）の経営思想を検討してみると、下記のようないくつかの興味深い点が改めて浮かび上がってくる。

テイラーは科学的管理法の総論で、次のような自らの「信念」を述べている。

「結局、労使双方に満足を与えないような管理法、両者の持つ最善の利害は相互的であることを明らかにしないような管理法、労使互いに押しやることなく、互いにひきつけるような、心からの協調心を生みださないような管理法は、どんな制度でも、どんな形式でも論ずるに足りない。このような条件がなければよい管理法であるとはいえないと思うが、しかし世間一般にはこのことがはっきりと認められていない。むしろ資本家の利害は労働者の利害と、（大抵の重要事項に関して）必ず相反するものであると、資本家も労働者も考えているのが普通である」。[16]

さらに、生産制限に関しては次のように言う。「工員でも、資本家でも、製造家でも、何人によらずわざと出来高を制限するものは、社会民衆の富を奪う。商売の利益であると考えて、まじめに出来高を制限しているものでも、また他の理由で故意に制限しているものでも、正当に民衆に属するところの富を奪っているのである」(17)

そして科学的管理の本質に関して、彼は以下のように明言する。「科学的管理法には、何ら新たな事実や発見というものはない。しかし、いくつかの要素が未だかつてなかった一種の結合をなすことを必要とする。つまり、古い知識を集めて分析し、それを分類して、法則規則とし、これにより科学を作り上げることである。それに工員および管理者側が相互に対し、各自の義務と責任とに対し、根本から精神的態度を変えることである。両者の間に新たに義務の分担を行い、旧式管理の考え方の下では出来ないような、親密な友情に基づいた協力を両者がすることである。こういうことさえも多くの場合、段段に発達してきた科学的手法の助けを借りなくては、実現することができなかったのである。科学的管理法なるものは、単一の要素ではなく、このような全体の結合を言うのである。要約して言えば、①科学を目指し、目検討をやめる。②強調を主とし、不和をやめる。③協力を主とし個人主義をやめる。④最大の生産を目的とし、生産の制限をやめる。⑤各人を発達させて最大の能率と繁栄を実現する」と。

テイラーはさらに繰り返す。「ある一人が周囲の人々の力をかりずに、個人的に大事業を行う時代は既に過ぎ去りつつある。各自がみなその個性を保ち、かつその特殊な職務については、最高権力者であり、同時に、個人の工夫と独創とを失うことなくして、しかも多くの他人の統制をうけ、その人々と強調して働くような協力が行われるのでなければ、大事業はできないという時代が来つつある」と。(18)

このような「友愛と人間的成長の精神」に基づき「協働の科学化」をさらに推し進め、「状況の法則」と「対立の建設的解決」を根本にすえた管理思想を展開したのがフォレットである。フォレットは労使関係を「こちら側と向こう側」というように対立的立場でとらえるのではなく、同じ問題に取り組み、それを解決していく「協働者」として認識することの重要性を強調した。また、組織における上司と部下を「上と下」としてでなく、「機能的統一体」としての組織にとって必要な、それぞれ独自の機能を担う個人個人として、対等の立場で認識することの必要性を主張した。また、「上にある」のではなく「共にある」権威という発想や、〔上司の命令に〕ではなく「状況の法則に従う」という管理の基本的な考え方、そして、最終的に「統合（unity）」という結果にいたるはずの（ought to be）「対立の解決」を目指すなど、彼女のアイディアには、先に述べたクウェーカー主義に通じる価値観があらわれていると理解することができる。

またフォレットは、企業活動の生産活動について「その人が過去に生産したものが単に物質的な製品のみであったとすれば、彼は人生を無駄にしたかもしれない。しかし、その企業で働いていた人々、すなわち管理者や労働者達が彼らの仕事を通じてより人間的に成長していたならば、それは無駄ではない」と述べる。[19] つまり、企業は事業活動を通じて財・サービスの生産活動を行うと同時に、そこで働く人々の「啓発・発展」に寄与しており、そのことこそ、企業の真の存在意義であるというのが彼女の主張である。企業は単に金銭的利益のためにあるのではなく、「人間成長の場」であることの方が重要なのである、というのが彼女の主張であった。この理想的な例として、先のクウェーカー企業ロウントリー社の経営を好んで取り上げている。[20]

さらに、彼女は「マネジメント（経営管理）」を現代の重要なプロフェッションとして理解し、それを、人々の「奉仕（サービス）」の動機に根ざした行為」として、つまり、誰の心の中にもあるであろう「相互交換（Give & Take)」という欲求に基づいて「社会に必要な機能（職能）を交換しあう過程」として位置づけていた。これは、マネジメントが組織を調整する機能であるに留まらず、そこにいる人々の人間的成長を促進し、社会を発展させるための「奉仕」として、「価値を有した行為」として規定されているという点で、大きな意味を持っていたと考えられるのである。[21]

五　おわりに

以上のようにクウェーカー派とのかかわりで見てくると、テイラーとフォレットの思想の根本にあるものは、「人間の成長」「対立の平和的解決」「奉仕の精神の実現」であり、それを通じての「神の国の現世での実現」であったと考えられる。あくまでもそれを実現させるための手段が、「科学的管理」や「状況の法則」であったのではないか。テイラーもフォレットも「科学主義」を重視はしているが、あくまでもそれは「人間的成長」「対立の克服」「奉仕の精神の実現」のための手段と考えられているところが、決定的に重要であるように筆者には思われる。なぜならばこのような説明によってこそ、カトリックではキリスト教の信仰と相容れなかった「商業活動」「経済活動」が社会的に正当化されることになる。そして、その結果として「プロテスタンティズムの倫理が資本主義を主導する」ということになるのである。

先に述べたように、クウェーカーは、この「精神」を実現するために極めて有効な「シンボル体系」を有していたと判断できる。それは、先に示した①「内なる光」に方向づけられる行動、②時代に対応した具体的なモラルコード、③「集会」という意思決定の方法などである。これらが、彼らの行動を体系化していった（制度化していった）と筆者は理解している。そして、これは同時に産業の「近代化」を推し進める大きな力になっていったとも思われるのである。これを「理論」という形でより具体的に結晶化し、産業界に広めていった人物達がテイラーでありフォレットであったと言ってもよいのではないか。しかし、これを断言するには、さらなる研究が必要であることは言うまでもない。

以上のように宗教と経営理論との関係を示すことはこれまでほとんど行われておらず、その関係を即座に明確に示せると言うものではないが、学史研究にとっては今後、取り組まれなければならない重要な問題のひとつであると思われるのである。

注

＊本研究の一部は、文部科学省研究費ならびに平成十四年度・十五年度帝塚山学園特別研究費による助成を受けた。また、ロウントリー社及びクウェーカー企業関係の資料に関しては、Joseph Rowntree Foundation図書館（英国ヨーク市）の協力を得た。記して御礼申し上げたい。

（1）　三井　泉「アメリカ経営学史の方法論的考察―ネオ・プラグマティズムとマネジメント思想―」経営学史学会編『経営学の巨人』文眞堂、一九九五年、一四三頁。

（2）　Bellah, R. N., *Beyond Belief: Essays on Religion in a Post-Traditional World*, Harper & Row, 1970, pp. 7-8.（葛西　実・小林正佳訳『宗教と社会科学のあいだ』未来社、一九七四年、八七―八八頁。）

（3）　*Ibid.*, pp. 11-12.（上掲訳書、九四―九五頁。）

（4）　*Ibid.*, p. 12.（上掲訳書、九五頁。）

（5）　*Ibid.*, p. 246.（上掲訳書、一二八―一二九頁。）

（6）　筆者自身が調査のために英国バーミンガムのBournville Village（Cadbury社の発祥地）で立ち会ったクウェーカー集会（礼拝）では、アメリカの同時多発テロ（二〇〇一年九月一一日）の直後であったこともあり、深い沈黙の後で人々が静かに立ち上がり、次々に世界平和への切実なメッセージが述べられた。そこに異端派神秘主義という色合いは全く感じられなかった。

（7）　詳細に関しては、山本　通『近代英国実業家たちの世界―資本主義とクエイカー派』同文舘、一九九四年、九三―九四頁を参照のこと。

（8）　上田辰之助『経済人の西・東』みすず書房、一九九八年、三六六頁。

（9）　山本　通、前掲書、一〇三頁。

（10）　山本　通、前掲書、一五三―一五六頁。

（11）　イギリスの経営思想家であるO・シェルドンやL・アーウィックはロウントリー社のボードメンバーであった。また、自らもクウェーカーであるM・フォレットは、シーボーム・ロウントリーに招聘されてイギリスに行き、後に彼女の思想の中心となる連続講義を行うとともに、ロウントリー社の経営から深く影響を受けたという。

（12）　山本　通、前掲書、二三七―二三八頁より抜粋。

（13）　二〇〇一年の筆者のボーンビルビレッジ（キャドバリー工場発祥の地）の調査では、かつての田園工場跡に、ネスレの運営するキャドバリー・ワールドというビジターセンターが建てられ、チョコレートの歴史や製造工程を展示する家族向け娯楽施設となっていた。キャドバリー家の歴史展示はその一角にわずかに残されていた。またその周囲の労働者住宅群は、ボーンビルビレッジのトラストにより修理・運営されていた。

(14) 二〇〇三年の筆者の現地調査では、ロウントリー社の本社と従業員福利施設であった劇場の建物は残されていたものの、現在は使用されておらず、既にネスレ社から他の組織に売却が決定しているとのことであった。しかし、工場敷地内に建てられていた従業員用の図書館は現在一般の図書館として広く公開されており、ネスレ社員も利用していた。

(15) 今日のクウェーカー教徒の意思決定プロセスに関して、エスノグラフィーによる観察を行ったA・ブラドニー（Anthony Bradney）とF・カウニー（Fiona Cownie）は、彼らの意思決定を「合意形成」ではなく、「内なる光」により「統一（unity）」にいたる過程であると指摘している。Bradney, A., & Cownie, F., *Living Without Law: An Ethnography of Quaker Decision-making, Dispute Resolution,* Dartmouth Pub. Co. Ltd., 2000, p. 72.

(16) Taylor, F. W., *Shop Management,* 1911, (Harper & Row, 1947) pp. 21-22.（上野陽一訳『科学的管理法』産業能率短期大学、一九六三年、五八頁。）

(17) A Reprint of the Public Cocument, "Taylor's Testimony Before the Special House Committee," 1912, (Harper & Row, 1947) pp. 18-19.（上野、上掲訳書、三二二頁。）

(18) Taylor, F. W., *The Principles of Scientific Management,* 1911, (Harper & Row, 1947) p. 140.（上野、上掲訳書、三〇九―三一〇頁。）

(19) Fox, E., & Urwick, L., *Dynamic Administration: The Collected Papers of Mary Parker Follett,* Pitman Pub., 1973, p. 112.

(20) Graham, P. edit., *Mary Parker Follett: Prophet of Management,* Harvard Business School Press, 1994, p. 133.

(21) この点に関しては、三井　泉「'managerialism'の形成とマネジメント思想（1）―M. Follett『専門的職業としてのマネジメント』論の検討―」、『帝塚山経済学』、第五巻、一九九六年、を参照のこと。

四　シュマーレンバッハの思想的・実践的基盤

平田光弘

一　シュマーレンバッハの生涯

オイゲン・シュマーレンバッハ（Eugen Schmalenbach）は、ドイツ経営経済学の生みの親の一人であり、今日もなお経営の学界と実践に対して大きな影響力をもつ巨匠である。シュマーレンバッハが生涯に物した著作は二二〇点、書評は二九八点にのぼるが、わけても貸借対照表論、原価計算論およびコンテンラーメン（標準勘定組織）に関して、実践的にも有用な優れた学問的業績を残した。シュマーレンバッハはワイマール共和国時代、とりわけ混乱の一九二〇年代に華々しい活躍をした。しかし、爾後の彼の人生は、非人間的な圧制の闇の中へ突き落とされていく。妻のマリアンネがユダヤ人であったことから、ナチ時代はシュマーレンバッハにとっても苦難の時代となるのである。わけてもヒトラー戦争時代には、この夫婦はゲシュタポの追及を逃れて、ボン近くのバート・ゴーデスベルクの隠れ家に五カ月も身を潜め、いつでも毒杯を仰げる用意をして辛うじて生き延びたのである。

シュマーレンバッハは、一八七三年八月二〇日、父フリードリッヒと母エマの長子として、ヴェストファーレン州ハルファーの村里シュマーレンバッハに生まれた。父方の祖先シュマーレンバッハ家は代々農夫の家系であった。また母方の祖先ハルファーシャイド家は代々工場経営者の家系であった。この農民と工場経営者という二つの社会階層の間には、乗り越えがたい隔たりがあった。両親は結婚に際して、そのことをいやというほど味わったに違いない。

したがってシュマーレンバッハには、農夫の血だけでなく、企業家の精神も流れていた。彼の知力が商人や企業家の問題を鋭く透視し、分析し、解明することにいかに長けていたかということを、彼は、著作物の中や会社の鑑定人・顧問等としての働きを通じて証してみせた。だが、風姿や余暇趣味では、農夫の血のほうが勝っていた。彼は背が低く、角張った赤ら顔で、見るからに丈夫そうだった。よれよれの背広を着ると、農夫そっくりになった。

シュマーレンバッハは幼い頃から、思考力、記憶力、弁舌に長け、同い年の若者をも知的に魅了する天分が備わっていた。シュマーレンバッハは骨の髄から学者だった。彼には、ナチ時代の数年間を除いて、学問の仕事をしない生活はあり得なかった。仕事は彼にとって生きていることの証しだった。

自らの額に汗して糧を得よ、との規範に従ったシュマーレンバッハの人生は、〝苦しみつつ、なお働け、安住を求めるな、この世は巡礼である〟と観じた作家山本周五郎の生き方に大いに通じるものがあった。しかし、両者の生き方は決定的な点で違っている。山本周五郎は、温かい家庭環境から良い文学が生まれるはずはない、と思い定めていたからである。これに対してシュマーレンバッハは、平和な家庭の中でのみ学問研究はすくすく伸びる、と思い定めて、純朴な心根の妻マリアンネに変わらぬ心を持ち続け、あらゆる困苦を妻と分かちあってきたのだった。彼は生涯に山なす仕事をしてきたが、その活力の泉は大好きな工作と庭いじりであった。

シュマーレンバッハは、日頃、ぎこちなく無愛想で、頑固で石頭で無骨だった。口やかましく、ちょっとしたことで興奮した。そうしたザウアーラント人特有の性格は、彼の学者・教師としての働きの中に強く現れている。学者としての彼は極端な真理愛の持ち主で、何人とも妥協しなかった。他人の感性や利害を思いやることも一切しなかった。その気骨は、ライプチヒ大学時代の恩師カール・ビューヒャー（Karl Bücher）と同じであった。シュマーレンバッハは、一度だって彼自身の著作に対する批判に答えようとしなかったし、他の学者の研究成果を評価しようともしなかった。

では、シュマーレンバッハは学問をどのように観ていたか。理論は実践から導き出されるものであり、理論は実践とつねに手を携えていくものだ、と彼は堅く信じていた。したがって彼は、経営の学問は経営の実践との結びつきを欠いてはあり得ない、と確信していた。そして、経営の実践との協同によって経営の学問である経営経済学を進歩させることが、シュマーレンバッハの心からの望みであった。それは、やがてシュマーレンバッハ連合（のちのシュマーレンバッハ協会）として実を結ぶことになる。

講義も型破りだった。原稿を用意して講義するのは、彼の性分にそぐわなかった。シュマーレンバッハはメモとして役立つ紙切れや小さなカードを数枚、教卓に置き、自由にしゃべった。そのとき、彼は得意の機知、ユーモア、皮肉を交えて語った。それは、木の根のブラシで沐浴するような厳しい鍛え方をしたゼミナールでも同じであった。学生たちは、講義でもゼミナールでも、この並はずれた人間的魅力をもつシュマーレンバッハの虜になった。その魅力は、彼が老いを迎えても変わらなかった。

シュマーレンバッハは、妻との結婚がもとで両親とは永く不仲になり、また愛娘のマリアンネに先立たれて、娘婿とは縁を切るなど、肉親の愛情には恵まれなかったが、彼の学識と人物に惚れ込んだ多くの友人と弟子に恵まれた。

オイゲン・シュマーレンバッハは、一九五五年二月二〇日、息子のフリッツに看取られながら鬼籍に入った。「彼は生きる喜びを失い、ほぼ完全に失明した、全くの老人であった。彼は、自分の最期が来たがゆえに、逝ったのである。」享年八一歳だった。

二　天性の学究シュマーレンバッハ

一八九一年の秋、シュマーレンバッハは鉄鋼小物製品の工場経営者になるために、フェルベルトのノッケン商会で三年間の商人修業に入った。彼はそこで初めて、自分に他人を魅了する天賦の才があることを、自ら身をもって知った。あっという間に、彼は自分のまわりに友達仲間を集めていた。「まだ二〇歳にならないのに、彼は若者を無言のうちに魅了し指導し、自らと知的な関係をつくる天分をすでに持っていた。もうここに教授になる素質がみられたのである。」（訳書、一八頁）

一八九四年の秋からシュマーレンバッハは父フリードリッヒの事業に携わり、梱包・発送作業や工場簿記、経営原価計算の仕事を負わされるようになった。だが、彼はそれらの仕事に満足できなかった。彼の探求眼はいたるところに問題を見つけだし、彼の活発な知力はつねに事物およびその経過の究極の根拠にまで深く迫ろうとした。間接費とは何であるのか。それは好況時でも不況時でも必ず経営費用の二〇％になるのか。事業がどうなっても、それは変わらないのか。工場簿記において記録されたもの、経営原価計算において算定されたものの本質について、工場経営者は考えなくてよいのだろうか。彼はそのような問題に食らいついて、それから離れようとしなかった。ある問題点がはっきりわかったと彼が思ったときには、その背後に新たな問題が口を開けており、それがさらに別の問題を生んでいくのである。「この若き工場経営者がここで体験したことは、事物の根本を認識することを求めてやまないすべての学究の体験なのである。」（訳書、二一頁）

多くの問題に対して妥当な解答は一つもない。それからまもなくして、ライプチヒに商科大学が開設されるという知らせが彼に舞い込んだ。新米の商人のための学問的教育の場はドイツにはまだなかった。「学問。そうだ。学問ならいつだって解答を与えてくれるだろう。ライプチヒで自分はやっと真理を知るであろう、とオイゲンは確信した。」「父は息子のこのような衝動的な決心を知ってギョッとした。彼はそれを思慮のない不意打ちだと感じた。」（訳書、二一頁）

シュマーレンバッハが一八九八年の春、ライプチヒへ向かったとき、彼は希望にあふれていた。しかし、彼の期待はひどく裏切られた。新しい大学でも、彼の求める知識は得られなかった。当時、まだ経営の学はなかったのである。ゼミナールではリヒャルト・ラムベルト（Richard Lambert）の指導を受けたが、ここでも彼を悩ます問題に対して解答を見つけられなかった。

一八九九年、シュマーレンバッハはドイツ金属工業新聞に、工場経営における簿記と原価計算についての彼の思索過程を説明した論文を一〇回に分けて連載した。それは固定費問題を経営経済学において初めて論じ、近代的費用理論の基礎を作った力作である。

シュマーレンバッハは、一八九九年の春から二学期間カール・ビューヒャーの国民経済学を聴講した。家政―都市経済―国民経済という三段階の発展を歴史的に考察したビューヒャーの講義は、シュマーレンバッハに感銘を与え、大学に残る強い動機となった。シュマーレンバッハはビューヒャーのもとで国民経済学の研究に入った。彼はその研究成果を、学位請求論文（鉄材販売の国民経済的意義を論じたものと推測されるが、未提出に終わっている）および教授資格論文（経営における計算価格を論じたもの）に纏めている。一九〇二年、教授資格論文はケルン商科大学に提出され、理論的思考力を高く評価されている。シュマーレンバッハの能力はそれだけではなかった。この論文には反映されなかったが、彼は工場簿記の実務知識も深く、幾多の大企業の歴史や貸借対照表にも通じていたのである。シュマーレンバッハは私講師として一九〇三年の春から講義を、また教授として一九〇六年の秋からゼミナールをも担当したが、理論と実践の両面で、彼の能力は存分に発揮された。

経営経済学徒シュマーレンバッハの名声が高まるにつれて、フランクフルトから三度、ストックホルム、ベルリンから一度、そしてヒトラー時代にドルパト、アンカラ、イスタンブールから一度、招聘の誘いを受けたが、彼はいずれをも断っている。「シュマーレンバッハは、他のいかなる大学にあっても場違いの人間であったろうし、そこの秩序にもなお順応しえなかったろう」（訳書、六六頁）と、エルンスト・ワルプ（Ernst Walb）は語っている。

シュマーレンバッハは、かつて父の事業を受け継ぐつもりで、工場経営者になるための修業をした。また一時、ドイツ金属工業新聞の編集にも携わっている。しかし、工場経営者になりたかったのでも、編集者になりたかったのでもない。彼の職業は学問なのであり、大学以外にはあり得なかったのである。「彼は高校卒業試験を受けていなかったし、学位試験も受けていなかった。しかし、彼は骨の髄から学者である。他のいかなる職務も彼の本性に向かなかったであろうし、彼の才知を満たさなかったであろう。教授として研究し教え判断すること—これこそがオイゲン・シュマーレンバッハのような人物にとって真正の生業だったのである。」（訳書、四四頁）

三　経営実践に尽くすシュマーレンバッハ

一九一五年の夏、兵役に服していたシュマーレンバッハは、休暇の一日、シュヴァーベン・アルプスを初めて訪ねた。高揚した気分になり、彼は腰を下ろして叙情的な詩を作った。

うるわしいネッカル川の流れが／ライン川に注ぎ／そそり立つ岸が／シュヴァーベン＝ジュラ山脈へと連なる
山一面にしなやかに伸びた樅が幾重にも重なり／万物を育てる陽の光を受けて逞しく育ち／ゆったりとした濃い緑を川面に映す
ここはなんとすばらしく／なんと身も心も健やかになれるところだろう
…………
ぼくは君のために願う／大地の美しさを味わいたまえ／神が造った自然を楽しみたまえ
けれど、人間はただ一人で楽しんでも／幸せにはなれない
仕事のみが、厳しい仕事のみが／人間をひきしめ、健やかにする

〝仕事のみが、厳しい仕事のみが……〟―これはシュマーレンバッハの心の奥底から湧き出た言葉である。彼にとって生きることの意味は、仕事にあった。自らの額に汗して糧を得よ。「シュマーレンバッハは倦まず弛まず働いた（ナチ時代の非常事態の数年を除いて）。仕事なしで彼は幸せであることはできなかった。仕事は彼にとって人間存在の充足であったのである。」（訳書、二一八頁）「彼は学問と研究を通じて経営に奉仕するように生まれついていた。」（訳書、一四九頁）「彼は、経営の形態と生活を研究する学問は、病人のいない病気（およびその治療）の学問がありえないのと同じように、経営との密接な結びつきを欠いてはありえない、と確信していた。シュマーレンバッハは、経営問題と取り組むすべての著書や論文を執筆するに当たり、いつもこの基準に従って行動した。シュマーレンバッハの学問は、ヴァルター・コルデス（Walter Cordes）が述べたように、〝実践のために直接役立ち、実践からも刺激を得た〟。シュマーレンバッハの野望は、〝繰り返し経営実践のために尽くすこと〟であった。」（訳書、三二

八〜三二九頁)

一九一二年、新しい学問の方法論的観点に関して、一大論争が始まった。モーリッツ・ワイヤーマン(Moritz Weyermann)とハンス・シェーニッツ(Hans Schönitz)が著した書物『科学的私経済学』(*Grundlegung und Systematik einer wissenschaftlichen Privatwirtschaftslehre und ihre Pflege an Universitäten und Fachhochschulen*, 1912)がこの論議を呼び起こしたのである。彼らは、経験上の経営問題の体系的研究に携わる私経済学は、それが実践的行為のための指針と処方箋とを展開しない場合にのみ、科学であると主張し得るにすぎず、これ以外の場合には、それは単なる技術論であるにすぎない、という命題を措定した。そのような見解は、シュマーレンバッハの心臓の真ん中に当然突き刺さった。

「処理準則を与える学科は科学ではない。かといって、われわれが科学的研究を通じて得られた結果から処理準則を簡単に取り去れば、それで科学になるのか。例えば、私が科学的研究に基づいて、赤熱の鉄を指でつかむ者は指にやけどをする、というとする。これは科学なのか。それとも私がさらに、君が指にやけどをしたくないなら、赤熱の鉄を指でつかむな、というとする。これは技術論なのか。それは単なるコメントにすぎないのではなかろうか。」(訳書、八三〜八四頁)とシュマーレンバッハは自問自答する。

シュマーレンバッハは言う。科学という概念と科学的という概念は、完全に等しいわけではない。例えば、科学的研究者は無条件に科学者であるとは限らないし、また科学的研究は科学のみのために取って置かれているわけではない。私経済学が科学ではなく、技術論であるとすると、それは、科学的研究を通じて、その認識とそこから導き出される処理準則とが得られるもののことを指している。しかも、その認識をもたらす理論は、空理ではなく、実践から導き出されたものなのである、と。「空理ではなく、実践から導き出されたもの—これが彼の活動と彼の学説との基礎になる定式なのである。」(訳書、八五頁)こうした技術論こそが、シュマーレンバッハにとって科学であるものだったのである。

さらに、国民経済学者のほうから否応なしに彼の耳に入ってきたある批判―例えば、簿記上の誤りの管理というような低級な事柄を取り扱うことは科学的でないといった批判―については、シュマーレンバッハは、国民経済学者たちに面と向かって彼の怒りを浴びせた。「私は自分の駄馬から降りることはできないし、また降りるつもりもない。科学的研究の判断にとって研究方法のみならず、対象もまた重要であるべきだということを、私は決して認めることはできない。……人類の最高目標を話題にし、くだらないことをペチャクチャしゃべるものは誰でも、私の見るところでは能なしである。指ぬきに関する手堅い作業は学問的に尊重すべき仕事である、と私は考える。」（訳書、八五頁）シュマーレンバッハは、画家マックス・リーベルマン（Max Liebermann）の言葉〝下手に描かれた聖母マリアよりも、上手に描かれたキャベツのほうが好きだ〟に全面的に同意するであろう、とマックス・クルーク（Max Kruk）も語っている。

四　学問と実践との協同を残したシュマーレンバッハ

シュマーレンバッハの学問的業績は、彼の名、彼の強い個性とともに、今日もなお生き続けている。「状況が彼の類いまれな飛翔を助長した点は確かにある。シュマーレンバッハの職歴が始まった時期は、経営経済学にとって草創者の時代であった。それは、世界が能力のある者のために存在するような時代であった。……学問的精進では、彼は処女地を目のあたりに見て、これを存分に耕すことのできる開拓者に等しかった。彼は掘り始める場所を自由に選びだすことができた。そして彼は、実務経験があるためにすでによく事情に通じている箇所、すなわち工業経営における原価計算を選んだ。これがすべて彼の役に立った。ところが、最初の時点での有利さは、他の時点にも待ち受けていた。どの時点を見ても、オイゲン・シュマーレンバッハのような没後にも名声が与えられた者は一人もいない。」（訳書、三二六頁）

それは何によるのか。マックス・クルークは、その決定的要因として、シュマーレンバッハが他の人々に強い影響を及ぼすことのできた桁はずれに強力な人物であったこと、そして彼の著作が他の経営経済学者のそれとは比べものにならないほど、経営の実践に入り込み、その研究を実り豊かにし、そこに新たな影響を与えたことを挙げている。

シュマーレンバッハの魅力はどこからきたのか。その秘密を解き明かすことは容易ではない。弟子であり良友であったテーオドール・ベステ（Theodor Beste）は、こう答えている。「誰もがすぐ気づくように、題材で激しく心を打たせ、汲めども尽きない知識の泉から難なく生み出し、思考と経験のつらい苦しみを厭わなかったことをうすうす感づかせる人がそこで話していたからこそ、それは魅力があった。この人は精神労働を共同で行うことを聴衆に課し、励ますことを心得ていたからこそ、魅力があった。」（訳書、三二七〜三二八頁）

このようなシュマーレンバッハの魅力に導かれて、ひとりでに教え子たちの連帯ができた。実業界で活躍する教え子たちは、厄介な問題をシュマーレンバッハのところへ持ち込んでは、彼の助言を求め、こうして学問と実践との接触は、シュマーレンバッハ個人を通じて確保されていたのである。この同好会は、一九三三年に創立されたシュマーレンバッハ連合の組織的故郷になった。一九五二年、シュマーレンバッハ連合はシュマーレンバッハ協会に改組され、一九七八年には、ドイツ経営経済協会と合併し、シュマーレンバッハ協会・ドイツ経営経済協会となった。同協会の主な活動は、プロジェクト・チームによって進められている。「学問と実践とのこのように密接な協同―これは、彼シュマーレンバッハが後世の人びとに残した遺産を理想的に実現したものである。」（訳書、三三〇頁）

五　自己葛藤に苦しんだシュマーレンバッハ

ナチ時代を除いて、順風満帆と映ったカリスマ的学者シュマーレンバッハにも、自己葛藤に苦しんだ時期があった。一九二〇年代初めの時期ほど、彼の内心が不安定で感情が揺れ動いた時期はなかった。果たして自分は本当に正しい職業の道を歩いてきたのかどうか、と彼は苦悩していたのである。今からでも職を変えるべきではないか。そのような疑念が彼の自尊心をさいなみ、アイデンティティの危機を引き起こしていたのである。事実、シュマーレンバッハは、一九二〇年三月一日、ケルン大学学長宛に退職願いを出している。

第一に、彼の決断は、一九一八年の一一月革命後、中産階級の間に広まっていた悲観的なムードに影響されたに違いない。誰一人として共和国がどの方向へ向かうかを見通すことはできなかった。誰もが感じ、知っていることが一つだけあった。それは、戦前の黄金時代は過ぎ去り、二度とやって来ないであろうということであった。

第二に、シュマーレンバッハには、給与問題に対する不満があった。もちろん彼は、プロイセンの官吏の所得が商人や企業家のそれより低いことはよく知っていたが、上級国家公務員と上級民間サラリーマンとの給与格差が、戦前の一対一・五ないし一対二から一対五ないし一対八に広がってきているというのである。

第三は、ケルン商科大学の総合大学への移行によって生じた彼の学内における地位の変化にあった。シュマーレンバッハは、もともとこの移行に反対していた。しかし、総合大学は実現した。彼は突然、自分が一目でもはや見渡すことのできない枠の中に置かれていることに気づいたのである。当然のことながら、この大機構におけるシュマーレンバッハの地位は、もはやかつての単科大学におけるほど支配的なものではなくなった。それに、非常に不愉快だったのは、新たに加わった他学部の同僚たちが、彼と彼の学問に対して不信感を抱いていることを感じ取ったことだった。そのことによって、総合大学の運営に対する彼の不快感は増し、大学教師の生活に訣別する彼の決意は強まったのである。また、教授会や個人的な対話を通じて、学内の様々な分野の学者の中にも、優れた人物のいることが、彼にははっきり分かったに違いない。

一九二九年の論文「減価償却について」(Über Abschreibungen) の中で、「かつて自分は〝実践から完全に離れて〟(〝実践の問題との学問的関わりをすべてなげうつこと〟が考えられていた)〝学問にすべてを捧げ〟ようと考えたことがある、と率直に告白している。これがいつのことであったかに彼は触れていない。しかし、〝純粋な〟―実践志向的でない―学問に向かうのが彼の真の使命だとみなしたと思われる時期は、……この時以外にはないのである。彼の思考のこのように極端な方向転換は、総合大学の創立後初めて、すなわち彼が異なる学問分野の〝純粋学者たち〟と直接交際するようになり、彼らの多くに敬意を払わざるをえなくなったときに起こり得たのである。しかし、生まれながらの実践家であるシュマーレンバッハが、彼の学問上の目標設定において実践の問題からの離反すらも考えたということは、当時彼の天職の自覚に対する疑念がどのような危機にまで彼を陥れていたかを示すものである。」(訳書、一三五～一三六頁) とマックス・クルークは述べている。

六　シュマーレンバッハの共同経済的生産性思考

立憲君主制から共和制を経て独裁制へと変貌を遂げたドイツの歴史の三時代を生き抜いたシュマーレンバッハは、理論に支えられた技術論、すなわち応用科学の立場に立ち、実践への奉仕が経営経済学の任務であるとみていた。実践は経営経済学の顧客であって、経営経済学は顧客に奉仕する任務を負う。その任務を全うするには、実践に通じる必要がある、と。経営経済学は軍学 (eine Scientia militans) である、とも言っている。シュマーレンバッハにとって重要なのは、まとまった体系の展開でも一般理論の構築でもなかったから、彼は実践と密接に結びついた部分的な理論を展開し得たにすぎない。良い理論というものは、ポケットに入れて持ち運べるような手頃なものでなくてはならない、と。（原書、二七九〜二八一頁）

シュマーレンバッハの経営経済学の基礎には共同経済的生産性思考がある。彼は、この思考の中心に全体経済的欲求充足を置き、個別経済の正しい運営は全体経済にも寄与し、個別経済の浪費は全体経済の損失につながるという古典的経済自由主義の調和命題から論理を展開した。しかし、この命題は、シュマーレンバッハ自身が認めているように、もろいものだった。個別経済の正しい運営と全体経済の正しい運営との間には、計り知れないほどの摩擦があるからである。シュマーレンバッハの共同経済的生産性思考を最も激しく批判したのは、ヴィルヘルム・リーガー（Wilhelm Rieger）であった。リーガーは、共同経済的生産性は計画経済の中でしか実現できない、と主張した。さらにリーガーは、その定義も明確でなく、ある行為が共同経済的に有益であるかどうかを、いかなる機関がいつ判断するのかについても明言していない、と批判した。（原書、二八三〜二八五頁）

シュマーレンバッハの共同経済的生産性思考に対する批判は、今日でもリーガーの批判とほぼ同じである。シュマーレンバッハは、共同経済的生産性について、〝浪費をするな！〟ということしか言ってはいない。さらに決定的な弱点は、全体経済に属するすべての決定主体の目標を配慮したうえで経済的効用を推定することが可能でなかったら、彼の共同経済的生産性概念は成り立たないという点である。しかし、それを推定することは不可能である。（原書、二八五〜二八六頁）

七　結び

以上の報告において、筆者に与えられた課題は、シュマーレンバッハの学問面・実践面における業績の基盤をなした思想と信念は何であったかを明らかにすることであった。これを要するに、シュマーレンバッハの思想的基盤は、通俗的意味におけるプラグマティズムに、そしてまた、その実践的基盤は、経営の学問は経営の実践との結びつきを欠いてはあり得ないというシュマーレンバッハの確固たる信念にあった、と言うことができるであろう。シュマーレンバッハは、こうした思想と信念をもって、実利的なもの、「レアールなるもの」の追求に生涯を捧げることになった。そして、理念的なもの、「イデアールなるもの」に価値を置いた古典大学ではなく、この実利的なもの、「レアールなるもの」に価値を置いた「商科大学」が、まさしくシュマーレンバッハの活力の源泉になったのである。

補足

大会当日の報告で触れながら、以上の報告要旨に記さなかった三つの事項について、ここで補足しておきたい。

その一つは、恩師ビューヒャーとシュマーレンバッハとの関係についてである。シュマーレンバッハは、ライプチヒ商科大学在学時、ビューヒャーの国民経済学の講義に魅了され、研究者になる決意をしたという。だが、ビューヒャーの講義のどこがシュマーレンバッハを魅了したかは定かでない。太古以来、交換経済は存在してきたとする従来の経済発展段階論の誤りを指摘し、交換経済が普遍的となるのは国民経済においてであるとの見地から、新たな経済類型移行論を唱えたビューヒャーの所説に、ひょっとしたら、シュマーレンバッハは学問的魅力を感じたのかもしれない。

二つめは、ビューヒャー文庫についてである。同文庫売却のニュースが日本へ伝わったのは、一九二〇年（価格は約四千ポンド、日本円に換算して約四万円）だった。岩崎小弥太が購入し、京都帝国大学へ寄贈した。ビューヒャーは第一次世界大戦後における生活の窮迫のため、全蔵書を手放したと推測される。一九七〇年に刊行されたビューヒャー文庫目録（*Katalog der Karl Bücher Bibliothek in der wirtschaftswissenschaftlichen Fakultät der Universität Kyoto,* Kyoto 1970）には、一万一四六六冊が収録されている。最古の文献は一五二四年刊行のルターの商取引に関する書物であり、一九二〇年発刊のものまでが収められている。経営関連書目を拾っていくと、カルメス、エーレンベルク、エミングハウス、ホフマン、ライトナー、リントヴルム、オプスト、ペンドルフ、プリオン、シェーア、ニックリッシュ、シュミット、ワイヤーマン、シェーニッツ、テイラーらの著書が散見される。森林太郎や左右田喜一郎の名も出てくる。ところが、ニックリッシュの書物すら五冊もあるというのに、シュマーレンバッハの著書は一冊もないのである。シュマーレンバッハは、恩師に一冊も献本しなかったのであろうか。同文庫によって、ビューヒャーとシュマーレンバッハとの関係が分かるのではないかという筆者の期待は、実らなかった。

三つめは、何故にシュマーレンバッハは実利的なもの、「レアールなるもの」に一生を捧げたかについてである。第一の理由は、父の事業を受け継ぐつもりで、工場経営者になるための修業をした彼の生い立ちにある。第二の理由は、ドイツ資格社会の中でノンエリートの一年志願兵として商科大学の門をくぐったシュマーレンバッハが、デプローム・カォフマンの社会的認知のために執念を燃やしたこと、経営の学は商科大学の中でのみ育つという確信を持って、ケルン商科大学の総合大学昇格運動に反対しただけでなく、昇格後のケルン総合大学に批判的態度を取ったこと、商科大学の教授陣と卒業生の質的低下を懸念して、商科大学増設反対運動を推し進めたことにある。第三の理由は、他の経営経済学徒とは比べものにならないほど、経営の実践に分け入り、学問と実践との密接な協同を図るため、シュマーレンバッハ連合（のちのシュマーレンバッハ協会）を形成したことにある。要するに、シュマーレンバッハにとっては、ドイツ・アカデミズムの世界に、実利的なもの、「レアールなるもの」を具現した経営の学と商科大学とを認知させること、これこそが彼の生涯を賭した最大の理由だったのである。（このことに関しては、早島　瑛「デプローム・カォフマンとしてのオイゲン・シュマーレンバッハ」を参照されたい。）

参考文献
Kruk, Max; Potthoff, Erich; Sieben, Günter, *Eugen Schmalenbach: Der Mann-Sein Werk-Die Wirkung*, Stuttgart 1984.（樗木航三郎・平田光弘訳『シュマーレンバッハ 炎の生涯』有斐閣、一九九〇年。）
Potthoff, Erich, *Schmalenbachs Leben und Wirken für die Betriebswirtschaftslehre, Betriebswirtschaftliche Forschung und Praxis*, 50, 1998, S. 141-153.
石田真人『ドイツ歴史学派経済学研究―カール・ビュヒャーを中心として―』石田真人、二〇〇〇年。
早島 瑛「デプローム・カォフマンとしてのオイゲン・シュマーレンバッハ」『商学論究』（関西学院大）第三九巻第一号、一九九一年、九九―一三二頁。
早島 瑛「商科大学学生構成分析―ライプチヒ 一八九八―一九二〇―」『商学論究』（関西学院大）第四七巻第一号、一九九九年、一五三―一八一頁。

表1 シュマーレンバッハの略年譜

一八七三	（八・二〇）オイゲンはヴェストファーレン州ハルファーの村里シュマーレンバッハで生まれる。父フリードリッヒは強情で尊大な錠前の工場経営者であった。母エマは誇り高い鉄鋼小物製品の工場経営者一族の出であった。
一八九〇	ギムナジウムを止めて、レムシャイドの王立鉄鋼小物工業専門学校に数週間通い、バーメンのある機械製作会社で錠前屋の見習修業を始める。
一八九一	フェルベルトで三年間の商人修業に入る。
一八九四	父の事業に加わる。
一八九五	梱包・発送部門の長となる。
一八九七	工場簿記・経営原価計算の責任者となる。
一八九八	新設のライプチヒ商科大学で工場経営者としての才腕に磨きをかけるために、父の会社を辞める。リヒャルト・ラムベルトのもとで商業技術の勉強を始める。
一九〇〇	マリアンネ・ザックスと婚約し、翌年結婚。両親と仲違い。父は即座に一切の資金援助をしなくなる。カール・ビューヒャーのもとで国民経済学の研究を始め、大企業の歴史や貸借対照表にも精通する。
一九〇三	ケルン商科大学の私講師となり、商業技術や財務を担当する。
一九〇四	貸借対照表文庫（のちの経済文庫）を創設する。
一九〇五	ケルン商科大学の教授に任用される。商業技術ゼミナール（のちの信託ゼミナール）を創設する。商学研究雑誌（のちのシュマーレンバッハ経営経済研究雑誌）を創刊する。

一九一九　ケルン大学が開校し、ケルン商科大学はケルン大学経済・社会学部となる。
一九三三　老いの兆しを理由に、ケルン大学を退職する。
一九四三　ヴィリー・ミンツ宛の書簡の中で、この世を去る考えをほのめかす。「幸いにしてまっ正直な人間は我慢の限度を自ら決めることができます」と。オイゲンと妻のマリアンネは、一九四四年以来いつも毒薬のカプセルを携帯していた。
一九四四　(九月中旬) 妻との大胆きわまる逃走、そして隠れ家での五カ月。
一九四五　ケルン大学に復職。「貸借対照表と財務」について講義する。
一九四七　講義は止め、経営組織ゼミナールのみを指導する（一九五〇年夏学期まで）。
一九五五　(二・二〇) 心臓衰弱で他界する。享年八一歳。

表2　シュマーレンバッハの実践活動

一九〇五　ティーツ社の監査人・執行役会顧問として助言する。
一九〇九　信託株式会社を設立し、一九一一年、監査役会議長となる。
一九一三　ハルファーにシュマーレンバッハ有限会社を設立する。自ら発明し特許を得た苗の移植鋤を実用化するための工場も建設する。しかし、一九二二年、経営不振により売却する。
一九二〇　臨時全国経済評議会の議長団の一員として書記を務める。
一九二一　ツァンダース社の顧問となる。
一九二二　ツァンダース社の子会社の執行役会議長となる。
一九二六　ドイツ経済性本部の経済管理委員会委員としてコンテンラーメンを起案する。
一九二七　トゥロイアルバイト社の監査役会のメンバーとなる。
国有鉄道会社の調達組織調査委員会委員となる。
一九二八　褐炭鑑定委員会並びに石炭鑑定委員会の両委員長として鑑定書を作成する。
一九三三　シュマーレンバッハ連合の第一回総会が開かれ、名誉会員となる。
一九三五　オットー・ヴュルフラート合資会社を設立し、水銀ポージェンを使って水中に湯あかができるのを防ぐ器具（トニザトール）を開発する。翌年、その特許を得る。しかし、一九三八年、トニザトールの生産・販売中止に陥る。
一九四九　経営経済学会の名誉会員に選ばれる。一九五三年、名誉会長となる。
一九五二　シュマーレンバッハ連合は定款変更によりシュマーレンバッハ協会に改組される。一九七八年、ドイツ経営経済協会と合併し、シュマーレンバッハ協会・ドイツ経営経済協会となる。
信託株式会社は定款変更により経営経済調査有限会社に改組される。

五　ドイツ経営経済学・経営社会学と社会的カトリシズム

増田正勝

一　序論

ドイツにおける経営経済学・経営社会学の発展を学史的に展望するとき、明らかにその精神的基礎を社会的カトリシズムから獲得している一群の学者たちを見出すことができる。

まず、ドイツ経営社会学の成立期を担ったブリーフス（Briefs, Goetz）を筆頭に、ゲック（Geck, L. H. Adolph）、シュヴェンガー（Schwenger, Rudolf）、レヒターペ（Lechtape, Heinrich）、ミューラー（Müller, Franz H.）、ミッヘル（Michel, Ernst）、といった社会学者たちがそれである。ワイマール期における社会的カトリシズムの新たな展開が彼らの問題意識を規定し、それが彼らを経営社会政策論の問題領域へ導き、さらに経営社会学の建設へ向かわせることになった。第二次大戦前のドイツ経営社会学の歴史において明らかに「カトリック学派」の存在について語ることができよう。

他方、経営経済学では、カルフェラム（Kalveram, Wilhelm）、フィッシャー（Fischer, Guido）、マルクス（Marx, August）、ガウグラー（Gaugler, Eduard）といった人々をあげることができる。これらの経営経済学者たちは、上述のブリーフス以下の経営社会学者たちとはその活動の時期を異にしているが、同じく社会的カトリシズムという共通の源泉からその精神的基礎を獲得している。カルフェラムだけはやや専門領域を異にしているが、後の三者はいずれも人事労務論（Personalwesen）の領域で活躍した学者たちである。

とりわけ経営経済学における人事労務論の学史に注目すると、ワイマール期における経営社会政策論の展開はその前史を形成しており、戦後のフィッシャー、マルクス、ガウグラーに、戦前のブリーフス、ゲック、シュヴェンガー、レヒターぺらを加えると、人事労務論の歴史においても「カトリック学派」の存在について語ることができよう。

以下では、まず、以上の人々の精神的基礎となっている社会的カトリシズムの展開について基本的な考察を加える。次に、彼らの問題意識の形成に社会的カトリシズムがどのように関わり、そこからどのような学説上の特質が生れてきたかについて考察する。

二　社会的カトリシズムの展開

(1)　社会的カトリシズムの生成と発展

十九世紀ドイツにおける社会的カトリシズムの生成と発展の過程は、「新しい政治的・社会的環境におけるカトリック的人間の自己理解をめぐる苦闘であり、自由主義と国教会主義によって支配され、かつ社会主義によって脅かされる世界において、カトリック的思想とその生命の存在権と受容を求める闘争であった。」[1]その最初の抵抗が一八三七年の「ケルン紛争」であり、それが最高潮に達するのが一八七一年に始まる「文化闘争」であった。

プロテスタント国家プロイセンのカトリック弾圧は、カトリック教徒の政治意識と連帯意識を覚醒させ、帝国内に社会主義と並んでもうひとつの抵抗勢力を解き放つことになった。それが一八七〇年における「中央党」の結成であった。ビスマルクはこの中央党に対して「文化闘争」を仕掛けるが、かえって政治的カトリシズムをいっそう成熟させる結果となった。中央党党首ヴィントホルスト(2)の指導のもとで、これまでのゲットー的政治姿勢から脱却して、一般的な人権・基本権に立って少数者の自由と権利を擁護するとともに、国家の絶対的支配を排して立憲的議会主義を主張する普遍的な政治思想が育っていった。

他方、ドイツ・カトリシズムは、産業化とともに深刻化する社会問題を鋭く意識し、産業プロレタリアートの救済とその社会的地位の回復を自らの課題として受け取っていった。十九世紀前半において、すでにアダム・ミュラーやフォン・バーダーをはじめカトリック社会思想家たちが社会批判を展開していたが、社会的カトリシズムの形成に決定的な影響を与えたのは、マインツの司教ケテラーであった。ケテラーは、マンチェスター派自由主義と社会民主主義に対決しつつ、労働者問題の基本的な解決方向を国家による労働者保護政策の確立と労働組合結成による近代的労使関係の形成の中に求めた。

中央党は、ビスマルクと対決しつつも、ヒッツェという優れた社会政策専門家を得て、労働者保護立法の強力な推進者となっていった。社会政策的課題を引き受けることによって、中央党は、ドイツ帝国に対する敵対者としての地位からむしろその近代化に積極的に寄与する存在へ変貌を遂げようとした。

キリスト教労働組合は、一八九四年、社会民主主義系の自由労働組合から分裂する形で生れた。全体としては自由労働組合の七分の一の勢力を保持するが、産業や地域によっては自由労働組合と拮抗する力をもっていた。ケテラーの精神を継承しつつ、労使協働と労使同権に立った「社会的パートナーシャフト思考」の開拓者として、また「政党政治的中立性」「政治的・世界観的自由」という統一労働組合組織原理の形成者として、ドイツ労働組合運動の発展に固有の貢献を成した。

キリスト教労働組合は突如として生れたものではない。一八八〇年代の半ばから「カトリック労働者団体」の結成が進められていた。カトリック労働者を社会主義の影響から防衛するとともに、労働者の団結が禁止されていた時代において労働組合に代わる機能をもたせようとするものであった。一八八八年の時点で、一六八の労働者団体、二六の女子労働者団体、三七の青年労働者団体、五一の鉱山労働者団体が結成されていた。このカトリック労働者団体がキリスト教労働組合の生成と発展を支えていった。

ケテラーの精神的遺産は、カトリック企業家ブランツによっても継承された。ミュンヘン・グラートバッハを「ライン・マンチェスター」として一大繊維産業地帯へ育て上げたブランツは、ドイツで最も早く労働者代表制を導入した企業家のひとりであった。一八八〇年、労働者代表制と労働者保護政策の普及をめざして、「労働者福祉連盟」を発足させた。この連盟の総務ヒッツェを介して「労働者福祉連盟」は中央党の社会政策を背後から支える存在となった。他方、ブランツは、キリスト教労働組合の強力な擁護者であった。多くの企業者が労働組合を怖れこれを弾圧しようとする中で、むしろ労働組合運動の促進と平和的な労使関係の形成、そして労使協働こそが進むべき道であることを説いた。

一八九〇年、ヴィントホルスト、ブランツ、ヒッツェを中心に「ドイツ・カトリック国民協会」が設立された。(3) 本部はミュンヘン・グラートバッハに置かれ、理事長をブランツ、総務をヒッツェが務めた。大会や会議の開催、経済問題・社会問題を扱う実践社会講座や研修会の実施、パンフ・機関誌・叢書等の発行が活動の中心をなしていた。会員数は一九〇八年には六一万人、一九一四年には八〇万人に達した。一九一二年の時点で、一六人の専門職員、五五人の事務職員、八八人の出版部職員を抱えていた。大衆教育をめざすきわめて大規模な社会教育活動が展開されていた。この「カトリック国民協会」から中央党やキリスト教労働組合のリーダーたちが育っていった。「カトリック国民協会」が担った大きな役割のひとつが中央党の社会政策プログラムを背後から理論的・実践的に支援することであった。カトリック社会科学者たちがブレインを形成し、社会政策専門誌*Sozialpolitische Korrespondenz*も刊行された。

十九世紀末から二十世紀にかけて、社会的カトリシズムには二つの大きな課題が課せられていた。第一の課題は、自由主義と社会主義の狭間にあってキリスト教固有の社会思想を形成することであった。自由資本主義を批判しつつも資本主義それ自体は排除せず、他方で社会主義を批判しつつもその資本主義批判を評価するという立場で、キリスト教的社会改革主義の思想が形成された。第二の課題は、新たに生成したキリスト教労働組合のために、自由労働組合に対決できるような労働組合思想を形成することであった。この課題は第一の課題と共通するとともに、資本主義の進展を見据えた労働組合思想、労使関係思想が構築されなければならなかった。

このような社会的カトリシズムの課題を担ったのがカトリック社会科学者たちとキリスト教社会論を専攻する学者たちであった。

(2)　社会的カトリシズムとキリスト教社会論

実際の名称はさまざまであるが、一般に「キリスト教社会論」(die christliche Soziallehre/Gesellschaftslehre)と総称される講座がドイツ語圏大学のカトリック神学・哲学部やカトリック神学大学に置かれている。また大学内外に研究所や研究センターも設置されている。「キリスト教社会論」は、社会問題の倫理的側面を取り上げ、それを批判的に考察し、一定の解決方向を示唆することを基本的課題としているが、この課題に応えるためにさまざまの経験科学の協働を必要とするので、「キリスト教社会科学」(die christliche Sozialwissenschaften)と呼ばれる場合もある。

ドイツにおける最初の「キリスト教社会論」講座は、一八九二年、ミュンスター大学に創設され、ヒッツェがその正教授に就任した。社会的カトリシズムに課せられた課題に応えるために、神学・哲学・倫理学と社会科学が協働する特別の研究機関が必要であることが痛感されていたのである。

キリスト教社会論の発展によって社会的カトリシズムは大きな成果を獲得することができた。ひとつは、ペッシュによる「連帯主義」(Solidalismus) 社会哲学の体系化である。そこでは、個人原理の個人主義からも社会原理の全体主義からも区別された、連帯性原理に立つ社会論が展開された。いまひとつは、ブラウアーによる労働組合論の展開である。資本と労働を社会経済過程の同権的要素として捉え、労働組合を企業者と並んで国民経済に責任ある協働者と理解する「社会的パートナーシャフト」の労働組合思想が形成された。(4)

三　経営社会学と社会的カトリシズム

ワイマール期に入って、社会的カトリシズムの問題意識に大きな変化が起こった。「労働者問題から労働問題へ」あるいは「社会政策から一般社会政策へ」というパローレにそれを読み取ることができる。それは、自由資本主義を前提とした労働者保護的社会政策から脱却して、資本主義的社会構造の改革を進めて労働者の市民権を回復しなければならないという問題意識であった。この問題意識は二つの方向に向かった。ひとつは、自由資本主義をどのように改革するかという問題であり、いまひとつは、労働が遂行される労働過程それ自体をどう改革するかという問題であった。前者は経済体制の問題であり、後者は経営体制の問題であった。

このような社会的カトリシズムの問題意識を忠実に継承して、まず、社会学者のレヒターペが経営社会学の問題領域を開拓した。ペッシュの連帯主義の社会哲学を基礎にヴィーゼの形式社会学の方法によって、すでに使用者団体、企業者層、社会階級について社会学的考察を試みていたが、『科学的社会政策の対象としての人間労働』(一九二九年)によって経営社会学の扉を開けた。

レヒターペはいう、「今日、社会政策が追求すべき社会問題はもはや賃金取得者としての労働者の問題のみではない。むしろ労働それ自体から生じる弊害や抑圧、作業中における、つまり労働過程それ自体における人間の権利・自由の問題こそが中心問題であり、労働の人格的特質が最も密接に結びついている」(5)と。

労働者の人格が経営において蝕まれている、これが社会的不安・社会的対立の重大な原因であり、それを解決するためには問題の原因を科学的に明らかにしなければならない。それが科学的社会政策、すなわち経営社会学の課題である。レヒターペは、経営の技術過程と組織過程を社会学的に分析して、どのような構造が人間労働に疎外をもたらしているかを明らかにしようとした。他方、経営社会学によって獲得された科学的認識に基づいて具体的政策が探求されなければならない。この課題を担うのが経営社会政策論であった。

ブリーフスは、フライブルク大学の国民経済学の教授であったが、一九二六年、ベルリン工科大学へ招聘され、国民経済学を担当するかたわら、一九二八年「経営社会学・社会的経営論研究所」を設立して、経営社会学の研究を開始した。ゲックとシュヴェンガーはこの研究所のスタッフであった。ブリーフスは、すでにフライブルク時代に「プロレタリアートの社会学」に取り組んでおり、プロレタリア的不安の震源地としての経営の問題に強い関心を示していた。

ブリーフスの問題意識は、以下に引用するところに明瞭に現れている。「技術的・経済的・組織的経営過程を人間的・社会的「最良形成」(Bestgestaltung) なる条件の下に置くことが中心問題である。経営の社会的側面が、他の側面と同等の地位を、しばしば他に優先する地位を要求しているのである。ここに今日の社会的経営政策の中心テーマがある」(6)と。経営社会学は、経営の技術過程、経済過程、組織過程がもたらしている人間疎外の状況とその構造を明らかにしなければならない。他方、社会的経営政策は、経営社会学的認識に基づいて人間的・社会的経営政策を追求しようとする。

シュヴェンガーは、レヒターペやブリーフスと問題意識を共有しつつ、経営社会政策論の問題領域へ大きく踏み込んできた。ルール石炭産業と西部ドイツ製鉄業における経営社会政策の歴史と実態を詳細に研究し、「経営目的」をめざす経営社会政策と「社会目的」をめざす経営社会政策が存在することを明らかにした。この二つの系列の経営社会政策をどう統合するかという問題がシュヴェンガーを悩ませた。経営の目的は何かという、経営経済学の根本問題にぶつかっていたのである。

ゲックは、ミュンスター大学においてレヒターペの同僚かつ友人であったが、ブリーフスの主管する経営社会学研究所に参加し、とりわけ経営社会政策論の問題領域へ深く分け入り、第二次大戦前の人事労務論の形成に大きな功績を残した。

ゲックは、経営社会政策の歴史を丹念に追求して、「社会目的」に立って労働者の人間性に特別の配慮を払う経営社会政策と、労働者を「経営目的」のための手段として管理する経営社会政策という二つの類型があることを明らかにした。前者を「狭義の社会政策」、後者を「社会的経営政策」と称した。ほとんどの歴史的事例は後者の類型に属するが、家父長主義的経営社会政策や労働者保護的経営社会政策、労働者代表制を伴った経営社会政策は前者の類型を示している。

「社会目的」に導かれる「狭義の経営社会政策」を支える経営体制を「協働的経営体制」といい、「経営目的」に立つ「社会的経営政策」を支える経営体制を「自由主義的経済的経営体制」と称した。「協働的経営体制」では、労働者は企業の共同担い手（Mitträger）として理解され、歴史的には経営における労働者代表制がそれを示している。それはやがて労働者の共同決定制度へ発展していく。ゲックはこの「協働的経営体制」を経営社会政策が進むべき道として示そうとした。

ヒトラー政権の確立とともに「カトリック国民協会」本部はナチス突撃隊に襲撃され、キリスト教労働組合も解体を余儀なくされた。ゲックはナチス体制の中を生きのびるが、レヒターぺはミュンスター大学を追放され、ブリーフス、シュヴェンガー、ミューラーはアメリカに亡命した。(7)

四　経営経済学と社会的カトリシズム

カルフェラムは、シュミット（Schmidt, Fritz）の門下生で、一九二四年からフランクフルト大学の経営経済学の教授を務め、戦後はケルン大学で銀行経営論の講座を担当した。カルフェラムの主要な研究分野は銀行経営論と経営計算制度であったが、第二次大戦後、カトリック的立場を表明する一連の著作を発表した。その代表が『経済におけるキリスト教的思考』（一九四九年）であった。

カルフェラムの基本的命題は、「経済的に経済せよ」という定言的命令に総括される。それは「経済―正しく理解された経済！―の意味とその自己法則性に合致して経済せよ！」ということである。経営経済学は、一方では経験科学として営まれながら、他方においては、「実証的研究によって獲得された認識を経済的関連へ生かしながら、包括的な価値体系のより大きな関連へ経済的行動を整序し、めざすべき目的に至る道筋を経済的行動に指示する」(8)という課題を担うべきであるとする。

このように経営経済学に規範的課題を与えたことから、カルフェラムは、シェアー、ディートリッヒ、ニックリッシュと並んで規範学派の一翼に位置づけられることになった。フェッテルやカインホルストがその規範主義を厳しく批判したが、われわれの理解によれば、カルフェラムは、経営経済学の規範科学化を主張したのではなく、経験科学と規範科学の協働と経営倫理学の形成を提唱したのである。経験科学と規範科学の協働を求める立場は、もともとキリスト教社会論の立場であり、カルフェラムもその流れを忠実に継承していたといえよう。(9)

ミュンヘン大学のフィッシャーは、著作活動と社会活動を通して、そのカトリック的立場を最も鮮明に表明した経営経済学者であった。一九四八年、第七十二回マインツ・カトリック会議では、経営は「人間の仕事場」であり、全人格的な投入が行われる場であるから、企業者は経営を人間共同体として形成する責任があり、協働者としての労働者には経営に参加する権利が生じてくると主張した。一九四九年、第七十三回ボーフム・カトリック会議では、①独立した有機体としての経営の形成、②経営の組織原理としてのキリスト教社会秩序原理の適用、③人間中心原理に則った経営行動、という三つの要請に応えて、経営を「社会的共同体」として形成することを主張した。このような主張は、『キリスト教社会秩序と経営の社会的実践』(一九五〇年)にまとめられている。

一九五〇年、ダルムシュタットの学会でカール・ハックスが「社会的経営論」の必要性を主張したことから、いわゆる「第三次方法論争」が起こった。フィッシャーは、経済的経営論と別個に「社会的経営論」を形成する必要性は認めなかったが、経営経済学は経営における人間にもっと考察を加えなければならないとして、経営社会学、経営心理学など経営諸学の学際的協働を主張するとともに、経営共同体の本質と形態を研究する「存在論的社会学」を主張した。この「存在論的社会学」の内容をなしているのはキリスト教社会論であった。

フィッシャーの問題意識を総括すれば、「経営における人間疎外の克服」ということになるであろう。それは一九二九年の『経営における人間と労働』においてすでに明白に意識されており、ワイマール期のカトリック経営社会学者たちと共通する問題意識をそこに見ることができる。(10)

一九五〇年、フィッシャーは、シュピンドラーと共に「パートナーシャフト協会」の創設に参加した。企業者と労働者を協働者(Mitarbeiter)として捉え両者の信頼に満ちた協働をめざすパートナーシャフト経営は、彼にとって経営における人間疎外を克服する最も有力な道であった。この運動には戦後の社会的カトリシズムもいろいろな形で参加していった。

ドイツ語圏においてはじめて「人事労務論」の講座を創設したのがマンハイム大学のマルクスであった。彼は大学の教授であるとともにカトリックの司祭であった。『経済の神学』（一九六一年）という著書はあるが、それ以外の著作から司祭職にあるマルクスを想像することは難しい。

「第三次方法論争」にはマルクスもいくつかの論文によって参加している。その主張を要約すれば以下のようである。経済は、目的論的に営まれる文化的事実であり、純粋科学としての経営経済学が提供する認識を経営政策に適用するとき、それが有効・適切であろうとすれば、文化的事象としての経済の中に働いている価値規範を尊重しなければならない。しかし、この規範それ自体を認識することは経営経済学にはできないので、補助科学として経済倫理学の形成が必要である。フィッシャーと同様に、経験科学と規範科学の協働を提唱している。

マルクスによれば、人間は「精神担い手」(Geistträger) であり、「より高きを求める欲求」(Mehrseinwollen)「人間的存在充実 (menschliche Daseinerfüllung) を求める欲求」をもった存在である。人間のこのような本質が害われるとき、経営は社会的緊張の震源地となり、労使間の対立をいっそう激化させる。経営社会学は、経営における人間疎外を科学的に明らかにし、経営社会政策は「経営生活に精神的に参加し将来について共同決定することを求める労働者の正当な要求を充足する」[11]ものでなければならないのである。ここには、ワイマール期の経営社会学・経営社会政策論の問題意識が忠実に継承されている。

労働者を全体的な人格として理解し取り扱うという命題は、けっして倫理的な要求としてのみ主張されているわけではない。人間労働の最適生産性を規定する要因として、①物的・技術的要因、②社会的要因、③個人的要因、があるが、③の個人的給付決定要因の中に「意識的に制御された意志衝動」がある。これは一定の価値へ積極的に向かうことによって起動される衝動である。価値を認知し認知された価値を実現しようとする意志もしくは意欲である。「この意欲がどれほど高いか、またこの意欲と経営目的がどれほど調和しているかによって経営目的の最適実現が規定されてくる」[12]という。すなわち、人間中心原理が人間労働の最適生産性を規定するとしている。したがって、最適生産性を実現するために経営政策は、経営を倫理的形成空間として認識する「経済の神学」「経済の倫理学」を必要とする、という。[13]

ガウグラーは、フィッシャーの門下生であるが、一九七二年、マルクスの後継者としてマンハイム大学に招かれ、「人事労務論」講座をいっそう充実させるとともに、経営経済学の一部門としての人事労務論の発展に大きく貢献した。一九四九年フィッシャーによって創刊された *Mensch und Arbeit im Betrieb* 誌（のちに *Personal* と改名）の共同編集者を長年務め、「パートナーシャフト協会」の理事としてもフィッシャーの遺産を受け継いだ。「フィッシャーの精神的継承者」[14]といわれるところである。

カルフェラム、フィッシャー、マルクスはいずれも「第三次方法論争」に参加したが、世代を異にするガウグラーにはもはやそのような問題意識はない。この間に経営経済学は経営の人間的側面をますます考察の対象に入れるようになり、社会的カトリシズムが主張してきたことの多くはすでに共通の思想財になっている。

一九八一年、現ローマ教皇ヨハネ・パウロ二世は社会回勅『労働について』を発布した。労働の主体は人格としての人間であり、物的資本に対して人間労働が優先されなければならないという原則に立って、現代の資本主義的経済体制を批判した。一九八三年ローマにおいてこの回勅をめぐって国際会議が開催され、ガウグラーは「経営経済的要請と人間主義的要請の間に立つ企業」というテーマで報告を行った。

①経営過程に人間労働が投入されているという事実によって、②企業が経済社会の全体秩序に組み込まれているという事実によって、③企業が自由な経済社会秩序の中で活動する営利経済的制度であるという事実によって、企業は、人間主義的要請に応える課題を課せられている。①は人間労働に対する責任であり、②は全体社会に対する責任である。③は、企業自体の維持とともに労働者の雇用と所得に対する責任である。ガウグラーによれば、

企業は資本提供者、企業者、従業員の三者によって構成されている。この三者は、経営経済的要請と人間主義的要請の間の緊張領域で最適な解決を探求し実現する責任を負っている。この責任は「企業者の専門的能力と倫理的責任能力に対して最高の要請を課する」[15]のである。

ガウグラーのいう緊張領域は、すでにブリーフスにおいて「技術的・経済的・組織的経営過程を人間的・社会的〝最良形成〟なる条件の下に置くことが中心問題である」と捉えられていた。ガウグラーにおいても社会的カトリシズムの問題意識が忠実に継承されているのを見ることができる。[16]

五　結　論

ドイツ経営社会学の成立期にブリーフス以下、カトリック的立場に立つ社会学者たちが活動し、経営社会学の建設に貢献するとともに、経営社会政策論の問題領域を開拓して、第二次大戦後における人事労務論の形成に先駆的な働きをなした。カトリック的立場に立つフィッシャーとマルクスは戦後における人事労務論の確立期を担い、次の世代のガウグラーもその精神を継承して、人間中心原理に立った人事労務論を展開した。第三次経営学方法論争では、カルフェラム以下カトリック的立場に立つ人々は、経営経済学の補助科学として経済倫理学ないし経営倫理学の樹立を提唱した。経営社会学および労務人事論の歴史をふり返るとき、われわれは確かに「カトリック学派」の存在について語ることができよう。

ここでは経営社会学と経営経済学の学史的側面に焦点を当てて、社会的カトリシズムの問題意識を見てきたが、共同決定、所有参加、経営的パートナーシャフトなど経営政策をめぐる論議に目を向けると、国民経済学や法学などの他の社会科学を専攻する人々や、哲学、倫理学、神学などキリスト教社会論を専攻する人々も論議に参加

してくるので、社会的カトリシズムの流れをもっと広く鮮明に捉えることができるだろう。(17)

旧西ドイツで労働の人間化が盛んに論議された時期、キリスト教社会論はほとんどこれに関心を示さなかった。キリスト教社会論の目はすでに経営を超えた問題へ向けられていた。人口問題、最貧国の問題、資源問題、地球環境問題、生命科学など科学技術の問題、核問題、戦争と平和の問題、宇宙開発の問題等、人類の未来に深く関わる問題へ関心を移動させていった。キリスト教社会論にとって、経営における人間問題を重要な社会問題として提起しその早急な解決を要請した時代は、すでに過去のものとなっていたのである。

科学の発展が問題から問題への歩みにあるとすれば、人々に問題の所在を明示的あるいは暗示的に指示し、問題解決に向かって使徒的熱意を駆り立てようとする宗教的世界は、決して科学と無縁のものではない。むしろときによっては新しい問題領域の開拓や新しい専門科学の建設へ向けてきわめて創造的な働きをすることさえある。

注

(1) Höffner, Joseph: *Die deutsche Katholiken und die soziale Frage im 19. Jahrhundert*, Paderborn 1954, S. 6.

(2) Morsey, Rudolf: *Wegbereiter der Christlichen Demokratie. Ludwig Windthorst (1812–1891)*, Köln 1991.（増田正勝訳『キリスト教民主主義の開拓者。ヴィントホルスト（一八一二年—一八九一年）』『社会と倫理』（南山大学社会倫理研究所）第十一・十二号合併号、二〇〇一年七月、一八八—二〇二頁。）

(3) Heitzer, Horstwalter: *Der sozialen Gerechtigkeit verpflichtet. Der Volksverein für das katholische Deutschland 1890–1933*, Köln 1990.（増田正勝訳『ドイツ・カトリック国民協会　一八九〇年—一九三三年—社会的正義をめざし』『社会と倫理』（南山大学社会倫理研究所）第十号、二〇〇一年一月、一四九—一六二頁。）

(4) 十九世紀から二十世紀にかけての社会的カトリシズムの展開、ケテラー、ヒッツェ、ブランツ、ブラウアー、キリスト教労働組合の生成・発展等については、増田正勝『キリスト教経営思想——近代経営体制とドイツ・カトリシズム』森山書店、一九九九年。

(5) Lechtape, Heinrich: Das Arbeits- und Arbeitslohnproblem, in: *Die soziale Frage und der Katholizismus*, hrsg. von Görres-Gesellschaft, Paderborn 1931, S. 163.

(6) Briefs, Goetz: Die Problemstellung der sozialen Betriebspolitik, in: *Probleme der sozialen Betriebspolitik*, hrsg. von G. Briefs, Berlin 1930, S. 4.

(7) ワイマール期における社会的カトリシズムの展開、ブリーフス、レヒターペ、ゲック、シュヴェンガー、ミューラー、ミッヘルの学説については、増田正勝『ドイツ経営政策思想』森山書店、一九八一年。
(8) Kalveram, Wilhelm: Ethik und Wirtschaftspraxis und Wirtschaftstheorie, in; *ZfB*, 21. Jg., 1951, S. 20.
(9) 増田正勝「カルフェラムの経営学説」『山口経済学雑誌』第四五巻第五号、一九九七年九月、八一—一〇六頁。
(10) 増田正勝「フィッシャー経営学とカトリシズム」『山口経済学雑誌』第三四巻第三・四号、一九八五年六月、五九—八七頁。
(11) Marx, August: Der Mensch im Rationalisierungsprozess, in; *Politea*, Vol. V, FASC, 3/4, 1953, S. 209.
(12) Marx. August: Einflußgrößen der menschliche Arbeitsergiebigkeit, in; *Personalführung. Bd. I. Beiträge zur Problematik menschlicher Arbeitsleistung im Betrieb*, Wiesbaden 1969, S. 29.
(13) 増田正勝「A・マルクスの経営学説——経営経済学・人事労務論・経済倫理学」『山口経済学雑誌』第四三巻三・四号、一九九五年五月、二三—五四頁。
(14) Pfützner Robert: Eduard Gaugler und Personal, in; *Personal*, 45. Jg., 7/1993, S. 297.
(15) Gaugler, Eduard: Das Unternehmen im Spannungsfeld betriebswirtschaftlicher und humanitärer Erfordernisse, in; *Arbeit. Ihre Wert, Ihre Ordnung. Mit einer Anspruche von Papst Johannes Paul II.*, hrsg. von Bruno Heck, Mainz 1984, S. 92.
(16) 増田正勝「ガウグラーの経営学説——パートナーシャフト的共同決定論の展開」『山口経済学雑誌』第四四巻第五・六号、一九九六年三月、四五—六八頁。
(17) 共同決定、所有参加、経営的パートナーシャフトと社会的カトリシズムについては、増田正勝『キリスト教経営思想』第三部以下。

六　上野陽一の能率道

齊藤毅憲

一　序

上野陽一（明治一六（一八八三）年～昭和三二（一九五七）年）について、筆者は、生誕百年記念の出版物として『上野陽一―人と業績―』（産業能率大学、一九八三年、非売品）を上梓した。この著作は、日本のアカデミックな経営学ではあまり注目されてこなかった上野の業績を検討し、彼を正当に評価しようとするものであった。執筆に六カ月間の時間的な余裕しかなかったこの著作が出版されてから、二十年がたち、平成一五（二〇〇三）年は、生誕百二十年を迎えた。そして、この記念すべき年に、経営学史学会の年報に上野論について掲載できる機会を得たことは、筆者にとって望外の幸運であったと思っている。

もっとも、筆者の上野研究が、この二十年間に進展したとはいえない。そして、本稿も上述の著作や、当時の関連する研究成果などに主に依拠している。本稿は、彼の研究活動を素描しながら、五十歳頃から確立に努力した「能率道」を検討し、その意味を明らかにしたい。

二　心理学から産業能率研究へ

上野は、アメリカで誕生した「科学的管理」を日本に紹介するだけでなく、自身でそれを日本企業にも適用し、実際に企業の能率向上に貢献している。しかし、彼はもともとは心理学者であり、教育学にも関心をもっていた。明治四一（一九〇八）年、二五歳の彼は、苦学しながら、東京帝国大学心理学科を卒業している。そして、翌、明治四二（一九〇九）年には、心理学を広く社会に普及させるために、「心理学通俗講話会」を設立している。

心理学通俗講話会は、後に「心理学研究会」に吸収されている。心理学研究会は、東京帝大の教師と卒業生を中心に組織され、明治四五（一九一二）年から大正一四（一九二五）年までの間、月刊雑誌『心理研究』を発行している。この十四年間に及ぶ編集を実質的に支えたのは、上野であった。他方、東大中心の『日本心理学雑誌』は、大正一一（一九二二）年からスタートしたばかりであったが、上野が主宰する『心理研究』と合体し、大正一五（一九二六）年には、『心理学研究』として再出発している。この合体を通じて、日本心理学会は、成立・発展をみることになる。

なお、心理学の普及ということでは、大正三（一九一四）年に出版した彼の著作『心理学通義』（大日本図書）がベスト・セラーとなり、昭和一七（一九四二）年までに、六五刷を数えるロング・セラーになっている。このベスト・セラーによって得た印税収入は大きく、彼はその後、自由職業人的に活動することになる。

大正一五（一九二六）年のこの著作の改訂版には、フロイト（S. Freud）の「夢に関する見解」などが含まれているが、それ以前には、ミュンスターベルクの採用試験（テスト）の研究をはじめとして、多くの心理学者の学説や主なコンセプトをわが国に紹介している。そこで、彼は生成期の日本の心理学に重要な貢献を行っている。

ところで、上野は「理論の研究」だけでなく、「応用の研究」にも関心を払っていた。具体的には、心理学の応用分野としての「産業心理学」に注目していた。ミュンスターベルクの業績も、この分野に属するものであった。また、彼は、大学在学中からギルブレス（F. Gilbreth）の動作研究に興味をもち、彼と手紙などで交流を深めていた。大正初期の『心理研究』には、ギルブレスのレンガ積み作業、テイラーの作業研究などに関する種々の研究が発表されている。これらの研究は、とりわけ、工場や生産現場の管理問題を対象として、その能率向上を狙うものであった。

もっとも、彼は、心理学の応用としての「広告（宣伝）心理学」にも興味を感じていた。広告をどのように行うのかという問題は、経営管理、とくにマーケティングにとって現在も重要な分野になっているが、その先駆けとなるような研究にも従事している。

しかし、いずれにせよ、この時期の彼の研究方法は、基本的に欧米の先進的な業績を紹介するものであり、いわゆる「欧米文献」に依存するものであった。だが、能率向上にかかわる実践的なコンサルティング活動に従事することで、彼の活動には、おおきな転機が訪れることになる。

彼は、大正五（一九一六）年早稲田大学広告研究会で講義を行い、のちに早稲田大学商科では、「広告心理学」の講義（大正八（一九一九）年）を担当している。その折に、ライオン歯ミガキの小林商店の広告部長中尾清太郎と接触をもっている。中尾は、上野に社内の広告スタッフを育成するために、広告心理学の講義を依頼している。そして、一年間の講義が終了した後、小林商店は上野のたっての希望を入れて、工場の能率向上の調査に従事させている。

大正九（一九二〇）年、上野は墨田区本所にあった同工場で作業研究を開始している。具体的には、粉ハミガキの袋詰め作業を観察し、分析し、改善策を提案している。この作業は、女子作業員が製品の歯ミガキを、①内袋に詰め、②口を折り、③それを外袋に入れて、④口を折り、⑤封紙を貼って、⑥ダースごとに箱に入れ、十字に糸をかける、というもので、それをストップ・ウォッチを使用して、標準時間に算定している。

この結果にもとづき、作業台を流れ作業的に配置し直すとともに、個人ベースの従来のやり方を、ほぼ平均的な能力をもつ十五名の作業グループに切りかえるという方式に改善している。そして、午前と午後に十五分の休憩時間を入れ、労働時間を短縮している。

改善策が成功するかどうかについては、やはり上野自身不安があったようである。文献中心の〃能率〃研究を行っていたので、失敗した場合「机上の空論」といわれるのが恐ろしかった、と後年回顧している。しかしながら、実施の成果は成功であった。労働時間を減少させたにもかかわらず、産出量は二〇％も増加し、仕掛り品は減少している。また、作業台の配置替えによって、作業に要する作業面積も約三〇％節約することができたのである。

その後は、大阪などにも活動を拡げ、中山太陽堂や福助足袋などでのコンサルティングに成功する。これにより、彼は日本におけるマネジメント・コンサルタントのパイオニアのひとりとして知られるようになる。それは、テイラーと弟子たちがコンサルティング・エンジニア（顧問技師）と称したのとほぼ同じ活動を行ったことを示している。

三　日本における能率研究・科学的管理の代表者への道程

マネジメント・コンサルタントとして成功した上野の活動は、その後大きく展開し、わが国における能率研究の代表者としての位置を占めていくことになる。

協調会から派遣されて、約一年間の欧米視察（大正一〇（一九二一）年）にでた上野は、科学的管理を生みだしたアメリカで旅行のほとんどを過ごしている。テイラーはすでに死去しており、未亡人にしか会えなかったが、ギルブレス、バース、エマーソンなどの科学的管理の代表的人物や、行動主義心理学の創始者ワトソン（J. B. Watson）などにも接触をもっている。そして、この視察によって、彼は日本を代表する経営学者になっていく。しかも、アカデミックな経営学者たちがドイツ経営学やマルクス経済学に接近していくのに対して、彼はアメリカを中心とする経営学をベースにしていたのである。

帰国後、協調会館に設置された産業能率研究所の所長に就任し、産業能率に関する講演・講習、出版、診断などの活動のほかに、能率技師の育成に具体的にあたっている。しかし、設立から約二年後（大正一四（一九二五）年に、協調会は財政上の問題などを理由にして、同研究所を廃止してしまうのである。そこで、彼はみずからに日本産業能率研究所を設立することになる。以後、彼はこの研究所をベースにして、以前にまして日本の経営管理の発展に貢献していく。

この時期のコンサルティングのなかで注目すべきものとして、主にふたつが指摘できるであろう。そのひとつは、行政組織・公企業としての大阪造幣局の臨時調査課長（嘱託）に任命されていることである。月平均三日間勤務する造幣局の仕事は、昭和四（一九二九）年まで四年間も続くが、硬貨をつくるための連続圧延作業に、流れ作業的なレイアウトを開発した。これによって、二十名で実施していた仕事を二名に減らすことが可能になった。

もうひとつは、満鉄の指導を行ったことである。満鉄でも能率向上の動きがみられていたが、上野は大正一五（一九二六）年と、昭和二（一九二七）年にそれぞれ四回ずつ、満鉄に出張し、実地指導と講演会を実施した。そして、満鉄での講義教材『産業能率講義要領』は、彼の経営学体系と能率向上分析の原型を形づくるものとなった。いわゆる〝サンム（三無）〟、すなわち、〝ムダ、ムリ、ムラ〟という彼独自の能率観は、後に構築され、わが国の産業界の実験に浸透していくが、この教材がその基礎づくりになっているといわれる。

このようななかで、彼がわが国における能率研究やアメリカ経営学の代表者としての位置を決定的に占めるに至った活動には、ふたつの流れがみられる。そのひとつは、全国的な団体の設立と運営にリーダーシップを発揮していることである。上野は、日本産業能率研究所を運営するとともに、全国各地で誕生しつつあった能率に関する研究会や団体を結集し、この分野の研究の発展と企業での実施の推進を図るべく、「日本能率連合会」を設立した。これに参加したのは、大阪能率研究会、神奈川県能率研究会、浜松能率研究会、兵庫県能率研究会、満州能率研究会、日本能率研究会などで、大正一〇年代にその大部分が設立されていた。

上野はすでに、このなかの日本能率研究会の代表であった。同研究会は、全国的な研究および情報収集機関として、上野の後援会的な色彩の強いものであった。大正一二（一九二三）年から日本能率研究会は『能率研究』という月刊雑誌を発行していたが、連合会の結成を機に五年間の生命を閉じるとともに、連合会の機関誌となる『産業能率』にうまれかわるのである。

もうひとつは、科学的管理の国際化運動にかかわったことである。欧米視察で科学的管理の担い手たちと交流し、知己を得た上野は、日本産業能率研究所を設立した年に「テイラー協会日本支部」（のち「アメリカ経営学会日本支部」）を設置している。テイラーの死後、アメリカでは一九一五年にテイラー協会が設立されているが、この協会の海外支部の第一号として日本支部が設置されている。アカデミックな経営学者たちの集まりである日本経営学会とはちがって、メンバーは必ずしも多くはなかったが、上野は日本を代表する経営学者として、欧米を中心とした海外でも知られるようになる。なお、これらについては拙著『上野陽一と経営学のパイオニア』（産業能率大学、一九八六年）も参照されたい。

そして、昭和四（一九二九）年六月には、パリで第四回の科学的管理国際委員会（ＣＩＯＳ、シオス）大会が開催されており、上野はテイラー協会日本支部と日本能率連合会の代表として、これに出席している。また、この年の秋に東京で開催された万国工業会議の「科学的管理部会」には、テイラー協会の代表者や、欧米の科学的管理法の主要な担い手が参加している。Ｈ・エマーソンや、ギルブレスの妻で心理学者のリリアンなども出席しているが、上野は荒木東一郎とともに、この会議の運営に大きく貢献している。ふたりとも英語には優れた能力をもっており、この国際会議の運営は、成功に終わっている。

さらに、上野の国際的な活動は、翌、昭和五（一九三〇）年のアメリカ産業視察団（American Factory Inspection Tour）の実施で頂点に達している。前年のＣＩＯＳ大会で上野は、テイラー協会本部の招待をうけており、十五名の経営者や能率関係の専門家をひきつれて、約八十日の旅に出ている。この視察団には、グリコの江崎利一、福助足袋の辻本敬三などの、よく知られた経営者も含まれていた。そして、名古屋の日本陶器は、三名を参加させるとともに、視察団の準備をも援助している。

テイラー協会本部は、大恐慌という厳しい経済状況のもとにあったにもかかわらず、この視察団一行を歓迎し、各地にある工場やオフィスを快く見学させ、学習させてくれている。もっとも、このような活動は、十五年戦争により悪化の方向に進むのである。そして、日米開戦によって、上野が推進した日本における科学的管理の国際化運動は、終わりをつげることになる。

四　能率道の確立

四十歳代最後の年となる昭和八（一九三三）年、上野は日本産業能率研究所のオフィスを、借り住まいを行っていた協調会館から自宅に移している。この前後から、彼の思考と行動は、おおきく変わってくる。二十歳代後半、三十歳代から四十歳代まで、外に向かってエネルギッシュに活動を展開し、かがやかしい名声を得た彼は、それらを捨て、自己の内面に立ち向かうという、きわめて厳しい姿勢を示しはじめている。そして、研究所の移転とともに、彼が育てあげ、実質的に支配してきた日本能率連合会の理事長の職も辞している。当然のことながら『産業能率』への執筆も少なくなる。

昭和一〇（一九三五）年、若いときから雑誌づくりに精力を投じてきた上野は個人的な月刊雑誌『オチボ』を発行し始める。それは、昭和一七（一九四二）年の日本能率学校の設立とともに、『能率道』と改題され、戦時中と直後の一時期を除いて、死を迎える昭和三二（一九五七）年十一月までに、二五八号を数えている。そして、この雑誌の命名について、彼は同志の人びとに対して、次のように述べている。「人ニ　フミニジラレテ　ムダニナッテイク運命」のオチボ（落ち穂）であるが、「ソレヲ　丹誠シテ　活クベキ　モノハ　活カシテ　使イタイトユー能率ノ　心持チヲ　アラワシタ　モノ　デス」という。

それによると、オチボを拾い、それをしっかりと受けとめ、そのもっているもの（もちまえ）を大切に生かしていかなければならず、これこそが能率の意味である、というのである。そして、このきわめてヒューマンな能率を実践することが、彼の主張した「能率道」にほかならない。

翌、昭和一一（一九三六）年の『オチボ』二月号で、科学的管理における能率とは、経営資源の投入量と産出量の関係（目的と手段とがともにバランスがとれていること）であり、これは〝ムダ〟（目的にたいして手段がおおきすぎる）、〝ムリ〟（目的にたいして手段が小さすぎる）、その後（昭和十四年）の〝ムラ〟（ムダとムリがあること）を加えて、〝サンム〟を排除することであるとしている。彼によると、能率のコンセプトは、東洋の宗教道徳（孔子の中庸、釈迦の離辺中道）と同じであり、ムリもなく、ムダもなく、いずれにもかたよらない中庸の思想が能率である、という。

そして、科学的管理とは、この〝中の道〟を発見し、実践する方法であり、すべてのものが、そのもちまえを一〇〇％発揮することが能率であるという。また、科学的管理の中心になるテイラーの〝タスク〟（一日の公正な仕事量）の考え方も、この〝中の道〟を発見し、実践することであると理解すべきであり、このように考えると、タスクとは仏教でいう〝如来〟にあたるという。さらに、科学的管理は「計画→実施→統制」（Plan→Do→See）の順序（マネジメント・プロセス）に行われるべきと主張する。

この〝中の道〟をもとめる能率道の確立とともに、昭和一二（一九三七）年以降、大阪、京都、東京、博多などに、上野の熱心な信奉者たち（中小の商工業者）によって、オチボ会が発足する。そして、これは、昭和一六（一九四一）年の能率道場の開設や、昭和十七年の日本能率学校の創立につながっていくことになる。能率道を実践する場としての能率道場には、仏壇があり、釈迦、聖徳太子、道元禅師、二宮尊徳が祀られており、僧侶姿の上野が、そこにはみられた。

そして、具体的には、能率五道（正坐、正食、正学、正信、正語・文字どおり、正しい姿勢、正しい食事、正しい学問と信仰、正しい言葉の使用を行い、正しい生活をおくること）を実践することを重視し、リーダーとなる人間の個人生活が五道にしたがって行われるならば、おのずと〝中の道〟をもとめる組織体や企業の運営も良好に行われるという。これによって、能率道は知行一体のものとなる。かくして、オチボ会以後、上野は日本における能率向上運動の代表者、科学的管理の伝播・普及者から、能率道を究めようとする「師範」や「教師」に変わっていくのである。なお、由井常彦著『清廉の経営』（日本経済新聞社、一九九三年）によると、石門心学と五道との共通性を主張している。

上野は第二次世界大戦後、『だれにもわかるハンニャ心経』（大法輪閣、昭和二九（一九五四）年）を発表し、彼の般若心経論はきわめて多くの読者を得ている。これは五十歳前後から彼が東洋思想や、仏教の研究へ進んだことを意味している。なぜ上野がこのような道にすすんだのかは、必ずしも明らかになっていないが、これまでの科学的管理の研究や実践に、東洋思想を統合、結合させようとするものであって、それはまさに「能率道」の確立を示している。

もっとも、第二次世界大戦後の晩年の上野には、五十歳代の内面に向かい、能率五道の実践を重視するという厳しい姿勢は消失し、心機一転、法衣をぬぎ、再び外にむかってエネルギッシュに活動を行うことになる。その一例は、日本を代表する経営学者としてアメリカで知られていたために、リリアン・ギルブレスを通じて占領軍から推されて、現在の人事院のトップ・マネジメントとなり、公務員制度の改革に貢献している。

五　若干の結論と評価

能率道の確立にむかい、僧侶姿をした上野から疎遠になった人びとも多かったのである。これは親しい人間のなかにも、彼の変わりようを理解できなかった人たちがいたことを示している。五十歳前後からの変化をもたらしたものには、いくつかの複合的要因があると考えられる。

それは、三十～四十歳代における親族の死であり、また、コンサルティングを行っていた百貨店白木屋の火災による女性従業員の非業な死である。それらは、輝かしく活動していた彼にショックを与えていたという。大正八（一九一九）年、かの有名な恵林寺で、上野は白隠禅師の座禅和讃を聞き、感銘をうけている。科学的管理の実践者であるとともに、伝播・普及者であった上野の東洋再回帰というべきものの第一の要因はここにある。

そして、第二の要因としては、時代のトレンドからはずれてきたという思いが上野にはあったのかもしれない。

上野一郎・産能大学理事長（御子息）の言によると、上野の主な活動の対象となったのは軽工業であり、戦時の統制経済にむかう当時にあって期待されたのは、戦争遂行に必要な重工業における能率向上であった。しかし、重工業ではコンサルティングの経験とか実験が上野にはなかったのである。つまり、時代が求めていたのは、上野のメインの活動の外にあった。

さらに、政治的な活動を好まず、いろいろな協会や団体にかかわってきたものの、それを政治的な手段として利用することがなかった彼は、第二の要因ともからんで、自分の身のおきどころを見失いはじめていたのである。日本能率連合会理事の職を辞したのは、それをなによりも物語っている。そして、第二次大戦後になるまで、彼は影響力のある公的な役職活動につくことはなかったのである。

さて、昭和一三（一九三八）年十二月号の『実業之日本』で、「経営ニ　経験ノ　ナイ　先生」が、「字句ノ解釈ニ　スギナイ教科書」を使って、「マダ　少シモ　実世間ニ　触レテ　イナイ学生」に教えていると酷評されたアカデミックな経営学者も、筆者の二十年前の著作によってやっと上野を正当に評価できるようになってきたのかもしれない。

コンサルタントで報酬を得ていた上野は、長い間にわたって日本のアカデミックな経営学のなかでは軽視され、無視されてきた。そして、大学の図書館には彼の多くの著作は、収蔵されず、テイラーの翻訳ぐらいが収められているにすぎない。要するに、実践的な経営学者としての上野の評価は低かったのである。その意味では、筆者の著作は、上野の経営学者としての位置を改善するのに、わずかではあるが貢献してきたといえるであろう。

しかし、上野の能率道の評価は、いまだ未決のままである。彼が日本における能率研究の代表者であり、科学的管理の推進者のひとりであることには異論がないであろう。しかし、いまからほぼ六十年前に確立した能率道は、どのように考えるべきであろうか。そして、筆者も二十年前の著作では、その点を十分には明らかにできなかった。

その後、筆者は『新次元の経営学』(文眞堂、平成六(一九九四)年)で、上野を「社会志向、環境重視の現代的な経営学者」(一〇九〜一一〇頁)と評した。そして、近著『個を尊重するマネジメント』(共著、中央経済社、平成一四(二〇〇二)年)においては、「個を尊重する」日本の代表的な経営学者とし、彼には社会や自然との共生観というべきものがあったと述べた。そして、この評価は、合理主義的な科学的管理や、能率研究者に対するものとは明らかに異なっている。

それでは、なぜ上野はそのような評価をうけることになったのであろうか。それは、能率道というコンセプトに示された人間性、社会性、環境性への志向にある。すでに述べた〝中の道〟、サンムの排除、さらには〝勿体(もったい)ない〟の思想などは、彼の能率に対する考え方をつくりあげているが、それがこのような評価をもたらすのである。

能率道によって、上野はたんなる能率研究者をこえた視点をもつ、きわめて現代的な経営学者として、われわれの前に立ちはだかっている。そして、上野の能率道を、二十一世紀の経営学はどのようにうけとめ、発展させることができるのであろうか。彼が投げかけているテーマは、大きく、いまなお生きていると筆者は考えている。

引用文献(筆者のもの)

『上野陽一—人と業績—』産業能率大学、一九八三年。

『上野陽一と経営学のパイオニア』産業能率大学、一九八六年。

「日本における経営教育の先駆者—上野陽一のケース—」『横浜市立大学論叢』第三四巻一・二号、一九八三年。

「(資料)上野陽一と科学的管理論者との交流」『横浜市立大学論叢』第三四巻三号、一九八三年。

「日本型ＯＡの源流をさぐる(1)(2)」『オフィス・オートメーション』ＯＡ学会、第四巻三号、一九八三年、第五巻一号、一九八四年。

「日本における科学的管理の形成」『横浜市立大学論叢』第三五巻二・三合併号、一九八五年。

「(資料)Ｈ・Ｋ・ハタウェイと上野陽一」『横浜市立大学論叢』第三七巻一・二合併号、一九八六年。

「上野陽一と科学的管理の国際化」『(福島大学) 商学論集』第五七巻第二号、一九八九年。

齊藤毅憲・他著『モノづくりを一流にした男たち』日刊工業新聞社、一九九三年。

「上野陽一先生生誕一一〇年記念　創立者上野陽一先生と現代の経営学」産能大学、一九九三年一一月三〇日講演レジメ。

「上野陽一の再評価――生誕一二〇年記念――」『マネジメント・コンサルタント』日本経営士会、二〇〇三年十一月号。

「上野陽一生誕一二〇年に寄せて」『花みずき』産業能率大学学内報、二〇〇四年一月（四五三号）。

七　日本的経営の思想的基盤
――経営史的な考究――

由井常彦

一　はしがき

本稿は、日本的経営といわれる日本の大企業の諸属性を経営史的に吟味・考察し、日本的経営の思想的基盤の解明を試みるものである。近年、日本の経済および企業活動のグローバリゼーションに伴い、しばしばいわゆる日本的経営が批判の対象となり、ときには国際競争力の低下の本質的な要因と非難されているが、その際の「日本的経営」が何を指すかは明らかではないことが多い。それでは課題の有効な解明はなしがたい。ここでは、日本的経営の組織的な諸属性の変遷を、それを基礎づける経営者思想・価値観に即して考究してみたい。特にその際の対象としては、大工業企業の形成に焦点をおくこととしたい。国際比較の経営史の研究アプローチとして、一九一八年、一九三二年、一九五六年、一九七三年についての資産規模から最大企業一〇〇社リストが形成されているが、(1)本稿でも右の調査に依拠し、大企業の成長期における三井・三菱のリーダーたる三井の団琢磨、三菱の岩崎小弥太と、右の調査にみえる上位代表会社における経営者たち、鐘淵紡績の武藤山治、富士紡績の和田豊治、日清紡績の宮島清次郎、王子製紙の藤原銀次郎、倉敷紡績の大原孫三郎、東洋紡績の斉藤恒三と関桂三、大日本麦酒の馬越恭平、東洋レーヨンの辛島浅彦を取り上げることとする。事実、これらの経営者たちは、大正時代から昭和初期における財界のリーダーであって、彼らの思考と行動、経営実践が日本の企業経営に大きな影響力を行使したのであり、この機会に改めて彼らの経営思想と経営実践を再検討することは、少なからず有意義なことであろう。

「日本的経営」というと、終身雇用や年功制のような労使間の属性を何よりも重視し、この側面のみを理論化する人々が多いが、本稿ではトップマネジメントの組織化の特性から論述したい。経営のもつ理論からしても、事実においても、競争の場における大工業会社の組織・経営における日本的特性は、トップマネジメントのレベルから形成され、一九三〇～四〇年代において自己完結的な「経営一体」観にまで進化的に成長し、戦後の発展の思想的基盤をなした、と考えられるからである。

二　社員出身者のトップマネジメントの形成と成長指向

本報告は、社員出身によるトップマネジメントの形成の制度と思考から研究してみることにする。周知のように、社内ミドル出身の経営者経歴そしてトップの取締役会の吸収は、その長短を別として、日本の大会社の重要な組織特性をなしたからである。

日本においては、明治時代に勃興した近代企業は、「離陸」（テイクオフ）ないし「産業的突破」（ブレイク・スルー）を経ると、有能な学卒従業員の常勤（専任）の取締役への抜擢が始まり、「支配人から専務取締役」への昇進というキャリアが形成された。こうした非資本家重役の制度的地位としての専務取締役制については、ここでは立ち入らないが、[2]第一次世界大戦期を経て、一九二〇年代の初めには、専務取締役から社長就任が大企業の中で制度化するようになった。

この過程において、鐘淵紡績の武藤山治、富士瓦斯紡績の和田豊治、王子製紙の藤原銀次郎、日清紡績の宮島清次郎らは、明治初年に出生し大正期に活躍した、近代的会社企業の第二世代の経営者として代表的な存在であった。なかでも、一九二一（大正十）年四月、従業員数ならびに収益においてトップランクの鐘淵紡績（当時三井系）で、専務取締役の武藤山治が社長に就任したことは象徴的なことであった。武藤は、すでに積極的な経営と理想主義で知られていたが、社長就任とともに、彼自身の経歴と同様、社員出身のトップマネジメントを公的に制度化していることがまず注目される。

武藤は、社長就任早々会社の「憲法」たる定款を改正しているが、このなかで従業員（商法および当時の用語で「使用人」）から、社長はじめ常勤取締役の登用を現実化している。すなわち武藤社長は、社長ならびに常務（常勤）取締役の条件を定め、これら常勤の執行取締役は、それまで鐘紡に五年以上在勤の経歴の持ち主たること、これら取締役は他社役員を兼務できないこと、社長任期は三期を限度とすること、を決定している。同時に彼は、公的に、鐘紡の職員（従来の使用人称呼）を「社員」と呼び、株主（商法上の社員）を「株主諸君」と呼ぶことにしている（これより先に日本企業で職員についての社員呼称は存在したが、非公式であった）。武藤の鐘紡の規定は、日本における経営者資本主義、トップマネジメントにおける日本的あり方の到来として、大いに重視されるべきである。

武藤社長の株主総会での理由説明の趣旨は、大企業の長期的成長のためには、所有者支配や敵対的買収の途を排するというもので、経営発展の世界史においても注目さるべきものであった。[3]

当会社ノ如キ既ニ成立以来相当ノ年月ヲ経過シテ今日ノ繁栄ノ時代ニ在リマス会社トシテハ此ノ如キ条項

ヲ設ケルコトハ私ハ当会社ノ為メニ非常ニ必ダラウト思ヒマス・・・・株サヘ買占メレハ会社は自由ニナルト云フヤウナ事ヲ公言シテ憚ラヌ人ガアリマス。（中略、しかし）其会社ノ株ヲ過半数買フタカラト云ッテコレガ自由ニナル杯ト云フコトハ真面目ナル人の考フベキ事デハナイ。・・・・会社ガマスマス好クナリマスト随分会社ノ重役、社長トカ常務取締役ヲ他カラ望ムヤウナ場合ガ是レマデ少ナクナイノデアリマス。併シ、サウ云フ事ハ会社ノ為メニ奮斗努力シテ来ッタ所ノ使用人従業員ノ為メニハ甚タ常務取締役ニナルモノハ少ナクトモ五年位ハ当会社ニ従事シタ者デナケレバナラヌト云フコトトシテ置キマス

当時鐘紡のずば抜けた大株主は三井合名会社で、発行株式の二〇％以上を所有しており（武藤個人は約二〇〇〇株で五位）、それまで同族の一人が取締役に就任していたが、以後三井家からの役員就任はなくなる。また、武藤は当面専務取締役を兼務し、常務取締役は営業および総務担当の取締役をそれぞれ昇格させ、さらに七人の取締役のうち五人までも常勤者とした。

鐘紡の武藤の改革と思考は、議論を呼び起こし、特に当時の資本家的経営者から急進的過ぎると批判され、一部では危険視もされたようである。(4) しかし、すでに工場数・事業所数および従業員数とも最大の規模となった鐘紡の経営において、効率の向上とさらなる成長を目指す以上、このように統一がとれ、スキルが蓄積でき、情報・意思疎通の円滑なトップのチームが必要であったことは明らかである。

かつて筆者は、こうしたトップの組織を、日本の「強力なトップマネジメント」と呼んだことがあるが、(5) 一九二〇年代末になると、「社員より重役に昇進の道を開き、財界に先鞭をつけた」(6) と評価されるようになっている。従業員数で鐘紡に匹敵する、同じ紡績会社としてライバル会社の東洋紡績では、一九二二年に斉藤恒三社長、阿部房次郎副社長のもとで同様な改革が行われ、六人の社内出身の常勤取締役全員が常務取締役と称されることになり、これまで非常勤であった資本家取締役たちは、いっせいに経営権のない監査役のポストに移ることになっ

ている。[7] ここでは非常勤取締役が全くなくなり、はやくも取締役会とトップマネジメントが一体化するに至っている。

その他、倉敷紡績（大原孫三郎）、富士紡績（和田豊治）、日清紡績（宮島清次郎）ら有力な紡績会社の経営者たち（大原のみが資本家経営者）も、いずれも大会社への成長を指向するとともに、若干の相違があるにせよ、一九二〇年代を通じて、取締役会はトップマネジメント主体の組織に脱皮した。詳細の事例の紹介は省略するが、[8] 一九二〇〜三〇年代を通じて、合併のたびに取締役の全員が留任し、取締役会が著しく肥大化するとともに国際競争力が低下した、一九二〇〜三〇年代のイギリスの経験と全く対照的であった。[9]

さらに、こうしたトップのもとに、企業の持続性とさらには永続性は、この時期に明確に制度化された。この点も注意しておきたい。明治時代の会社は、定款において、ときには「十年」、一般に「満二十箇年」と想定されていたが、一九一〇年代以降になると「満五十箇年」と改められ、さらに二〇年代からは存続についての規定自体が消滅した。[10] そして大企業にもっとも早く到達した有力な紡績会社の社長演説では、当期の景況と業績の説明ばかりでなく、「会社百年の大計」が好んで論ぜられ、長期的な存続のための施策・方針に及ぶようになっている。

三　弾力的（フレキシブル）で、現場指向の組織観

学卒の社内出身者によるトップの形成、そしてトップマネジメントによる取締役会の吸収の動きについで、一九二〇年代から三〇年代初期にかけて、成長指向の有力企業においては、経営の組織化、合理化が行われ、アメリカのマネジメントの学習と吸収が試みられた。だが、科学的管理法や欧米の近代的大企業の組織を直訳的に学習・採用したのではなく、試行錯誤を経て発達したのは、むしろ欧米と対照的とさえいえる弾力的で、かつ現場

指向的な組織であった。[11]

十九世紀末から二十世紀初期の時代の欧米先進諸国の経験においては、大規模経営体の成長においては、責任と権限の明確化、そして業務区分（demarcation）の厳密化を伴うものであった。そしてこうした「組織化」は、M・ウェーバーの古典的な指摘以来、パラドキシカルに組織の官僚制化と活性の低下（organizational inertia）を伴う途でもあり、周知のように、二十世紀を通じて、経営学と組織の理論の場でも、大企業の実践の場でも、その解決・改良が求められ続けたところである。経営史の立場においては、周知のようにA・チャンドラーによって、大企業の職能的組織から事業部制（divisional structure）の発展が、歴史的な組織の進化のモデルとして実証的に解明されたところである。[12]

ところで、日本の場合も、ここで取り上げた経営者たちは、第一次大戦期以降、明治期の創業者たちと違って、成長する大会社において、いかに多数の従業員と業務を組織化し、効果的に原料調達から製品販売のフロウを管理するかが課題であって、いわば日本におけるマネジメントの第一世代であった。事実、上掲の人々の多くは、学卒者であるばかりでなく、欧米での生活ないし欧米視察経験の持ち主であり、一九一〇～二〇年代の「科学的管理」についての造詣のある人々であった。[13]

したがって彼らは、自身の会社において、アメリカと同様、組織化の重要性を大いに認識し、実行し、組織に関心を持たない企業や経営者を出し抜いたのであるが、しかしその組織観は、弾力性（demarcation の否定）と現場主義（shop floor orientation）とにおいて、アメリカの経験と異なるものとなった。

以下主要な経営者のこの時代の、ミドルを中心とした組織観と具体的な組織・人事についての思考についてみよう。

鐘紡の武藤山治（慶応卒・渡米・帰国後鐘紡支配人）の場合は、輸出を重視し、輸出の拠点たる神戸（工場内に営業本部を設け、国内の各工場の製造活動と海外を含めた各支店の販売活動の情報を一元的に集中し、原料の供給から製品販売の調整を行った。同時に主力工場、重要な支店（営業所）については、販売活動に製造が即応できるように、「当社ノ事業所又ハ営業所（販売支店・出張所―引用者）ハ工場構内以外ニ設置スルヲ得ス」と定め、(14) かつ数多くの学卒者（一九一五年当時で約一〇〇人、(15) 製造会社では日本最大、紡績会社では世界でも最大）を各地の工場・事業所に配置した。同時に、本部（本社）では、実質的には庶務、財務、経理・販売および調査の四課を担当取締役かミドルを兼任という、非常にコンパクトで迅速に意思決定が可能な組織を構築し、効率的に運営した。(16)

鐘紡の武藤のライバルの東洋紡績の斉藤恒三（東大工学部卒）は、科学的管理法を有用として大いに学び、一九二〇年代前半期に時間研究・動作研究を東洋紡の諸工場で全国的に実施して成果を挙げた。(17) 戦略的にも綿糸から織布へと垂直的統合を推進した。一九二〇年代末の東洋紡の組織は、商事部（営業・原料の二課）と工務部（労務、研究以下七課）からなるものであったが、本社（大阪）にアメリカ的な経営ハイラーキが形成されたわけではない。むしろ彼の構築した組織は、常務取締役の関桂三（のち社長）を、本社の営業部長かつ営業課長に任命し、また本社在籍の技術職員の大半を、いくつかの主力工場に派遣、常駐させるという、アメリカとは対照的な、リーンで現場主義に徹したものであった。(18)

倉敷紡績の大原孫三郎と大日本麦酒の馬越恭平は、早々に経営学を学んで、ミドルを組織的に刷新しようとした。一九二二年に大原は、科学的管理の導入と「機構の大改革を断行」し、四人の常務取締役による四部制（総務、工務、営業、調査）と十課制を発足させた。彼の組織改革は同社の社史によれば、(19) 「この改革こそは、わが社の性格を一変させる程の重大な意義をもつもので、・・・・会社の経営と事務一般との区分を画し、機能的な組織によって事務の運営を円滑ならしめ、業務の責任の帰趨を明らかにした」という程であった。だがしかし、この方式は摩擦が多く、必ずしも効果的でなかった。鐘紡や東洋紡とは対照的に教科書的で、融通に乏しかったのである。そこで再三その後変革を余儀なくされている。もっとも長期的には、戦略拡大（化繊への進出）と成長に必要な組織改革と評価できよう。

この時代を通じて社長のポストにあった馬越の大日本麦酒では、一九二三年に本社に五人の常務による五部制と十課プラス大阪支店制という、テキスト通りの組織が採用された。しかし、その後の一九二〇年代の発展は、本社の組織・人事の拡大ではなく、状況に応じた合理化（無駄の排除）であり、本社組織の縮小であった。馬越は、輸出市場の拡大はじめ状況への適応を重視し、人事のおびただしい兼職、転職、空席によって、限られた人員で、全体として効率が上がるように経営した。(20) かくて二〇年代の後半には、武藤の鐘紡にならって、大阪支店で営業活動を統括することにし、さらに新設の名古屋支店（工場）に人材を集中したりしている。(21)

王子製紙の藤原銀次郎（慶応卒・三井物産出身）は、「科学的管理法」の尊重と現場主義の徹底の代表的存在である。彼は国際的にみた高能率の機械と工場の生産性を重視するとともに、北海道の苫小牧工場に技術者と有能な職員を配置し、東京の本社を上回る充実したミドルの組織を、遠隔地の苫小牧に構築した。(22)

官僚制を排した組織観においては、財界のリーダーも同様であった。「組織の三菱」を提唱した三菱の岩崎小弥太（ケンブリッジ大学卒）は、代表的存在といえる。

彼は、一九一八年以降二、三年間のうちに総合事業体であった三菱合資会社を改革し、営業部は三菱商事に、造船部は三菱造船に、鉱山部・炭鉱部は三菱鉱業にと、独自の会社群に再編成した。しかしこれをもって、整然としたいわゆる事業部制組織が必ずしも確立したわけではなく、その実体は各部門といっても三菱内部の組織として著しい融通性をもって運営された。後年、三菱系の東京海上火災の社長となった田中徳太郎は、適材を適所にいつでも配置できる、三菱のユニークな「組織力」の制度と思想を次のように述べている。(23)

岩崎（小弥太）さんは偉い人で、「三菱は自分の会社だが、私個人のものではない。日本からこの企業を預かっているのだ」という信念に立っておられた。従って、三菱マンは、すべてそれぞれオーガニゼーションの一部を預かっているという気持ちで働いてきている。・・・・三菱では同系会社の合併にしろ分離にしろ、どちらの側面からみても社員の移動はスムーズに行く。決してめいめいが俺が俺がと、個人中心に企業を私するようなことはない。甲をもって乙に容易に替えることとなるので、適任者があれば現職者はいつでも退いて、後任者に笑顔をもってバトンタッチした例はたくさんあった。

このように、戦間期において成長に成功した大企業の経営者は、大規模な経営に必要な、フォーマルな組織を採用しつつ、同時に反面、官僚制的な形式主義・硬直性と不能率を排することにつとめたことがわかる。ここに弾力性と現場指向性の組織観を、その特徴として指摘することができる。

なお、さらに欧米諸国の「現場主義」（shop-floor professionalism）との相違を指摘しておくべきであろう。イギリスの場合は、最近の経営史研究が解明しているように、トップマネジメントから独立した工場現場の存在であって、本社・本店に直結した日本の現場主義とは、むしろ対照的な組織というべきものである。[24]

四　労使関係と協調主義の限界

次にこれら経営者の労働観、労使関係についての思想について考察しなければならない。

一九一七（大正六）年の日本工業倶楽部の設立、翌年の日本のＩＬＯ参加、一九一九（大正八）年の協調会の発足は、日本における大工業会社の成長と産業労働人口の急増、ついで労働争議、労働問題の抬頭を反映するものであった。そして、工業倶楽部理事長の団琢磨（三井合名）、専務理事の中島久万吉（古河電機）はじめ上述の鐘紡の武藤山治、富士紡の和田豊治、王子製紙の藤原銀次郎、日清紡の宮島清次郎、大日本麦酒の馬越恭平、秩父セメントの諸井貫一らが、同倶楽部の主要メンバーであった。[25] だから、日本的なトップおよびミドルを構築したこれらの経営者について、一九一〇年末から当面するようになった労働観の考察に進まねばならない。

一般的に見ればこれらの経営者は、技術と組織に劣らず、労働問題に敏感な人々であった。彼らは科学的管理法の導入にも積極的であったが、それ以上にエネルギーを労働問題に払っている。

鐘紡の武藤は、前述した一九二一年の改革に際し、支店や事務所を工場以外に設けることが出来ないとし、その理由として「工業会社ノ重役ハ工場ノ側ニ居ルト云フコトガ最モ必要トスル」[26] とし、鐘紡の経営者は、欧米と違って常時工場に居ることが、労働問題を起こさぬためにも必要とした。

武藤は、ＩＬＯに使用者代表として出席するに際し、イギリスの労使関係と対比して、彼の温情主義を次のように説明している。[27]

労働問題は今や世界を風靡する一大運動であって日本独り之を免れることは出来ぬ。職工がストライキを起こして其目的を達成すれば其責任を感じ、多き報酬に対して其能率を増進するに努めなければならぬ筈だが、併し事実に於いてストライキを起こした後の職工はその責任観念に於て却って弱められるのである。英国の如き此点に頗る苦しみつつ、ある。外国電報の伝ふるが如く休戦以来英国の職工は屢次に大規模なストライキを起こして資本家と争ひ、勝利を得た後は責任を感じ能率を増進すべき筈であるが、近年接受した同地よりの手紙によると英国品は却ってその長所を失ひつつある。（中略）温情主義に就いては世上に反対する者が少なくない。無論形式的に之を行ひ、或は温情主義を売って却って職工を苦しめるが如きは大いに警戒せなければならぬが、衷心より職工の利益幸福を増進するを念とすることは極めて有力なものである。（中略）但し之を実行するに就いて重役は不断の注意を払ふことが必要である。親は不断に子供の事を考へてゐる故、その泣くのを見ると飢へたのであるか寒いのであるか或は又痛いのであるかが分かる。

労働問題の調査と調停のため、協調会は原敬内閣（床次内相）の要請のもと工業倶楽部に設けられた。だが当時は、「資本と労働」という用語や考え方自身が、「民主（民本）主義」と同様に知識人に限られており、そのうえ「資本と労働の対立」に通ずる表現を危険視する意識が支配的で、当初の「労資協調会」構想は「協調会」に改められた。専務理事の中島久万吉はこの経緯を次のように述べている。(28)

労資協調の問題もその当時重要問題で倶楽部は非常に力を入れた・・・・渋沢栄一さんが鈴木（文治）の友愛事業を取り上げられ、えらく肝入れだった。ところが大分反対討論が出て・・・・何もこっちからわざわざ迎合してまで協力する必要はない、と意外に反対意見が多い。・・・・団（琢磨）君とか藤原（銀次郎）君が依然大反対で、私は弱ってしまった。・・・・紆余曲折はあったけれども労資の協調ならいいんじゃないか、さもなければ政治（内務省・社会局）は労働組合法を出す気配もあり、政府にそうした先手を打たれてしまうと、資本家側として甚だしくこちらが立ち遅れることになる。山縣（有朋）公爵が私を呼びにきた。「お前ら労資協調会というのを作る話だが、労資が協調するというのは事々しく却ってどんなものか。労資という字はやめて、唯の協調会にしたらどうか。原（首相）も同様な意見だ」、そこで労資の二字を削って協調会になった。

労働問題を最初に重視したのは、大企業の経営者と若手官僚であって、多くは旧制高校・大学で西洋的人格主義を学んだ人々であった。経営学も、大学教育では新カント派的経営経済学が主流であった。政府内部では、労働組合に積極的な理想派タイプの内務省と、時期尚早とする現実派の農商務省とが、一九二〇年代を通じて対立し続けた。(29)

武藤山治は、家族主義とともに、「職工組合」をも必要と論じたが、産業界では、彼はここでももっぱら急進派と目された。発足した協調会も、西洋的な労使関係の普及のための機関とみられがちで、積極的な活動には至らなかった。[30]

学卒の経営者にしても、彼らの西洋の人格主義的教養にかかわらず、労使対立＝労資協調の思想を支持しなかったことは留意に値する。彼らは、自身が従業員出身のトップであって、自分たちは欧米の（世襲的）資本家階級の人々とは異質、と考えていた。

工業倶楽部理事長（三井合名理事長）の団琢磨は、アメリカのＭＩＴの卒業の経歴の持ち主であったが、日本の財界代表として、一九二〇年代を通じて欧米からの訪日実業家に対し、日本の大会社の経営者は自身を含めて社員出身であることを常に強調した。[31] 武藤山治は、かつて鐘紡の支配人の時代に敵対的な買収に際し、労働者とともにストライキによって対抗した経験の持ち主であった。そしてＩＬＯ会議に使用者代表で出席した際も、日本の雇用者が従業員出身であることを、日本の経営の属性として大いに論じた。[32]

これら代表的な経営者たちは、自身と同様に学卒者を会社の幹部はじめ職員・技術者に採用し、社内で教育・訓練し、長期的雇用とスキルの蓄積のうえで、後継者たるべく養成をするようになっていた。したがって一九二〇～三〇年代を通じて、これらの社員の中で長期さらには終身的雇用が制度化したことが重要である。同時に、この時期の不況や合理化の対策としても、また多角化や拡張のような積極方針に際しても、移動・転任・兼職・兼任が頻繁に行われ、西洋先進国と違って、デイマーケーションが発達しなかったことも留意しなければならない。

五　長期（終身）雇用、労資一体感と一元論の哲学

一九二〇年代末から三〇年代の初頭の昭和初年は、世界大恐慌の時期であり、日本では浜口内閣と井上蔵相に

よる金輸出解禁による昭和恐慌と産業の整理・合理化の時期であった。国内企業特に成長期の大会社にとっては、激しい国際競争のもとで、経営合理化と能率向上が不可欠となるとともに、深刻化した労働問題に対応を迫られた一時代であった。一九三一（昭和六）年三月には、内務省社会局作成の労働組合法案が提出され、これに対して財界諸団体（日本工業倶楽部、日本経営者団体連盟、商工会議所など）が一斉に反対、結局は廃案となった。そして周知のように、一九三一年末には犬養毅内閣・高橋蔵相により、金輸出が再禁止されるとともに、財政緊縮政策に終止符が打たれ、軍需産業を中心に重化学工業が急激に進展したが、しかし半面で政府による産業活動への規制すなわち統制が徐々に始まることとなった。

さて、こうして昭和初年は、日本の財界団体と経営者が労働問題への決定的な対応に迫られ、明確な理念と施策を求められた時代であった。そして一九三〇年代を通じて、労働組合の否定による、日本の大企業のあり方として、ブルーカラーを含めた従業員の長期雇用制と企業一体論が強化され、そのための思想的根拠が求められることとなった。

既述のように、日本の大企業の経営者は、会社の長期的成長を目指し、幹部社員を核として職員や技術者の定着を図ったから、長期雇用が制度的に発達した。しかし、職工層、ブルーカラー従業員については、不況と合理化のもとで、長期雇用の対象は、「余人をもって代えがたい従業員」[33]（三菱造船、一九三一年）に限られた。

ところで、労働組合法が財界の反対で流産し、ついでアメリカで翌年に労働組合法が事実上成立すると、経営者の労働観、経営観は一段と変化をみた。「階級対立を認めない」とする日本の大企業において、「労資一体」の経営観、すなわち日本的な、対立なき「労資協調」のあり方が、のっぴきならないかたちで求められるようになったのである。かくして、株主に対する配当の抑制と、取締役会から非常勤重役の退任などが広く行われるようになった。[34]（これらの側面については、より実証研究が必要である。またこの時代の労働者側における権利意識の成長も重要であるが、ともに本稿では立ち入らない)。[35]

東京商工会議所会頭の藤山雷太(大日本製糖社長)は、いまや株主配当と労働者の賃金は、パラレルであるべきである、と提言した。[36] 王子製紙の藤原銀次郎は、武藤山治とはライバルであって、労働組合法反対のリーダー役であった。だが彼も、一九三三年に大手三社の合併を実現すると(ちなみに取締役は七名という少数)、新生の王子製紙においては職員、工員とともに、いったん採用すれば解雇すべきでないと論じた。[37]

こうして一九三〇年代になってから、日本においては従業員一般に対する終身的な雇用が、主要な産業会社のなかで急速に普及し始め、ついで年功賃金も一般化した。個別企業の事例であるが、この側面についての詳細な実証研究として、マーク・フルーエン『キッコマン』(一九八三)などが明確に論じている。[38] また、「企業一体」の見地から、主要な事業が、労働者一般のための福利・厚生および教育・訓練をひろく重視するようになり、全国産業団体連合会(膳桂之助専務理事)が、多彩な活動を展開した。[39] もとよりこの時代における長期雇用の発展、年功制の昇進や報酬の普及は、一九三三(昭和八)年以後の日本経済の好況と重化学工業の急速な成長を背景として実現したものであった。だが、主体的には、それはこれまでみてきたような社員出身のトップの確立、そして社内中間管理層の形成、職員・技術者の長期雇用という、日本の大企業の組織的成長の延長のもとに実現したものであり、かつ資本・経営・労働の一体的成長、経営一体観と不可分に結びついていた、ことが重視される。

本稿においては、終身制・年功制の制度的発展や福利厚生、教育訓練などの展開の詳細はさておき(これらについては数多くの文献や研究がある)、[40]「労資一本」「労使一体」観を基礎付ける思想を改めて吟味し、この時期の日本的経営の根拠を検討しなければならない。

まず最初に、しばしば指摘される家族主義の思想を取り上げてみよう。家族主義・温情主義(familism, paternalism)が労使一体の経営の根拠となることは、古今そして東西の経営の歴史を通じていえることであって、もとより鐘紡の武藤はじめ日本でも決して少なくなかった。しかし家族主義は、企業が一定の規模を超えて、地理的にも組織的にも成長し、従業員が著しく増加すると、末端には目が届かなくなり、その役割と機能が低下すること、もまた普遍的な事実と言えよう。実際にも、武藤山治が去った後、一九三〇年代の鐘紡は、後任の津田信吾のもとで、家族主義の理念は退潮した。(41)

大規模な経営体においても、日本の場合は、家族主義国家の理念から、「一家主義」が擬制的に利用され、国鉄はじめ公社のような公企業体でも用いられた。しかし、公企業体の内部のトラブルの抑制に有効だったとはいえ、「一家主義」は、これら独占的企業体の組織効率や競争の向上に寄与するところが乏しく、むしろ官僚的非効率を温存しがちであったことは説明を要しまい。

国益主義、経営ナショナリズムないし国家への奉仕は、これも労・資の利害を超えた企業一体意識の思想的基礎となりうるものである。事実、明治の近代化以来、日本の近代産業の建設、発展のうえに、近代企業の創設と経営、国産品の開発と工業化など、経営ナショナリズムの理念が、資本家から経営者、労働者まで一体となった努力を呼び起こした事例は、枚挙のいとまのないほどである。

この時代の岩崎小弥太の三菱商事は、その発足にさいし、周知のように、「所期奉公」「処事光明」「立業貿易」を三綱領としたが、(42)これらは同社に限らず三菱各社の理念とされ、一九三〇年代からは特に強調され、末端の社員まで徹底が図られた。本稿の文脈では、「労資一体」の「奉仕」の立場から、岩崎社長によって、出資者配当が五％で可、とされたことが留意される。太平洋戦争末期の一九四三、四四年には、戦意昂揚のために「滅私奉公」が提唱されたが、岩崎小弥太にとって、これこそ三菱の精神と、説明されている。(43)

国家主義、国益の奉仕の強調は、企業活動を鼓舞し、困難の克服に寄与することはいうまでもない。しかし、自由競争、市場経済そして国際化を原則とする企業成長にとって、促進要因となる反面において、経営の自主性、主体性を喪失することにもなりやすい。一九三〇年代中頃からの日本の財界や経営者のリーダー層が国家主義に傾斜したことは、一九三七年の日中戦争以後の政府の統制の強化を容易にする要因となり、また統制の強化は、三菱の岩崎にみられるように経営の主体性の喪失から、ますます精神主義に駆り立てることともなった。一九四一年以後になると、政府の企業統制は、労働の移動から賃金の統制、そして同時に配当制限に及んだ。そして「新体制」の時代となると、経営者団体の全国産業団体聯合会と、労働者団体の労働者総同盟は、ともに内務省主導の産業報国会に吸収されるに至っている。

それに対し経営ナショナリズムと結び付いたが、しかし理論的に区別される、労資一体、経営一体観の思想的根拠として、一九二〇年代以降に勃興・発展した、一元的な日本の哲学思想が、注目に値する。

日本の財閥・大会社のリーダーは、学卒の知識人であったが、彼らの多くは旧制高等学校と大学教育において、カント哲学やキリスト教の人格主義教養の持ち主であり、それらが彼らのリーダーシップの根拠でもあった。一九二〇年代からは、同じ人格主義思想の延長において、彼らはヘーゲルやマルクスの影響を受けることとなった。だが、形式的論理の観念論哲学のカントにせよ、弁証法に依存する唯物論のマルクスにせよ、近代西洋の二元論哲学に立脚していた。こうした二元論の哲学は、企業経営の場では、資本と労働、階級の対立、個と全体、そしてドイツの経営経済学になじみやすい反面、日本の労資一体論になじみ難かったといえる。二〇年代の協調会思想が根付かなかったことも、それが本来西洋的な「労使の対立」そして「労働の参加」を前提とする思想と受け取られたことにあった。

これに反して一九二〇年代末以来、日本に成長した京都学派の哲学は、人格主義・理想主義を標榜しつつも、西洋の二元論・対立的思想を排し、東洋的な一元論の哲学の擁立を特徴とするものであった。そして結局は、キリスト教よりも禅仏教的な、西田幾太郎の「絶対矛盾の自己同一」や鈴木大拙の「主客一体」の思想に帰結した。(44)

こうした対立よりも調和、矛盾よりも統合、を強調する哲学は、周知のように日本の国家観、社会観に大きな影響力をもったが、それが、大企業における経営観においても親和的であったことは明らかである。

禅仏教に親しんだ経営者は、明治時代の伊庭貞剛はじめ、鈴木馬左也のような住友の歴代総理事の例があったが、二十世紀初期の大企業の経営者にとって一般的であったわけではない。それが、一九三〇年代〜四〇年代になると、経営者間にひろく影響をもつようになった。それは、「経営一体」観が、「対立よりも和」「矛盾の克服」の一元論によって、根拠が与えられたことによる、といえよう。岩崎小弥太はじめ三菱の経営者や藤原銀次郎らも、禅仏教を学ぶようになり、松本和（資生堂）、豊田喜一郎（豊田紡織、豊田自動車）ら参禅する経営者も現れた（禅仏教の場合は、「不立文字」の立場から説明を嫌い、声高に思想を論じない傾向を念頭に置かねばならない）。「無事是貴人」、「無私」、「無心」、「莫妄想」、「随所主従」、「平常心是道」、「日月無私照」などの数多くの禅語が、経営者特に財界リーダーの座右の銘として用いられるようになった。

また労資一体、経営一体、一如の立場において、必ずしも禅に限らないが、日本の伝統的な立場で、教育訓練、修養会、練成会が、大企業、中小企業、地方・大都市を問わず行われ、かつて地方的な運動であった報徳運動が、全国的に活発化した。(45)

この時代の経営者の多くが、西田哲学や禅仏教を十分に学んだわけではない。だが、当時の大企業の経営者たちが、資本主義的な困難に直面し、直観的に経営一体観に解決を求め、そのための根拠を東洋の伝統的思想や禅仏教に求めたことは否定できない。とりわけ一九三〇年代に民間における合理化運動のリーダーであった中島久万吉や宮島清次郎の態度と思考は象徴的である。中島は、稀なエリート（男爵）の出身であり、西洋的な教養の持ち主であったが、責任ある立場に立たされるに及んで、結局は禅仏教に「安心立命」の途を求め、(46)東洋的な統合の思想に解明を求めている。宮島は日本精神の「一」を力説し、その根拠として武士道や禅仏教を論じた。

さらに一例として、東洋レーヨンの辛島浅彦（常務・専務を経て社長）をあげてみたい。辛島は技術者出身の三井物産の社員であったが、一九二九年、当時日本屈指のプロジェクトたる東洋レーヨン（大津）の経営者として赴任し、行詰っていた同社の改革に取り組んだ。(47)彼は、三井鉱山、三井物産出身の職員、新採用の学卒技術者、地方出身の労働者からなる従業員を組織し、努力を統合するには、「労資一体」を実践するほかなく、そのために禅を体得しなければならない、と直感した。かくて工場に寝起きしつつ京都で参禅し、率先垂範し、経営を軌道に乗せた。当時のジャーナリストは、辛島の東洋レーヨンの滋賀工場での生活を次のように伝えている。(48)

新設早々の東洋レーヨンに入った時、辛島氏はここに骨を埋めるといふ覚悟をしたくらゐで、好きな煙草もぷっつり断ち、朝は早朝から出社してカーキー色の作業服に身をかため、工場各部を丹念に巡視するという熱心さだった。そして、生来非常に潔癖な氏は工場といはず寄宿舎といはず、ちり一本でもあれば注意もし、自身でも取り除くといった風であった。・・・・辛島氏の場合は、従業員の感情を刺激することなく、それどころか親のように親しまれ、師のように尊敬されてゐたといふのも、氏の人徳によるものであろう。事実、千何百人からの職工達とは、まるで親子の間柄で、一人々々の顔を知り、名を知り、家族の事情まで知って、食事の時間には大きい食堂で職工とともに同じ釜の飯をつっついたのである。その結果、工場は和気藹々たる温情主義の雰囲気の中によく能率を上げて行った（以下略）。

西田哲学や禅仏教が、戦前日本の社会や政治経済の健全な発展に寄与した、とは必ずしもいえない。西田哲学特に初期の「絶対矛盾の自己統一」論は、当時の日本において天皇制国家観を是認することとなり、左翼思想の抑圧をもたらした。同じように、企業一体論が、戦争中に「産業報国」や「滅私奉公」としばしば結び付けられた。また、いかに日本では階級対立がなく、労資が一体である、あるいは一体であるべきだといっても、一方における財閥のような著しい富裕な家族と、他方における貧困な労働者家族との隔絶した階級的存在は、否定できないところであった。

しかし、日本の大企業の進化的成長、日本的経営システムの発展は、二元論的対立の思想でなく、東洋的な一元論的思想と結びついた事実が重視されるべきである。こうした思想的基盤があったことによって、敗戦の後、戦後の経済民主化が、資本家支配の否定に結びついて、財閥解体や財界人（資本家経営者）追放のような変革を容易ならしめた。また、新しい戦後経営者が、ドイツ的な経営参加でなく、企業内の「和」と「協力」を重んずる日本的といえる企業一体的協調方式による発展を求めることとなったことに留意しなければならない。

戦前から戦後にわたり、工業倶楽部の主要メンバーであり続けた諸井貫一（秩父セメント）は、日本の労資一体観のコンシステントな連続性を一九六七（昭和四二）年に次のように回顧している。[49]

（戦前工業倶楽部に）優れたベテランが沢山揃っていた。その諸氏の意見は、労資は争うべきものでなく協力して産業平和を作り出し、真の経済の発展、社会の繁栄、国家の興隆を期すべきものであり、一部の人々が唱えるような階級斗争の理念は到底容れ得るものではないと云うにあった。そういう一つの理念と固い信念があったのである。だから日本工業倶楽部の建物の屋上正面に始めから紡績女工と炭鉱夫の像を掲げたのも、日本の経営者はどこまでも労資協力を図っていくのだという理念の発露に出会ったわけである。協調会がうまれたのもその頃であったが、労資は斗争を避けむしろ相構えて行く、これが財界の基本的考え方であり、それは今も変わりない。

六　結　論

二十世紀日本の産業大会社の成長は、組織と管理についてみると、学卒経営者のトップによる取締役会の支配に始まった。ついで一九一〇―二〇年代に社内出身の弾力的で現場指向的なミドルが形成され、一九三〇―四〇年代にブルーカラーを含める終身雇用制の採用が普及した。こうした「日本的経営」の制度的発展とともに、自身の組織観・労働観の成長が見られ、最終的には一元的な「経営一体」観の思想に到達した。

右のように経営史的に考察すると、「日本的経営」は、日本という東洋の工業化の主体として、大企業の進化的な成長であって、こうした思想的・制度的な基盤に立って、戦後の高度成長が実現した、とみることが出来る。同時に、こうした日本の大企業の経営は、人間資源の活用を徹底（合理化）し、欧米的デイマケイションを排して「協力」「和と自己抑制」を強調するシステムであった。ここに、官僚制を避けつつ成長する、大企業の組織特性と日本的「統合」の思想の根拠を見出すことが出来る。さらには、日本の企業の経営が、ドイツ経営経済学の規範・人格主義とアメリカ経営学の効率＝有用性に学びつつも、独自の〝統合体〟の思想をうみ出した、とみることが出来る。

注

（1）　大企業リストについては、由井常彦・M・フルイン「日本経営史における最大工業企業二〇〇社」、『経営史学』第一八巻一号、一九七九年一月、Fruin, Mark W., *Japanese Enterprise System*, Oxford University Press, 1983. 付表を参照。
（2）　この側面については、J・ヒルシュマイヤ・由井常彦『日本の経営発展』（東洋経済新報社、一九七六年）二九二―四頁、由井常彦・大東英祐『大企業時代の到来』岩波書店、一九九五年、「概説」三一―六頁を参照されたい。特に後者において、由井が立ち入って論述しているところである。
（3）　鐘淵紡績株式会社「第六九回定時株主総会ニ於ケル会長武藤山治演説」一九二一年四月、四頁。
（4）　前掲『大企業時代の到来』二七七頁。
（5）　同書、三五―六頁。
（6）　例えば中外産業調査会『人的事業体系』繊維工業編、一九四三年、三二頁。
（7）　東洋紡績のこの時代の役員人事権の変遷については、『東洋紡績七〇年史』一九五三年、六四〇―六九九頁。
（8）　この点の詳細は前掲『大企業時代の到来』三六―四四頁を参照されたい。
（9）　武藤は一九三〇年に「会長」の要望が多かったが、任期制を実施し、役員を退いている。鐘淵紡績株式会社「第八六回定時株主総会速記録」一九三〇年一月、三頁。

(10) より詳しくは、前掲『大企業時代の到来』二七七—八頁。

(11) 現場指向性については、筆者はかつてアメリカ経営史学会大会（International Competitiveness, 1987.）に論じた。Yui, T., "Development, Organization and Competitiveness of Large Industrial Enterprises in Japan (1890-1920)". *Business and Economic History*, USA, vol.16 no. 2, 1988, Spring. なお、前掲『大企業時代の到来』二八三—五頁を参照されたい。

(12) この点チャンドラーの貢献は周知のところであろう。Chandler, Alfred D. Jr. and Herman Ed., *Managerial Hierarch*, Harvard University Press, 1980. の主要な論点である。

(13) この点は意外に知られていない。その理由の重要な一つは、彼らが「科学的管理」の実践を常識に属する、したがって自分の経営観でそれほど重要な事柄と考えなかったことで、伝記や自伝で大きく扱われなかったことにある。本稿の文脈で重視されるべき側面である。

(14) 前掲「第六九回定時株主総会ニ於ケル会長武藤山治演説」四頁。

(15) 米川伸一「戦間期三大紡績企業の学卒職員層」『一橋論叢』第一〇八巻第五号を参照。

(16) 前掲『大企業時代の到来』四六—七頁。

(17) Yui, T., "Development, Organization and Business Strategy of Industrial Enterprises in Japan (1915-1935)", *Japanese Yearbook on Business History*, vol.5, 1988.

(18) 前掲『大企業時代の到来』四七—五頁。

(19) 倉敷紡績株式会社『回顧六五年』二七四—五頁。

(20) 大日本麦酒株式会社「職員録」大正七年—昭和五年（アサヒビール株式会社史料室所蔵）。

(21) 同書、また前掲『大企業時代の到来』五〇—一頁。

(22) 王子製紙の組織と人事については、王子製紙株式会社「職員録」大正七年—昭和五年（製紙博物館所蔵）。なお、概略は前掲の『大企業時代の到来』五一—二頁。

(23) 日本工業倶楽部五〇年史編纂委員会『財界回想録』下巻、日本工業倶楽部、一九六七年、一〇四頁。

(24) イギリスの工場現場の職業主義と国際競争力抑制についての論文は、Business History 誌上近年しばしば発表されている。包括視点からは、Wilson, John F., *British Business History* (1720-1994), Manchester University Press, 1995, pp. 131 - 2.

(25) 日本工業倶楽部五〇年史編纂委員会『日本工業倶楽部五〇年史』日本工業倶楽部、一九六七年、二—五頁。

(26) 前掲「武藤山治演説」一四頁。

(27) 武藤山治「権利を認めて濫用を防げ」『実業之日本』第二二巻、第一七号、一九一九年、一七頁。なお、武藤の温情主義の労務管理の内容については、周知のように間宏『日本管理史研究』ダイヤモンド社、一九六四年などが詳細に論証しているところであり、ここでは省略して良かろう。

(28) 中島久万吉回想談、前掲『財界回想録』上巻、一四—一五頁。

(29) 労働組合法制定の経緯は、三和良一「労働組合法制定問題の歴史的意義」安藤良雄編『両大戦間期の日本資本主義』東京大学出版会、一九七九年など。
(30) 協調会の事業については、由井常彦・島田昌和『経営者の企業観、労働観』、前掲『大企業時代の到来』二八六―三〇三頁を参照されたい。
(31) 故団男爵伝記編纂委員会編『男爵団琢磨伝』下巻、一九三八年、四三頁。
(32) これは武藤山治の持論であって、ことあるごとに強調された。そして当時河上肇京都大学教授との間に論争を呼び起こしたことはよく知られている。
(33) 三菱造船におけるこの時代の人員整理については、李家考の回顧談が非常に興味あるものである。(前掲『財界回顧録』下巻、一七四―七頁。)
(34) 例えば宮島清次郎「先ず資本家自ら目覚めよ」前掲『実業之日本』第二二巻、第一七号、二二―四頁。
(35) 代表的な研究として、Gordon, Andrew, *The Evolution of Labour Relations in Japan, Heavy Industry*, 1853-55, Harvard University press, 1988. を参照。
(36) 藤山雷太「株主配当と賃金」『実業公論』第一八巻、二号、五八頁。
(37) 市川義夫『藤原銀次郎翁語録』藤原科学財団、一九七九年、五四頁。
(38) Fruin, Mark W., *Kikkoman, Company, Clan and Community*, Harvard University, 1983.
(39) 森田良雄回顧談、前掲『財界回顧録』下巻、三三―四頁。
(40) さしあたり前掲『日本労務管理史研究』を参照。
(41) 鐘淵紡績株式会社『鐘紡百年史』鐘紡株式会社、一九八八年、三二一頁以下。
(42) 三菱商事株式会社『立業貿易録』同社、一九五八年、第一巻を参照。
(43) 岩崎小弥太伝記編纂委員会編『岩崎小弥太伝』同会、一九五八年、三〇五―一三頁。
(44) 鈴木馬左也翁伝記編纂会『鈴木馬左也』一九六一年、第三章を参照されたい。
(45) 前掲『日本の経営発展』三一四―六頁。
(46) 中島久万吉『政界財界五〇年』講談社、一九五一年、二七七―三一六頁。
(47) 東レ株式会社『東レ七〇年史』同社、一九九七年、第一章特に五七―六〇頁。
(48) 内外調査会『人的事業大系』繊維編、一九四三年、三二三頁。
(49) 諸井貫一回顧談、前掲『財界回顧録』下巻、二四〇―一頁。

補注：なお、西田哲学と経営学との関連について、故山本安次郎教授の諸著作がこれに着目し、「事業と企業との経営主体的統一」について論述しておられることは、本稿とのコンテクストにおいて、もとより注目すべきことである。例えば山本安次郎「経営学の本格化と経営学史研究の重要性」経営学史学会編『経営学の位相』文眞堂、一九九四年、一三―一七頁。

Ⅱ　特別講演

八　私の経営理念

辻　理

私は、本日ご出席の先生方とは対極の世界、つまり「経営学」というような理論の世界とは違って、経営の実務の世界で日々仕事をしている。したがって、今日の話も、実務家の立場での経営概念として聴いて頂きたい。

さて、今日のテーマは「私の経営理念」となっているが、私自身、未だ経営理念が完全に確立しているわけではない。世間では経営理念といえば、ベンチャービジネスなどをスタートする時点で、確立していた、あるいは、していなければならない、という思い込みがあるようだが、これは現実と相当乖離している。たとえば、京都には、京セラ、ローム、村田製作所、オムロンなど、戦後生まれの多くのハイテク企業がある。そういった会社のトップや創業者の話を聴いても、また、私自身、これまで二〜三十年もの間、それらの成長過程を具に観察してきたが、必ずしも初めから経営理念が確立していたわけではない。

私は、二十三年前に、アメリカＮＡＳＡへの研究員としての赴任から帰国後、しばらくして、ガレージでこの事業を始めた。いわゆる正統派のガレージ・カンパニーである。その後順調に業容を拡大し、二年前に株式を公開して現在に至っている。当然、今後の中・長期的な事業計画はあるが、規模の拡大のみならず、「質の高い経営」、これが当社の経営目標の一つである。現在、日本では、売上は数兆円規模でも、収益面では赤字という企業が多い。中には、営業利益すら赤字の企業もある。これに対して、京都の代表的なハイテク企業は、この厳しい経済環境下でも、高い収益を維持している。京都で最も質の高い経営をしているのはロームで、最盛期には三〇％以上の経常利益率を上げている。村田製作所もほぼ同じである。因みに、当社の売上高経常利益率は、約二〇％である。このように、われわれ京都の企業は質の高い経営をしている。売上高などで企業力を競わないというのが、一つの特色となっていて、われわれはこれを京都型ビジネスモデルとか京都モデルと呼んでいる。この一群の企業経営に共通することは、第一に、収益重視、第二に、キャッシュフロー重視という点である。

また、われわれ京都のハイテク企業は創業初期からグローバルな企業経営を展開している点に特色がある。ご承知のように、京都の産業はそのほとんどが戦後生まれである。しかも、この地元には、市場らしきものはほとんど形成されていなかった。そこで、当社を含めて各企業は、市場を求めて全国、あるいはアジア・アメリカ・ヨーロッパへと事業を展開していった。逆説的に言うと、産業構造として、地域・地元に需要・市場は必ずしも必要ないということである。極論すれば、むしろ、地域・地元に市場がないほうがグローバル化できる、競争力の強い企業が生まれると言える。たとえば、京都のＩＴ産業のそのほとんどは、グローバルニッチな分野で躍進し、世界市場の七〇～八〇％を占めているが、市場の多くは京都ではない。当社も、京都市場が占める割合は全体の三％でしかない。産業立地の見地からは、産業を育てるには地元に市場を創造することが必要で、それができなければ成長しないと言われるが、これは大きな間違いなのである。

一方、起業家という視点で見た場合、そのほとんどは技術系出身である。経営だけに長年従事してきたという「経営者」は、極めて稀で、私自身、完全な技術畑である。京都においても京セラの創業者の稲盛氏は化学系の技術者、ロームの佐藤氏は電気工学の技術者、村田製作所の創業者の村田氏はセラミック関係のいわば職人という具合に、そのほとんどが技術者ないしは熟練職人で、これも京都型モデルの特色である。

さて、ベンチャー企業の多くがそうであるように、当社も最初は、人、もの、金、すべてが不足していた。そこで研究開発、新製品づくりは、いわゆる産学連携そのものであり、大学の研究室を大いに利用させていただいた。したがって、設備投資、研究開発投資もそれほど必要としなかった。村田製作所も同様で、京都大学の電気工学科の研究室を利用されていた。村田氏が偉いのは、技術のみならず人材も確保したことである。技術関係の人材を、ほとんど京都大学から引っ張ってきた。これは大いに見習うべきことである。当社の場合は、ガレージ・カンパニーとして出発した創業時は、社員は大学院卒業生一人であった。研究開発については、大学の研究室をフル活用し、次々と新製品・新技術を生み出していくことができたが、資金面では苦難の連続であった。創業から数年間は、なんとしても自己資本比率を高めよう、つまり、借金をせずに自前の資金で経営ができる会社にしようということを常に考えていた。業を起こし企業を拡大させる過程ではいくつかの関門があるが、その第一関門として、まずお金に関する独自の哲学を確立しなければならない。最近はベンチャービジネスに対する大変有利な投融資制度が存在するが、規模の小さな時期に経験する金銭にまつわる体験が経営者として重要になってくる。ただ、資金面で苦労をすると、人間はお金に強くコミットメントするようになる。金儲けがすべてであるなどの極論があるが、そういう哲学は少し問題である。また、すべてのものは自分のものだという考えに陥りがちになる点も問題であろう。資金調達で苦労するにしても、それは会社の成長過程の一現象にすぎないので、そこで人格まで変えることはないだろうと私は思う。成長に伴い、億単位の資金を動かすようになると、お金に対する魅力はさらに増すが、そこは少し冷静になる必要がある。

ともあれ、創業から何年かの間は、まずは借金から逃れたいという思いが非常に強く、この段階では、高邁な経営理念などは存在しないと思う。少なくとも私自身にはなかった。ところが、社員の人数が増えてくると、脱皮が必要となってくる。つまり、社員のベクトルをどの方向に向けていくのか、三年後には会社をどのようにしたいのか、などのテーマが出てくる。当社が扱っている技術は、「薄膜」と言って、非常に薄い膜で、一ミクロン（一ミリメートルの千分の一）の千分の一、つまり、ナノメートル単位の薄膜である。ナノテクノロジーという言葉があるが、当社はまさにそのテクノロジーを武器として事業を行っている。つまり、当社のコアテクノロジー、コアコンピタンスは「薄膜技術」である。これを抜きには考えられない。この周辺で世界の産業・科学に貢献しよう、と考えた。そこで、われわれの至った結論は、「薄膜技術で世界の産業・科学に貢献する」ということであった。それは、創業から五、六年後だったと思う。このように、経営目標、理念、フィロソフィーなどは、最初からすぐにできるわけではない。

では、薄膜技術で世界の産業・科学に貢献するだけでいいのか。何か数値目標が欲しいということになった。そこで、一九九〇年代半ばに株式の公開を五年後に行おうと考えた。実際には一年ほど遅れたが、結果的には、目標から少し遅れた程度で、株式の上場を行なうことができた。資金調達額は、三十億円程度であったが、これで生産基盤を拡充させるとともにキャッシュフローが楽になった。もちろん市場から資金を調達する以上、株主に対する諸々の責任が出てきた。コーポレートガバナンス、ＩＲ活動などである。当社は現時点ではまだまだ成長途上であるが、次のステージに向けて確実に成長を続けている。

今まで当社の事例をまじえて述べてきたが、「経営学」とわれわれが日々実践している「経営」とは相当に違うと思う。月とスッポンの喩えのように違うと思う。経営学は、あくまでも学問であり、理論である。もちろん、われわれ経営者も企業経営を行なうに際して、それを抜きにして考えているわけではない。大変重要だと思っているが、それ以上に重要なのは、実践力である。われわれは毎日朝から夜遅くまで、事業計画をいかにして遂行するかを考えている。たとえば会社には、中期あるいは長期的な経営計画がある。経営企画室もある。ところが、未達がいかに多いことか。計画書をつくり理論を並べたてるというのは、経営実践の中ではせいぜい二割の部分、三割はいかないだろう。それを実践・実現するための行動力のほうが、圧倒的に比重が大きい。経営学を専門とする先生方にとっては釈迦に説法であるが、優れた実践というのは理論を超える、あるいは理論に勝る、というのが「経営」ないし「経営学」の基本だと思う。したがって、実践力ないしは行動力を高めるためには、経営者はいかにあるべきかを考える。そして、そのためには、非常に多くの地道な努力が必要になる。率先垂範、社員の手本となる、などである。

その例として、京都のサービス・流通業で非常に優れたユニークな企業として挙げられるＭＫタクシーのオーナー・青木氏は、朝四時に出社して、運転手のためにお茶を沸かし、ふるまうそうである。それは事業を始めた頃、運転手が「おはようございます」「ありがとうございます」といった当たり前の挨拶すらできないことを危惧し、誰よりも早く出社してオーナー自らお茶を出すことでサービスの基本を身をもって示したのである。こうして数年経つと、ちゃんと挨拶ができるようになったそうである。実に原始的な話であるが、大事なことだと思う。

また、特に京都のベンチャー起業家は仕事の鬼である。日本電産の永守氏とは、京都市ベンチャー企業目利き委員会で、いろいろなベンチャー起業家の育成をしている。ここでは稲盛氏とも会うが、皆仕事人である。当社はちょうど京セラと隣同士で、社員は常に意識している。京セラのビルは十八階ぐらいまであるが、夜の十～十一時になっても、まだ照明がついている。うちの技術者はそれを見ながら仕事に励んでいる。京都南部には、そのような良い意味での競争意識が存在する。起業家精神が連鎖するわけである。起業家間で、お互いに切磋琢磨する雰囲気がある。これは非常に重要かと思う。

ただ、問題がないわけではない。創業者である私は多くの自社株式を保有し、圧倒的な決定権を持っている。コーポレートガバナンスの問題をどうするのか。あるいは後継者の育成をどうするのか。また、われわれは、ものづくりにこだわっているが、世の中の流れは、ものから情報へ移ってきており、このような産業としての構造変化にどう対処していくのかという課題もある。われわれは、極めて現実的な、プラグマティックな企業環境を常に直視しながら、経営を行わなければならない。

日本を変える、あるいは再生するためには、やはり企業が頑張らないといけない。雇用を創出する。そして、税金を納める。当社は幸い創業以来黒字で、一度の赤字もない。社員には常々、「民主主義の根幹は税である。税金で成り立っている」と教えている。これを払えないということは、経営者として実に恥ずかしいことである。これで国家に貢献し、地域に貢献する。産業への貢献にもつながっていく。もう一つ大事なことは人を育てるということである。社員の能力を最大限に活用し成果を生むと同時に、その人自身の将来、あるいは人生の価値を高める。会社は利益が出ているが、個人は泣いている、というのではいけない。双方の利害が一致しなければならない。

私たちは科学技術で貢献したいと考えている。これは、当社が共有している精神である。また、企業の社会的責任として、雇用創出、人材育成、利益の国家・地域への還元、この三つは極めて重要だと思う。今日ほど、経営者の企業経営の資質が問われている時代はない。大事なのは気概である。国がものをつくり、富をつくり出し、利益を生むわけではない。企業がそれを担っている訳で、われわれはそれに誇りを持っている。限られた時間なので、私の思いがすべて皆様に伝わったとは思わないが、ご清聴に感謝したい。

Ⅲ　論　攷

九　ミッションに基づく経営
——非営利組織の事業戦略基盤——

島田　恒

一　はじめに

本論文の基礎になっている経営学史学会報告に当たって与えられた課題は、非営利組織における思想的基盤としてのキリスト教と経営理論ならびに経営実践に関わるものであった。ミッションが理念としてだけではなく、事業戦略基盤として活かされている事例を、筆者の参加的観察を含めて提出し、主題について考察することにする。

二十一世紀社会にとって非営利組織の存在意義は大きい。社会の病理を癒し、人間や社会を変革していく。非営利組織の経営が成果をあげることが不可欠な課題であると認識される。基軸となっているミッションベイスト・マネジメントは、非営利組織のみならず営利組織に対してもインパクトを提供するはずである。

二　組織とミッション

経営とは、人間協働を通し組織の維持をはかる機能である。近代管理論の始祖と評されるチェスター・バーナードは『経営者の役割』を論ずるにあたり、先ず組織について徹底した考察を行った。あらゆる種類の企業、学校、病院等は協働体系とみなすことができ、そこから抽象される公式組織を「二人もしくはそれ以上の人々の意識的に調整された活動や諸力の体系」[1]と定義した。公式組織をこのように定義するならば、さまざまな業態をもつ企業においても、大学や病院、福祉サービス施設などさまざまな種類の非営利組織においても、「意識的に調整され」るべき目的が不可欠である。あらゆる組織の経営において、目的を決定する価値的側面とその価値を実現するための合理的側面が存在する。

バーナードのみならず、経営の理論と実践を指導したピーター・ドラッカーは、経営の哲学というべき組織の目的を「顧客の創造」と主唱し（非営利組織においてはその利用者を「顧客」と呼んでいる）、それぞれの組織の価値的目的に基づいた機能を発揮して顧客満足をつくりだすことを主張したのである。

このようにみるならば、組織にとって、バーナードが機会主義的と称する合理的側面と、道徳的と称する価値的側面が基本軸であることが明らかになる。バーナードは『経営者の役割』序文において、価値的側面の重要性を主張し、「私は（中略）、ずっと後に経済理論と経済的関心――必要欠くべからざるものではあるが――を第二義的地位にしりぞけてはじめて、組織およびそこにおける人間行動というものを理解しはじめたのである。政治的、教育的、宗教的組織のごとき非経済的組織も存在し、それらがきわめて重要だというだけではない。とくに経営組織に関連して、非経済的な動機、関心および過程が、経済的なそれとならんで取締役会から末端の一人にいたるまで、その行動において基本的であるという意味である」[2]としている。

それにもかかわらず、わが国を含めた経済先進国は経済機能を社会のなかで突出させ、企業は合理と効率を追求することに偏し、価値的側面を希薄化させてきた。また、経済や経営の諸理論においては、合理的側面のみが強調され、営利組織における経済的業績拡大のための研究が主流となり、組織における価値的側面の研究は看過されがちであった。ノーベル賞を受賞したサイモンにおいても、意思決定の前提として、合理的側面を表す事実前提と価値的側面を表す価値前提を並列させながら、バーナードが重視した道徳的要因を科学的評価の枠に馴染まない価値判断として背後に退け、目的に対する合理的手段の選択を研究の対象に据えるという圧縮を行っている。バーナードの衣鉢を継いだと称されながら、実はバーナードの最も強調するところである道徳的側面あるいは価値的側面を棚上げしてしまうという致命的な圧縮を行ってしまっている。

われわれは、二十世紀の経営史のなかで、先進国企業が経済的成果の拡大を至上目的として人間存在や社会環境を軽視し、また経営学もそれに奉仕することによって、組織が本質的に有する価値的側面を軽視し、合理的側面の研究に傾いてきたのではないかという懸念をもつのである。

企業の決算が専ら経済成果としての利潤にフォーカスされるのに対して、非営利組織の決算は価値的目的であるミッションの達成に帰される。

ミッション（mission）とは、元来、①自分の恣意を超えた次元の内容を帯びた任務を、②外部へ出ていって達成する、という二本の意味を含んでいる。[3]ここにわれわれが定義する組織のミッションとは、人間の自由と社会の調和という根元法則にかかわるものであり、高次の理念である。ドラッカーが初期の著書において、その根元法則を、人間の恣意を超えた「自由」と捉えて定義し、その後の論述の基盤になっているように、われわれは人間の真の自由と自己実現を可能にするようなものをミッションと関わらせている。組織はそれを社会的責任の自覚において受けとめ、なすべき使命として組織行動において達成しようとするのである。

ミッションが「自分たちがなすべき使命」であり、組織の中核的価値、事業領域、達成しようとする内容を含むものであるとするならば、その構築にあたっては、信念、機会、能力の三つのものが必要である。心底信じている価値は何か（信念）を確かめ、自らが貢献しようとする外部対象の側からみてニーズがどうなのか（機会）、自らの限られた資源のもとで卓越性を発揮できるのか（能力）を検討し精錬されなければならない。その結果、独自的先駆的で多様なミッションが生まれることにつながるのである。

三　非営利組織における事業展開とその特質

組織の事業戦略には二つの側面が存在する。事業領域設定に関するものと、卓越性獲得に関するものである。本論文では後者を中心に検討することにする。

非営利組織のミッションは、最終的には一人ひとりの人間の真の自由の達成、すなわち真の自己実現と、経済・政治・文化・共同の四要因が調和しているような社会の実現に向けられている。これはパーソンズのＡＧＩＬ図式に対応するものであって、ＬはLatencyとして価値の側面を担当、ＩはIntegrationとして統合機能の側面を担当している。前者を文化とし、後者は連帯を維持する機能として共同という要因で表現している。現実社会が経済に傾斜し病理を生み出している状況のなかで、非営利組織は文化や共同の要因に比重をおいて社会の調和に貢献しようとするのである。そのことによって、社会に対する責任を果たし、人間の真の自由への道を目指すのである。

非営利組織は、そのような理念の表明に止まらず、それに基づく成果を達成しなければならない。マーケティングは組織の成果を達成するための基本的機能である。非営利組織も組織であり、ミッションを推進するための基本的機能はマーケティングに求められる。現実に成果を達成するためには、自らの諸能力を結集して卓越性を発揮できる領域を設定し、その領域における社会ニーズの本質を知る努力と個人ニーズを分析する努力が伴っていなければならない。非営利組織は、受益者を、恵みを一方的に施す対象とは見ないことが大切である。受益者のニーズを見極め、自らの信条とするミッションとを一体化させていく視点が重要である。いいかえれば、非営利組織活動の成果を受益すべき対象という意味で用いる「クライアント」志向のマーケティングが必要である。もともと非営利組織は、クライアントの立場を考え、その真の自己実現という根元的ニーズに応えようとするところから出発している。それが非営利組織の原点である。

そこで、非営利組織のマーケティングを次のように定義する。

非営利組織におけるマーケティングとは、人間の真の自由と社会の調和を志向するミッションを社会に表明し、それに基づく成果を達成するために、自らに適合した事業領域を設定し、そのニーズを見極め、ミッションと一体化させることによって価値を創造し、クライアントや資源提供者との間に自発的交換を実現するための機能である。

非営利組織の経営に焦点が絞られた著書 *Voluntary Nonprofit Enterprise Management* を一九八四年に発表したデイビッド・メイソンは、マーケティングが向かう対象が二重になっている事実（デュアル・システム）に注意を喚起している。すなわち、企業活動においては、企業が提供する物財やサービスは、顧客に満足をもたらすものとして支払いを獲得し、直接交換（取引）されて終結する。非営利組織においては、クライアントが受け取るサービスの対価を支払うとは限らない。国際協力などの場面においては、全くの無償でクライアントにサービスを提供する方が普通である。そこで非営利組織のマーケティングは、クライアントに対する次元と経済的資源提供者に対する次元という二重性を帯びることになる。直接出会うことのない二者が、組織によって媒介され、統合されていく。統合を可能にする基軸はミッションである。しかも看過してはならないことは、非営利組織の成功は、資源を無償で提供する寄付者やボランティアの満足に依存するのではなく、サービスの提供を受けるクライアントの満足に依存するのである。

マーケティング戦略の大原則は、自らの事業領域において抜きんでた卓越性を保つことであった。卓越性を獲得するためには二つの方法がある。(4)

一つは、コストによる優位性を獲得することである。安い対価で提供することによって、例えば貧しい受益者層にも利用が容易となり、他のサービスの追随を許さない抜きんでた優位性を獲得するのである。安いということは、安売りとか不良品質とかを意味するのではない。サービス提供の効率を上げる、優れたボランティアを確保する、安定した太い寄付資源を確保するなどの基礎が欠かせない。

二つ目の方法は、差別化による優位性を獲得することである。組織特有の、他では得られない差別化された良質のサービスを提供することによって、抜きんでた卓越性が獲得される。企業の場合と異なり、非営利組織の卓越性は差別化によって発揮される場合が多い。体操やフィギュア・スケートのように、自らの技を独自に鍛えることによって卓越性を競うタイプが多く、企業に多くみられるような直接競争相手と戦って優劣を決める格闘技のようなタイプは少ない。そして、卓越性の源泉がその組織の掲げるミッションに根ざしているとき、最も有効に機能する可能性が高い。ミッションに基づく目標・戦略・戦術の構築と実施が一貫しているとき、組織が目指す方向が明確で安定する。スタッフもボランティアもその道筋に従って行動し、クライアントにそれが伝わっていく。真の自由への促しが感動として伝わっていく。組織独自の特徴が、抜きんでたものとしてクライアントに評価されることにつながっていくのである。

営利組織において事業戦略が重要であるように、非営利組織においても同じことがいえる。限られた資源を集中して自らの強みを構築し、社会の要請に適合して成果を達成するのである。組織のミッションが独自の価値として差別化要因となって働き、卓越性を獲得することが重要な視点であった。それによって、非営利組織は人間の自由や社会の調和という価値的側面を充足するものとなる。そして、人間と社会を架橋する媒介として、付託された責任を果たすことになるのである。項を改めて、事例からその整合性を検討することにしよう。

四　事業展開における戦略基盤としてのミッション

淀川キリスト教病院は、新幹線の新大阪駅から徒歩で一五分位いのところに位置し、病床数六〇〇、東淀川区では随一の総合病院である。この病院のミッションは、創立者ブラウン医師によって定められた「全人医療」という簡潔なものである。「からだと、こころと、たましいが一体である人間（全人）に、キリストの愛をもって仕える医療」と定義されている。健康保険制度のもとでなしうる最高度の医療を目指しつつ、なおかつ病める人々の心と魂への配慮をも目指そうとしている。

病院といえば、医療者のペースで進められ、患者本位になっていないのが一般であった。検査と薬漬け、データを見て患者を見ない、技術優先の延命治療など、体の治療（キュア）に集中してきた。この病院は、それを超え心と魂への配慮（ケア）を目指そうとしてきたのである。この病院には、西日本で最初に開設されたホスピスがある。癌末期患者への全人的ケアとして開設されたホスピスは、検査や延命に徹しがちな現代医療の視点を超え、人生最後の時期を人間としての尊厳と平安をもって過ごせることを優先しており、体のことだけではなく、心や魂に配慮した文字どおりの「全人医療」を象徴する医療である。ガンの末期患者を検査や薬漬けにしないで、残された限りある人生を人間らしく豊かに過ごしてもらうことを目指している。痛みのコントロール、陽あたりのよい部屋、訓練され優しい看護師、カウンセリング、宗教的なストローク、家族への配慮などが組み込まれている。死ではなくて、残された生に焦点が合わされている。

あるとき、もう余命が長くないと判断されていた患者が自宅に一度帰りたいと希望した。病院としては、それが命を縮めかねないという危惧をもったが、あえて希望に添うことにした。帰宅から三時間後、病変を告げる電話が鳴った。医師が駆けつけたときには、心臓はすでに停止していた。病院にとどめておけば、もう少し生き延びられたかもしれなかった。しかし家族の言葉は感謝に満ちたものだった。「先生、本当にありがとうございました。母の最後の三時間は、かけがえのない貴重なものでした。母は家族を枕元に呼び、一人ずつひとことひとこと別れの言葉をかけてこの世を去っていきました。」

病院というところは、医師・看護師・技師などの専門職が集まっている。異質のものをもった働きを一つのものにまとめていく、その中心が「全人医療」である。その信条に合うかどうかが共通の基準であり、異質なスタッフが同一のものを目指し、それにふさわしい医療サービスを提供しようとしている。身体の病だけでなく、心や魂のケアを目指すという独自の医療は、国公立病院では絶対にできない。国公立病院は憲法上も宗教的活動は認められていない。魂のケアまでは手が届かない。「全人医療」は死をも克服していく人間の真の自由を実現しようとするケアである。淀川キリスト教病院の付近には優れた国立大学病院や市立病院があるけれども、「全人医療」が真に実践され地域に受け入れられていく限り、それは優れた差別化戦略として卓越性を発揮することができる。淀川キリスト教病院の患者のほとんどは近隣の方々であるが、「全人医療」――その象徴としてのホスピスや周産期医療――にかけては、全国的に抜きんでた存在として卓越性が認知されており、地域に信頼性を確立している。

経済的にも安定が得られており、申告所得額でも医療機関のなかで常に上位を占めるに至っている。(5)

病院に限らず、学校・教会・ボーイスカウト・ボランティア活動などの非営利組織は、人間に関わり人間を変えていく。儲けという尺度は当てはまらない。どうしても強固な信条がいる。それによって組織に生命が与えられ事業が活き活きと展開される。それがまさにミッションなのである。

日本キリスト教海外医療協力会（ＪＯＣＳ）は、一九六〇年に設立された社団法人である。先の戦争でアジア諸国に迷惑をかけたことへの反省に基づき設立されたわが国で最も古いＮＧＯの一つである。そのミッションは、「海外諸国の医療事情向上のためにキリスト教諸教派が協力して医療協力を推進し、もって『人間はみな兄弟』の精神に寄与すること」である。事業領域はアジアを中心とする海外の医療活動に限定し、与える医療ではなく、現地の人々が主役であってそれに協力しようとする低い姿勢を明らかにしたものである。その医療活動は「兄弟」の中でも最も医療事情に恵まれない草の根の人々に重点を置き、辺鄙な村に入り込んだり、現地の医師でも避けるような病気の治療に当たったりすることに主力を置いており、立派な病院を建てたり、近代的な医療機械をもち込むような活動ではない。そのような地味な活動ではあるが、会員約七〇〇〇名を数え、年間の経費約二億円はほとんど全部個人に依存している。ミッションに賛同する医師・看護師等医療従事者のみならず、広く一般市民の支援により永きにわたって活動が継承され、創立メンバーを第一世代とすれば、すでに第二・第三世代に活動の主力を移している。一九七七年度朝日新聞社会福祉賞を受賞しており、社会一般からも認められた団体となっている。

ミッションの問い直しは何回も理事会の議論となってきた。海外のみならず、わが国の無医村での活動が提案されたり、医療のみならず、職業訓練や農業指導などに協力事業の範囲を拡げる提案、財団助成や公的資金を導入する提案などであった。理事会はその都度議論を重ね、ミッションに基づいて事業を海外における医療活動に限定し、金ではなく人による協力、草の根の人々による草の根の人々に対する協力に徹することを確認してきた。使用済切手を収集し販売資金を活動費に充てるという運動は、誰にでも参加できるものとして全国に定着し、それを通して会員以外にも広くJOCSの目指す精神を伝えることができる機会となっている。

シンプルでわかりやすいミッションに固守し、限定された地味な道を選ぶことにより根強い活動を継続し、それに賛同する志ある医師や看護師を送り続け、ボランティアや財務資源を獲得することが可能となり、歴史あるNGOとしての存在を保ってきたと評価することができるのである。(6)

ミッションの原意を体するキリスト教非営利組織が、このような事業展開を歴史的に多く実践してきたことによって、わが国においてもキリスト教信徒人口一％にもかかわらず、それに優る影響力を維持してきたことにつながるのではないかと考えられる。非営利組織の経営は、優れてミッションベイスト・マネジメントなのである。非営利組織が成果を達成するためには、本論文を超えて様々な要因が関係するのであり、それは別の機会に論ずるべきものとして残されている。本論文では、事業戦略基盤を構築する重要な要因としてのミッションにフォーカスして論述してきたのである。

注

（1）Barnard, C. I., *The Functions of the Executive*, Harvard University Press, 1938, p. 73.（山本安次郎・田杉競・飯野春樹訳『経営者の役割』ダイヤモンド社、一九六八年、七六頁。）

（2）*Ibid.*, author's preface p. xxxi.（前掲訳書、序、四〇―四一頁。）

（3）オックスフォード英語辞典（*The Oxford English Dictionary*, Oxford Univ. Press）によれば、古くは、イエズス会の間で外国の神学校や宣教のために派遣するという意味で、「一連の宗教的礼拝、説教、教示」「特別な軍務」「天職」「在外公館」「宣教団」などの意味が派生している。組織のミッションという場合に最も近い意味は、「政治的、宗教的、あるいは商業的目的のために遂行される重要な任務」である。

（4） Porter, M. E., *Competitive Strategy*, The Free Press, 1980, p.35.（土岐・中辻・渡辺訳『競争の戦略』ダイヤモンド社、一九八二年）において、競争優位を確立するために、コストリーダーシップ、差別化、集中の三つが挙げられているが、集中戦略にあっても前二者の優位が必要であるので、われわれは基本的に二つの方法に絞った。

（5） この事例は、淀川キリスト教病院編集発行『淀川キリスト教病院四十周年記念誌』一九九六年・『ホスピス開設一〇〇周年記念誌』一九九四年、による他、筆者の顧問としての参加的観察によるものである。

（6） この事例は、隅谷三喜男『アジアの呼び声に応えて』新教出版社、一九九〇年、による他、筆者の理事としての参加的観察によるものである。

参考文献（拙著）

島田恒『非営利組織研究―その本質と管理』文眞堂、二〇〇三年。
島田恒『非営利組織のマネジメント』東洋経済新報社、一九九九年。

十　価値重視の経営哲学

――スピリチュアリティの探求を学史的に照射して――

村山元理

一　はじめに

本稿の目的は、アメリカにおける近年の価値重視の経営哲学を検討することである。一九九九年にアメリカ経営学会において、「経営・スピリチュアリティと宗教」（ＭＳＲ）という研究集団が認定されたことは、価値重視の経営が大きな学問的課題となってきたことを示すシンボリックな出来事であった。[1]

経営学が、社会科学として発展する中で、認識論的に事実と価値が分離されてきた。価値や道徳の問題は、研究者の客観的アプローチないし方法論的懐疑によって避けられて来た。厳密で実証科学的な研究でない論文は、学術雑誌に掲載されず、評価もされない。すでに、サイモンの『経営行動』は論理実証主義に基づいて一九四七年に出版されているが、経営学が現在見られるように、叙述から科学へと精緻化されるきっかけとなったのは、一九五九年のカーネギー・フォード報告書による。[2] 学問的にも実務的にも、合理性を追求する限り、価値は捨象されてきた。

経営の価値が学問的に浮上したのは、近年のことであろう。ビジネス倫理学が勃興したのは、一九七〇年代からであり、八〇年代以降に、学問・教育的に制度化され、実業界ではコンプライアンス体制を促進させている。同時にコーポレート・ガバナンスの議論も盛んになったのは記憶に新しいところである。さらに、それと並行するかたちで、スピリチュアリティとマネジメントの問題が生まれたのは、九〇年代以降からである。しかしながら、現実の実務においては、倫理にしろ、スピリチュアリティにしろ、価値そのものが企業存続の重要な条件の一つなのである。(3)

本論文では、前史的にどのような価値が学史的に重視されてきたのかを鳥瞰してみる。その上で、MSRの研究者らによって、よく引用される一人の経営者の経営理念を彼の体験から吟味しながら、価値重視の経営哲学の内容を明らかにしたいと思う。彼は、バーナードほど深く、抽象的な組織理論を構築しているとは言えないにしろ、自ら本を書いている現役の経営者である。

二　価値重視の経営哲学――その前史(4)

テイラー革命　一八七〇年代以降のアメリカは不況を脱出したあと、国内産業が目覚しく発展したが、工場は混乱し、無駄が多かったという。このような中で工場の生産効率を上げることが課題であり、その役割を負ったのが技師たちである。とりわけテイラーの科学的管理の技法は、大量生産を効率的にこなす作業現場の改善を提示するものであったが、当初、労働組合運動からは批判された。しかし、労使が歩み寄り、一九二〇年代にはほとんどの熟練労働者の組合は、テイラーの考えた原則全てではないが、ある意味人間化された科学的管理を導入した。テイラーの技法は、労働者や資材の調整に関する技術的な問題を扱い、労使の道徳的な問題は中心的なテーマになっていない。伝統的な経営を科学的管理に転換させ、職場に合理性をもたらしたテイラーの功績は高いが、あくまでも効率性に価値の重点があったと言ってよい。クエーカー教徒であるテイラーが議会の公聴会で証言しているように、精神革命が科学的管理の本質であり、兄弟愛的な協調という管理観が背後にあった。[5] しかし、テイラーの功績は、効率性の確立や労働過程の再編成の原則であり、それは今なお有効である。

人間関係論　効率性の強化は、テイラーの意図とは反して非人間化を推し進めるものであった。テイラーの弟子たちは、科学的管理には人間的要素が欠けていることを認識していた。一九二〇年代後半から始まったホーソン実験には、三〇年代よりメイヨーも本格的に関わった。そこで人間関係が生産性の向上に役立つことが発見された。さらに個人ではなく、仕事の集団が根本的な生産単位であることが分かった。人間関係論は社会人仮説にたった。すなわち、労働者は相互にコミュニケーションをとる願望があり、グループとして尊重されたり、責任感を感じることが仕事に影響するとみなされた。その中で非公式組織の重要性が指摘された。しかし、これだけでは十分ではなかった。産業心理学者の指導によって、労働者が職場に調和的に適応する方策がとられたが、失敗した。これは経営者本位の合理性が追求されたためである。

人間関係論の運動は、五〇年代には、それが作り出した「組織人」への批判として、またホーソン実験のイデオロギー的、方法論的な批評によって墜落した。[6]

しかし、職場におけるコミュニケーションの重要性や労働者がもつ協働の願望を明らかにしたメイヨーの経営学的な遺産は大きい。

人間の潜在能力開発運動（The human-potential movement）　五〇年代から六〇年代にかけては人間性心理学

者たちによって、集団重視モデルが改められ、個人としての労働者の動機づけが中心テーマとなった。企業のあらゆる階層の人々が欲求を持ち込むことが議論された。マズローは人間性心理学の創始者で、彼の欲求階層説は有名である。

働きがい、ないし職務充実が理想とされ、人事課の責任は肥大化した。仕事を通じた個人の成長の潜在力に道が開かれた。組織人は自己実現人にとって変わられた。仕事の意味には必ず、自己実現の側面があることは今や常識となっている。

それでも、この運動はドラッカー（一九五四）がすでに指摘しているように、仕事の意味を職務にではなく、人間においてしまったという過誤をおかした。動機づけに対する強い関心により、仕事の意味そのものについて、人間性心理学者は言及していない。

個人の成長や自己実現という概念は、今なお重要な経営のキーワードで、とくにＭＳＲの最大の関心事に違いない。

初期マネジメント理論　ファヨール、アーウィック、バーナード、フォレット、ムーニーらによって、調整、権威、リーダーシップ、権限委譲、命令の一元性などの概念が、組織存続を説明するために導入された。組織の垂直構造、水平構造が明確にされ、その組織の連係は、計画、決定、伝達による経営の意思決定によって、活性化されるべきであるとされた。権威はすべての従業員によって経営者に付託され、経営者はリーダーと見なされた。経営者が権威をもつ理由は、組織の共通目的を策定するからである。組織内の調整や統合のために権威は行使されるべきであるとされた。

彼らは、経営者の仕事の意義を大胆に明かした。彼らの影響力は、変化し間接的ではあっても、多大であった。

第一に、彼らは、経営者が複雑な組織を知的に統御しなければならないことを明かした。第二に、経営者が道徳的な意志力によって管理しなければならないことを明かした。

彼ら初期経営理論家の最も大切な遺産は、ハーマンが造語した「倫理的経営主義」(ethical managerialism) と呼ばれるものである。すなわち、経営者は顧客、従業員やその他のステイク・ホルダーに対する企業の価値を最大限に高める道徳的責務があるという考えである。(7)

三　スピリチュアルな価値の探求

スピリチュアリティや宗教が経営の価値として九〇年代から重視されて来たとはいえ、これは前史に連続した事象であり、突発的なことではない。

前史で重要な価値観とされた効率性、人間関係、自己実現、経営者の道徳的責務は依然として二十一世紀を迎えた現代の経営の重要な価値であることに変わりはない。テイラーが求めた効率性や合理性の追求は否定されるものではない。人間関係論で発見されたように、組織への帰属感は人間の本性にとって必須である。また同時に個人が何らかの達成感を味わい、認知されたいという自己実現の欲求も重要である。

ＭＳＲの研究者たちが構想しているのは、個人の自己実現が支援され、働くことの意味が十分に納得されるような組織のあり方、経営、人事政策、経営のリーダーシップである。そのさい組織はあくまでも個人の価値を高め支援する組織であり、高圧的な管理組織とはみなされていない。

スピリチュアリティを取り込んだ職場の運動は、学者の理論によって生まれたものではない。これは草の根的な運動であり、コンサルタント、ジャーナリストや研究者が後追いしたものである。広く大衆に根ざしたこの運動への対応は、二十一世紀の経営学の重要な課題になるだろう。この運動の原因には九〇年代半ばからの宗教復興も大きく関わっている。(8)

宗教やスピリチュアリティを経営に取り込むとは一体どのようなことなのだろうか。それは信仰と仕事を一致させようという運動でもあるが、宗教のドグマを仕事に取り込むことを意味しない。宗教的価値観の強制はむしろマイナス効果である。

しかし、宗教とスピリチュアリティは分かちがたくつながっている。宗教が宗教集団とその教義を中心としたものとすれば、スピリチュアリティとは宗教に根をもちながらも、より広範な意味をもって、「聖への接近」ないし「心の奥底の実在への関心」とされている。

スピリチュアリティのコアとなる原則は、全ての人間の尊厳、人々はみな相互連関していること、超越的な実在ないし力が人間に関する諸般の目的を規定することなどへの信念である。こうした原則は成功をしている巨大企業の原則とも合致している。(9) そうした企業では、経済的動機を超えたミッションのもとに、人間尊重、学習、階層を超えたチームが活用されている。企業の業績を高めるために逆にスピリチュアリティを取り込むべきであるとの指摘もあるが、この運動は自らの仕事の意味を求める社員によって担われていることを忘れてはいけない。

実際に、スピリチュアリティを経営や職場に取り込む方法は多様である。従業員の研修や教育に瞑想や精神的鍛錬を積むというのは日本でも昔からあるだろう。企業つき牧師の採用、企業内での非公式の会合のための部屋の提供、宗教的儀式をする時間の許可など様々ある。スピリチュアリティ担当の重役をおいている企業もある。

スピリチュアリティは世界の諸宗教を源泉としているが、国際ビジネスの倫理への一般的な基盤にもなると述べている学者もいる。

次の節では、一人の経営者の理念と実践について述べ、スピリチュアルな経営原則について考えてみたい。

四　トム・チャペルの経営哲学

スピリチュアリティを取り込んだ経営者としてよく引用されのが、トム・チャペル氏である。彼は天然素材の歯磨き粉を製造販売して成功しているトムズ・オブ・メイン社のＣＥＯである。その著書『ビジネスの魂―収益と共通善を目指した経営』(10)は、華やかに宣伝されることはないが、堅実な経営書としてよく読まれ、大学院のテキストにも利用されている。本節では、彼の経営哲学について概説したいと思う。

商品が全米ルートで流れる中で、外部者が役員入りする。功利的となった経営原則に悩み、現役のＣＥＯのまま、彼は週二日をハーバード大学神学校修士課程に学ぶことになった。そこで学んだ、マルチン・ブーバーやジョナサン・エドワードの宗教思想は、彼の経営哲学に霊感を与え、会社のビジネス原則を再構築する上で多大に裨益する。

妻のケートと始めた事業が何を目的とし、何を大切な価値においたのであろうか。彼は自らの創業のスピリットに立ち戻るための言語と思想を獲得することになった。さらに、近著では、七つの価値原則によるリーダーシップをとれば、高い業績が得られると述べている。七つの原則については紙面の都合で割愛する。

チャペルとは教会を意味するが、チャペル氏は自らの企業を一種の教会のごとくに考えている。そして企業を核として、利害関係者すべてとの相互関係の上に会社がなりたっており、社会的責任、社会的貢献は当然の義務であると考えている。何よりも社員全員が同じ価値観の共有につとめている。そのために社員相互の意見の交換が恒常的になされている。それは第四条に書いてある通りである。いわゆる風通しの良い会社のことであろう。あらゆる方向から社員の意見が会社の意思決定にすみやかに反映される。

また、第七条に書いてある通り、失敗や体験を共有することで組織としての力の向上が求められている。

企業を一種の共同体とみなす考え方は、むしろかつての日本的経営の価値観と相即するであろう。しかし、今の日本では雇用の流動化により、企業への忠誠心も失われ、企業の共同体観は急速に色あせているように見受けられる。

彼は自らの経営観にスピリチュアリティという用語は用いてはいないが、スピリチュアルな自己（spiritual self）という表現をひんぱんに利用し、価値的経営を全面に出している。そしてこの価値とはある種の宗教的価値、すなわちスピリチュアルな価値を意味している。彼は牧師的志向が大変強いが、第一条の「人間より大きい普遍的力」は西洋文明に普遍的なテーマである神の別称である。「普遍的力」は善の力であり、善の力への信念がビジネスおよび個人の人格の基盤となっている。ミットロフはそれを「より大きな力」（higher power）とも言っているが、[11]神の別称であることに変わりはない。しかし、その神とはユダヤ・キリスト教の創造神を必ずしも意味しない。仏教やヒンドゥー教などの世界の諸宗教に見られるような人間を超えた他者、力、超越者をも含む包摂的な神観念ととらえるべきである。スピリチュアルな信念の背後には、プロテスタントの倫理に限定されない、世界の諸宗教に共通な神性概念とでもいうべきものが横たわっている。

第二、三条はギリシアの神託にも出てくる「汝自身を知れ」というテーマで、自分の存在は何であり、何を真に求めているのかという人間の魂の本質に迫る問題である。自分にとって一番大切な価値を認識したうえで仕事の価値を見いだすことが求められている。そのさい、人間の直観や良心に訴えているとも言える。通常のビジネスにありがちな数字や功利主義のみに頼る愚を排するのが目的である。

五 結 論

チャペル氏の会社は百人規模の小さな会社であり、創業者のリーダーシップによって価値重視の経営を実行できたともいえる。しかし販路を拡大するさい、功利主義的思考が導入される中で、創業者が自らの価値観を問い直した。それがこの会社のミッションや信条を明確にさせたのである。彼の価値重視の経営は巨大な会社からも模倣されている。

チャペル氏の功績は、企業経営の目的が利潤の拡大化のみに限定されるものではないことを明白に証明している。その中でも人間の尊厳を最大の企業価値として全面に出しているだけでなく、実践していることが他企業にはない顕著な特徴となっている。アメリカ企業の八割は倫理綱領を持っているといわれるが、現実的に倫理を根づかせることは難しい。しかし、長期的な企業存続には価値重視の経営が必須であることに多くの人々が目覚めていくのでは無いだろうか。またそれは現実に切望されている。

社員が価値を共有し、会社を公器とみなす企業観はむしろ松下や京セラなどが体現してきた日本的経営に近いと思われる。

テイラーの求める兄弟愛の経営、メイヨーが求めた良き人間関係の経営、マズローらが描く自己実現を支援する組織、そしてバーナードらが理想とした道徳的経営者による協働体系にようやく時代は追いついてきたのかも知れない。

経済性だけではなく、それ以上に人間性や社会性の重視は企業の根底に来るべき価値観である。その中でも人間性を深めるスピリチュアリティを求める経営は、新次元の経営哲学を考察するうえで欠かすことのできない重大な示唆を与えている。

注

（1）経営倫理とスピリチュアリティに関する最近の動向に関して、以下を参照せよ。村山元理「日本のＭＳＲ（経営・スピリチュアリティーと宗教）研究の立ち上げに向けて、補説：雪印乳業の創業スピリット」『日本経営倫理学会創立一〇周年記念誌、第二回「経営倫理」懸賞論文、優秀論文集』、二〇〇三年。

（2）Toyne, Brian and Douglas Nigh, "Foundation of an Emerging Paradigm," Toyne, Brian and Douglas Nigh ed., *International Business: An Emerging Vision*, University of South Carolina Press, 1997, p. 6.（村山元理訳「国際経営学誕生のパラダイム基礎」、村山元英監訳『国際経営学の誕生I　基礎概念と研究領域』文眞堂、二〇〇一年、八―九頁。）

（3）T・J・ピーターズ、R・H・ウォータマン著、大前研一訳『エクセレント・カンパニー』講談社、一九八三年、「九章価値観に基づく実践」。アリー・デ・グース著、堀出一郎訳『リビングカンパニー　千年企業への道』日経BP社、一九九七年。など参照。

（4）本節の記述は、経営学史的にキーとなる四つの事例を取り上げた以下の論文の記述を参考にした。ただこの論文の典拠している資料の古さや表現の不正確性が判明した。その後、新資料にあたり改訂を加えたが、研究不足は否めない。Herman, Stewart W., "How work gains meaning in contractual time: a narrative model for reconstructing the work ethic," *Journal of Business Ethics*, Dordrecht: Vol. 38, Iss. 1/2; Part 2/3, Jun 2002, pp. 65-79. その他、ダニエル・レン『マネジメント思想の進化』（文眞堂、二〇〇三）なども参照した。

（5）三戸　公『管理とは何か』文眞堂、二〇〇二年、七六―七八頁。

（6）Smith, J. H., "The enduring legacy of Elton Mayo," *Human Relations*, Vol. 51, No. 3, 1998, pp. 221-249. 手紙資料などを駆使したスミスの論文は従来の誤ったメイヨー像を理解するうえでも面白い。

（7）この構想に関しては、ハーマンの以下の著書に詳しい。Herman, Stewart W., *Durable Goods: A Covenantal Ethic for Management and Employees*, University of Norte Dame Press, Norte Dame, IN., 1997.

（8）人口の九〇%が神を信じるアメリカではここ五〇年間、教会出席率は横ばいで、宗教復興には懐疑的な意見が多い。しかし、共同体志向が強まり、ベビーブーマー世代のスピリチュアルな欲求の高まりは、教会への回帰やスピリチュアリティの欲求を強めていて、このことを広義の宗教復興だと見なす人もいる。また *Megatrends 2000* の著者ニスベットは、宗教回帰の現象を予測している。

（9）Marc, Gunther, "God and Business," *Fortune*, July 9, New York, 2001, p. 58-90.

（10）Chappell, Tom, *The Soul of a Business-Managing for Profit and the Common Good*, A Bentam Books, New York, NY., 1993. 本節は本書をもとにまとめた。

（11）Mitroff, Ian and Elizabeth Denton, *A Spiritual Audit of Corporate America: A Hard Look at Spirituality, Religion, and Values in the Workplace*, San Francisco: Jossey-Bass, 1999.

十一　企業統治における内部告発の意義と問題点

――経営と法律の視点から――

境　新一

一　はじめに

企業は営利性（私益を追求する性格）を有すると同時に社会性（公益を要請される性格）を有する。しかし今日、証券業界における損失補填と利益供与、製造物責任の放棄、欠陥情報隠蔽などの不祥事が続発し、省庁にも同様の問題が発生している。[1] これらは「内部告発」（公益通報ともいう）なくしては解明できなかった例が少なくない。内部告発の起源は、英語 "whistleblowing" すなわち「口笛を吹く、警鐘を鳴らす」であり、企業内部の違法行為や不祥事を外部の報道機関などに匿名で漏らすことを意味する。二〇〇二年、会社法の大改正が行われる一方で、内部告発者を保護する立法の中間報告が国民生活審議会から提出されたことは注目に値する。

本研究は、企業統治における内部告発の意義と問題点を経営と法律の視点から分析し、既に法制度を整備している英国、米国とも比較しながら、企業統治の展開とわが国の内部告発の法制度の在り方を検証するものである。

二　経営と法律の分析視点

1　経営と法律の視点

私たちは企業の経営行動を多角的視野から分析していくことを求められる。企業は市場原理に基づく利益（私益）追求を行うべく、経営の機能が要請される一方、それは広く市民の利益（公益）維持に抵触しない最低限の枠組みに抑えられるべく、法律の機能が必要とされる。本研究は、以上の事実を踏まえて、経営と法律の分析視点に立脚し、企業という組織に対して、経営は促進機能、法律は抑制機能を中心的役割として捉えるものとする。しかし、この機能はときには逆転して働く場合もあり得る。すなわち、経営、法律ともに促進機能と抑制機能の両面があるのである。促進、抑制の対象となるものは利益、特に公益と私益であろう。経営の視点からは利益、法律の視点からは費用が意識される。従来は利益を意識するあまり、費用を節約する傾向にあった。しかし、社会的責任を果たすために費用をかけることは、企業経営にとり長期的利益となることを認識しなければならない。[2]また、経営と法律の機能は、企業が不正や犯罪によって打撃を受けることを未然に防ぐことにも貢献する。

本稿では、経営および法律の目指す利益、特に公益（社会・業界全体の不特定多数の利益で、企業の範囲を超える一般市民としての利益。）と私益（自己の特定の利益で、企業の範囲内の利害関係者をも含む利益。）の追求とその均衡を検討することになる。

2　公益と私益の追求とその均衡

公益と私益の原点にある「公と私」は“public”と“private”と共に対概念である。しかし、publicやprivateの概念自体に価値判断、善悪の倫理的な意味は含まれないのに対して、「公」は「正しい、偏りのない」意味を、

「私」は「邪な、偏りのある」意味をもち、「公と私」は本来、価値判断を含むものと言える。[3]

公益は私益を実現させた上で達成し得るし、私益は公益を実現する範囲において容認される。すなわち、公益と私益は相互媒介性をもって実現しあうのである。[4]従って、公益と私益は単純な対立概念とは言えない。

特に、公益はしかるべき過程のなかで社会や組織の構成員のコンセンサス（合意、同意）を得て実現するものであろう。ただし、構成員のコンセンサスを得ること自体に時間を要する上に、非常に難しいものでもある。

今、利益を重視することを＋、重視しないことを－で表すとき、公益、私益の組合せである（公益、私益）は、次のⅠからⅣまでの四つに分類される。

（公益、私益）の四分類　　Ⅰ（＋、＋）　Ⅱ（－、＋）　Ⅲ（－、－）　Ⅳ（＋、－）

組織（企業）がⅡ、個人（内部告発者）がⅠまたはⅣの立場にあるとき、両者の乖離は最大となる。経営のみに従うと、私益を優先し、公益との均衡を崩してしまう結果となる。その場合は、法律に従って費用を払い、公益を優先するように転換しなければならない。

組織においても、個人においても、公益は必ず満たされねばならないが、私益に反する企業も存続できない。この公益と私益を均衡させることは経営と法律の目指す均衡の一つである。私益を優先して公益を犠牲にしている場合は、費用を当該企業（組織）が負担し、逆に、公益を優先して私益を犠牲にしている場合は、費用を社会が負担して公益と私益の均衡を回復しなければならない。

企業の違法行為を評価する場合、倫理規範や道義秩序からの分析も重要であるが、[5]それだけでは十分ではない。行為の違法性は、利益侵害の有無、それを正当化する事情の有無、生じた利益侵害を上回るだけの利益を当該行為が担えるか、によって判断される。利益を比較衡量し、優先順位を調整する必要が生じるのである。

三　企業統治と内部告発の関係

二〇〇一年、二〇〇二年と続けてわが国商法の大改正が行われた。この中で、企業統治と監査役制度の変革が中核のテーマであった。[6] 企業統治の変革には米国法の影響が大きい。[7]

まず、二〇〇一年一二月改正（平成一三年法一四九号、議員立法）の監査役制度については、監査役の任期は四年となり、監査役会が監査役候補者について同意権と提案権を持つ。今後、監査役の半数以上は社外監査役である必要がある。また、任期途中で退任する監査役は株主総会での意見陳述権が認められる。[8]

続いて、二〇〇二年五月改正（平成一四年法四四号）の中で、定款により委員会設置会社が選択された場合、企業統治の仕組みが一般の大会社と監査・監督、業務執行に関して大きく異なる。①取締役会の役割は基本事項の決定と委員会構成員、執行役の選任など監督機能となり、指名、報酬、監査の三委員会が実際の企業統治の役割を担い、監査・監督を行なう。②監督と執行が制度的に分離され、執行役が業務執行を担当し、業務の意思決定も大幅に委ねられる。会社を代表する者は代表執行役となる。業務執行権限は代表取締役と業務執行取締役にあることも今般改正で規定された。従来の大会社の仕組みと委員会等設置会社との選択権は会社に委ねられた。

委員会等設置会社は経営の監督と業務執行が分離され、社長は代表執行役として権限と責任が明確になり経営の透明度が高まる利点も見逃せないが、[9] それでも企業統治において内部告発機能の必要性は未だ残っている。

四　内部告発者保護法——英米法の先例——

内部告発者保護の先例として、英国、米国の法律を簡単に紹介する。(10)

1 英国の公益開示法

イギリス（英国、連合王国）の内部告発者保護法ともいうべき「公益開示法」（Public Interest Disclosure Act: PIDA 1998）が、一九九八年七月に制定された。

本法は、一九九六年の雇用権利法（Employment Rights Act: ERA 1996）第4部の次に「第4部A 保護された開示」（Part 4 A Protected Disclosures）として追加された部分（四三条Aから四三条Lまで）のほか、雇用権利法の条文に、一部改正を施した部分から成る。公益開示法は、米国の内部告発者保護法（後述）と同様の保護を盛り込んでいるが、①公務所のみならず、民間の領域にまで適用される。②国外での不正行為にまで拡大される。③隠蔽行為に対する重要な取締規定がある。以上、三点において保護内容は、米国法よりも強力である。

(1) 告発の対象行為＝「正当な開示（告発）」の対象とする不正行為は次のいずれかである（四三条B一項）。

a 犯罪 b 法律上の義務違反 c 正義・正当性の誤り d 個人の健康または安全に対する危険 e 環境破壊 f 上記に該当する情報の隠匿

(2) 告発が正当化される要件＝従業者が善意で雇用主または一定の要件の下にその他の者を告発するときに、正当な告発となる（四三条C一項）。告発は、善意でなされる他、告発情報の主要部分が真実であると信ずるに相当の理由があるとき、告発者の利得目的でなく、告発に合理的根拠があるときに、正当とされる（四三条G）。

(3) 従業者と雇用主＝従業者の定義は、正規の雇用契約にもとづく従業者、すなわち、被用者のみならず、第三者からの紹介者または派遣者、雇用条件が雇用主または第三者によって決定される場合等にまで拡大される。

(4) 告発行為の相手方＝不正行為の告発をする相手方は、次のようにかなり広く規定される。

a 雇用主 b 雇用主以外の者 c 顧問弁護士 d 大臣 e 省令で指定された者

(5)　雇用裁判所による救済＝本法四七条Bによれば、従業者は、保護された告発（「正当な告発」と同義）をしたことを理由として雇用主からいかなる不利益処分も受けない権利を有する（一項）。当該規定に違反して不利益処分を受けた従業者は、雇用裁判所（employment tribunal）に提訴することができる（四八条一項A）。

2　米国の内部告発者保護法、企業会計改革法

米国における最初の内部告発者保護法は一九七八年の公務員制度改革法（Civil Service Reform Act 1978：CSR）である。ここで「公務員」とは軍務に服する者を除く一般公務員を指している。一九八九年にはCSR法による内部告発者の保護を改善強化する「内部告発者保護法」（Whistleblower Protection Act 1989：WBP）が制定された。この法律は合衆国法典（United States Code：USC）第五編に組み入れられた。

学界では、当該法が①連邦公務員にのみ適用される　②報復措置を被った告発者が、特定法違反を主張したときにのみ保護される　以上二点で不十分であると指摘されている。現在、連邦法では上記法のもとに法令違反を告発する公務員及び企業従業者を保護する三〇以上の法律が存在する。

一方、二〇〇二年七月、不正経営者への厳罰を盛り込んだ「企業会計改革法」（二〇〇二年サーベンス・オクスリー法案、Sarbanes-Oxley Act of 2002）が成立した。[11]これは、二〇〇一年一二月、通信事業の失敗や簿外債務の膨張で深刻な経営危機に陥った米国総合エネルギー会社のエンロン（ENRON）が、米国連邦破産法第一一条の適用を申請し、米国で最大の倒産となったことに起因する。企業会計改革法の主な内容は次の通りである。

(1)　監査法人を監視・監督する独立の企業会計監視委員会の設置　(2)　監査法人の業務内容の見直し
(3)　企業幹部に対する罰則強化に関する規定設置［内部告発者に対する保護、不利益的取扱の禁止規定］
(4)　情報開示（ディスクロージャー）の強化　(5)　格付会社に関する調査

3　英米の内部告発者保護法の評価

欧米社会は個人主義の社会といわれる。個人が「個」の意識を持ち、強い権利意識をもつ。[12] しかし、同時に、欧米社会では、個人の責任を非常に重視し、自己責任を要求する。個人の私的な権利を強く主張・要求する一方、公共の事象については、私益より公益を優先する規範が確立しているように思われる。

英米における内部告発者保護法は包括法であり、それによって告発者に関する具体的な保護水準を確定するのではなく、告発者の権利を法定することに意味がある。欧米では包括法を前提として個別対応を行うのである。

五　わが国内部告発者保護制度の意義と問題点

1　内部告発の企業業績に与える影響

内部告発により不祥事が明らかとなった企業（四社＝雪印乳業、日本ハム、東京電力、三菱自動車工業）を例に、内部告発の企業業績に与える影響を二〇〇〇年〜二〇〇三年で検証した。その結果、当該企業の場合、告発年度の前後で、各業績は悪化していることがわかる。これは私益を優先し、公益を犠牲にした結果と考えられる。

2　内部告発者保護の立法

2・1　内部告発に関する現行法と判例検証

わが国にも、内部告発に関する法律がないわけではない。それは労働基準法、原子炉等規制法のように個別の規定であるが、包括的な法律は未だ存在しない。内部告発の対象が個別法における違法行為であるため、労働者の保護要件も比較的明確である。他方、欧米でみられる内部告発に関する制度は包括法を前提としており、個別法に対する違法行為を対象としたものではなく、わが国の立法と比べ、保護要件に幅をもつ。従って、わが国で内部告発者保護を立法化する場合、この保護要件を公法、私法の上で明確にする必要があろう。[13]

次に、現行法で下された内部告発に関連する代表的な三つの判例を紹介する。(14)

(1)　地位確認等請求本訴事件、名誉回復及び損害賠償請求反訴事件＝東京地裁平七・一一・二七

院内における抗生物質の過剰・不適切な投与が、院内感染等の原因との申告を保健所にした医師に対する解雇につき、解雇権の濫用にあたり無効とされた事例（民法一条）。

(2)　懲戒処分無効確認請求事件＝一審・東京地裁平九・五・二二（二審・東京高裁平一一・一〇・二八）

在職中に行った公団の道路計画を批判する新聞投書が、使用者の名誉を毀損し、職場秩序を乱したものとして、相当の懲戒処分に付された措置は労働基準法違反には当たらないとして、これに対する損害賠償請求が棄却された事例（ただし、二審は一審の一部を変更。憲法二一条、労働基準法九一条）。

(3)　損害賠償請求事件・慰謝料等請求事件＝東京地裁平一一・二・一五

生命保険会社の取締役が退任後に会社の内部情報を週刊誌等に提供したことにより、取締役の忠実義務の一内容としての守秘義務に違反し会社の名誉信用を毀損したとされ、右情報に基づく記事の掲載による会社の損害賠償請求が認容された事例（商法二五四条の三、民法七〇九条、七一〇条、刑法二三〇条、二三〇条の二）

継続的な契約関係としての労働契約の性質上、労働者は企業秩序の維持義務、忠実義務を負うことから、組織内部の問題について、第一に、企業内部で関係者等と協議し是正を図る努力をした。第二に、努力を尽くしても客観的是正が著しく困難であった。第三に、労働者が不必要に企業の名誉・信用を傷つけずに企業内部の問題を解消すべく義務を尽くした。以上の要件が具備される必要がある。従って、通報内容及びその公益性・真実性・誠実性、通報の相手方、通報手続き等、具体的事情を総合判断して社会的相当性が認められる場合に限り、企業秩序違反には問われない、違法性阻却（刑法二三〇条の二）が成立し、懲戒処分は認められないと言える。

この点から当該判例を検証すれば、全ての要件を満たした判例(1)では懲戒処分は無効、一方、いずれかの要件

を欠く判例⑵・⑶では懲戒処分は有効となったと理解されるのである。

2・2　立法化に関する報告と見解

⑴　国民生活審議会「二一世紀型の消費者政策の在り方について―中間報告―」（二〇〇二年一二月）[15]

企業の不祥事を通じて、事業者が消費者利益の擁護のために守るべき基本的な責務を果たしていないことが明らかである。このような状況を踏まえ、行政による監視体制を補完して事業者による法令遵守等を確保し、消費者利益の擁護を図るため、公益通報を理由とした解雇等の不利益な取扱から従業者を保護すると共に、従業者が公益通報への適切な対応を図る等の公益通報者保護制度を早急に整備する必要がある。公益通報者保護制度の基本的方向としては、十分に問題点を検討した上で、法制化を図るべきである（問題点は3を参照されたい）。

⑵　㈳日本経済団体連合会「企業行動憲章　企業不祥事防止への取り組み強化について」（二〇〇二年一〇月）および上記中間報告に関するコメント（二〇〇三年一月）[16]

企業活動の存立の基盤は、社会の信頼と共感にある。しかし、昨今特に消費者・ユーザーとの関係で企業不祥事が相次いで発生し、経済界全体が社会の強い批判にさらされており、市場経済への不信にもつながりかねない。

このため、日本経済団体連合会としては、企業行動憲章の実効性をより高めるべく、

①企業倫理に関する経営トップのイニシアチブ強化、②不祥事防止のための実効ある社内体制等の整備促進、③不祥事が起きた場合の対応の観点から以下の具体的対策を実施し、改めて会員企業の自発的、積極的取り組みを促すこととした。特に経営トップに対しては、法令遵守に誰よりも高い感度を持ち不祥事の防止に努めるとともに、問題の事実関係を早急に把握し社会に説明すること、有効な再発防止策を講じること等を求める。会員企業に対し「企業倫理ヘルプライン」の整備を規定した内部告発者の相談窓口の設置を要請する。

3　内部告発者保護立法の問題点

内部告発者（公益通報者）保護の立法に関する主な論点は、①現行法での通報者保護に対する評価（懲戒権、守秘義務違反、名誉毀損との関係）②制度の必要性とその目的、位置付け③公益の範囲、保護対象の通報行為および通報者の範囲④通報先⑤不利益的扱いを受けた通報者の救済と通報内容の調査　等に集約される。

企業の不正を黙認した結果、社会に広く不利益が発生するとき、公益は喪失する。一方、企業の告発者が公益の実現のために内部告発を行っても、企業が倒産の危機に瀕するとき、やはり公益は実現されずに終わる。結局、公益も私益も達成できない企業は消滅せざるを得ない。経営と法律の相互機能が求められる所以である。

六　結び

企業統治の上で、内部告発は企業が法令遵守違反で外部から致命的な打撃を受けることを可能な限り未然に防衛する方策として重要な意義がある。企業が追求する私益が公益から乖離するとき、言い換えると公益と私益の均衡が崩れるときに問題は発生する。公益と私益は相互に浸透する性格のものであろうが、組織の構成員によるコンセンサスを形成することは容易ではない。そのために、経営と法律は相互に機能することを求められる。不正、犯罪を未然に防ぐことが公益の実現に不可欠であり、かつ、そのことが企業の長期的利益になる。経営の側面で企業の相談窓口を設けて、消費者等の不満を吸い上げる道を設ける必要があろう。他方で、法律の側面で内部告発者保護制度が企業個々の対応では不十分であるため、公益の点から必要とされるに至ったと考えられる。

この際、企業の経営者は率先して内部告発者保護制度の趣旨をよく理解し、目的を明確にした上で、企業内部体制を整備する必要がある。また、経営者の義務が私法上の義務から公法上の義務に変わることも不可避と考えられる。一方、企業の違法行為は利益の比較衡量によって評価・調整されねばならない。いずれにせよ、企業統治が変革期を迎え、独立した監査システムのないわが国では、不祥事を防ぐ複数のシステムが必要となろう。

注・参考文献

(1) 宮本一子『内部告発の時代―組織への忠誠か社会正義か』花伝社、二〇〇二年。東京弁護士会主催「シンポジウム・みんなで考えよう内部告発者保護法」二〇〇二・一一・二八（於・弁護士会館）・冊子資料。
(2) 境　新一『現代企業論―経営と法律の視点―　第2版』文眞堂、二〇〇三年、同「企業統治における法的責任の研究―経営と法律の複眼的視点から」『IT革命と経営理論　経営学史学会年報第9輯』二〇〇二年。
(3) 三戸　公『公と私』未来社、一九七六年、同『家の論理1　日本的経営論序説』文眞堂、一九九一年。
(4) 谷口照三「公益と私益の相互媒介性―その理論的基礎付けと現実化への視座」『桃山学院大学環太平洋圏経営研究』第四号、二〇〇三年。
(5) Evan, W. and Freeman, R., "A Stakeholder Theory of Modern Corporation : Kantian Capitalism", In Beauchamp, T. and Bowie, N. ed., *Ethical Theory and Business*, 3 rd Edition, Prentice-Hall, 1988. De George, Richard, T., "Whistle Blowing", in *Business Ethics : A Philosophical Reader*, ed. by Tomas, I. White, Macmillan, 1993.（宮坂純一『ステイクホルダー・マネジメント』晃洋書房、二〇〇〇年。）
(6) 神田秀樹『会社法　第3版』弘文堂、二〇〇二年、『日本経済新聞』二〇〇三・一・一六―一八付。
(7) トレッドウェイ委員会組織委員会編『内部統制の統合的枠組み　理論編』白桃書房、一九九六年。
(8) 日本監査役協会『監査役監査体制と監査活動に関する調査』二〇〇二・九。
(9) 『日本経済新聞』二〇〇二・九・八―一二付。
(10) 森下忠「米国の内部告発者保護法」『判例時報』一五三六号。同「イギリスの公益開示法」『判例時報』一六九六号。
(11) サーベンス・オクスリー法、米国公認会計士協会・要約版（AICPA web-site)。
(12) J・J・ルソー、作田啓一・原好男訳『社会契約論、人間不平等起源論』白水社、一九九一年。S・M・ルークス、間宏監訳『個人主義』御茶の水書房、一九八一年。阿部謹也『物語ドイツの歴史』中公新書、一九九八年。
(13) 白石　賢「公益通報制度の体系的立法化に向けての一考察―内部告発者保護から公益通報制度へ」『ジュリスト』二〇〇二・一一・一五号。
(14) 『判例時報』一五六二号、一六七五号、一七二一号。日本弁護士連合会主催「シンポジウム・内部告発者保護制度を考える―重要論点の検証―」二〇〇三・二・一七（於・弁護士会館）・冊子資料。
(15) 国民生活審議会「二一世紀型の消費者政策の在り方について　中間報告」二〇〇二年一二月。
(16) ㈳日本経済団体連合会「企業行動憲章　企業不祥事防止への取り組み強化について」二〇〇二年一〇月。同「二一世紀型の消費者政策の在り方について」に関するコメント、二〇〇三年一月。

十二　プロセスとしてのコーポレート・ガバナンス
――ガバナンス研究に求められるもの――

生田泰亮

コンフリクト―すなわち相異―は、現にそれを避けることのできないものとして存在する。だから、むしろ、それを利用することを考えなければならない。われわれは、コンフリクトは悪であるとして、非難するのではなく、逆にコンフリクトをして、われわれのためになるように働かせるべきである。どうしてそれができないことがあろう（Follett）。(1)

一　はじめに

相次いでみられる企業不祥事の遠因は、企業組織の内外や、戦略や管理の場で生じるコンフリクトにあると考えられる。これまでのコーポレート・ガバナンスに関する研究を概観してみると、「ガバナンスの主体（企業は誰のものであり、誰によって統制されるべきか）」、「利害関係者の特定化（誰が、利害を有する者として見なされるか）」、「制度的枠組みとしての会社法や企業内制度からの考察」、「企業組織に求められる社会的責任論（組織行動に求められる倫理性や道徳準則）」など、さまざまな視点から研究が行われてきた。しかしながら、会社法制をめぐる議論や倫理的観点といった規範的側面から、経営構造の改革や企業の社会的責任を求めたとしても、企業組織自身がコンフリクトを解決し、自律的にガバナンスを機能させていかなければ、成熟した社会体として存続できないと考えられる。

本稿ではこのような問題意識に立ち、管理、戦略の問題との関連を問いながら、経営におけるガバナンスの機能について考察する。(2) そこで、議論を整理するために、人間協働の合目的活動体としての経営を支えるものとして、管理を「目的達成のための手段の合理化・最適化」、戦略を「組織を方向付ける政策決定や実現可能性の追求」、そして、コーポレート・ガバナンスを「企業組織の内外で生じる相異を表出し、諸目的を整合化していく組織秩序の創発過程」と措定した上で考察を進めることとする。

第二節、第三節においては、予備的考察として、利害関係者論および株式会社の発展過程とその経営構造論(3)を視座とし、コンフリクトが生起する問題状況について整理する。協働の規模拡大や利害関係者の多様化により、機能主体間において「指向性の相異」が往々にしてみられ、その結果として、コンフリクトが生じる。そして、コンフリクトへの対応次第によっては、やがて利害関係者間の機能不全、管理、戦略に不整合をもたらすこととなる。その結果、経営全般において、「協力状態の質」としての統合 (Integration)、また、組織の社会的応答性 (Social Responsibility) を脅かし、秩序ある企業活動を阻むこととなる。

われわれは、むしろコンフリクトを生かしながら、これを解決し、組織秩序を形成していくプロセスこそが、ガバナンスの課題であり、企業組織の発展、成熟にとっての戦略的要因であると考えている。

そこで、第四節では、経営においてガバナンス機能を内在化させる要件について、いくつかの取締役会の改革に関する事例から考察する。結論としては、自律的なガバナンスを機能させるための必要条件として「建設的討議」が導き出される。

二　企業組織の発展過程と管理・戦略の不整合

特定の企業組織の観点からすれば、利害関係者は、当該企業組織の目的達成および存続に影響を及ぼすか、影響を被る関係主体として捉えられる。[4] 利害関係を構築するには、共有された目的のもとに他の諸個人および諸組織を誘引しなければならない。一方で、各関係主体は、制約された合理性ゆえ、自己の目的達成や満足をえるために利害関係に属さなければ存続しえない。ゆえに利害関係は「協働的側面」と「主観的側面」という二重の意味を内包する「継続的な相互依存的・相補的な主体間関係」として組織化される。[5]

協働を永続的に拡大・発展させていこうとすれば、効率的な目標達成のために諸機能を分化させ、これを他の主体に委任せざるをえない。このような企業組織の構造的発展過程について、加藤勝康は、「企業」、「経営」、「事業」の三つの構造概念と、これらがもつ五つの基本的機能（資本提供機能、戦略的支配機能、企業者機能、管理機能、事業または作業機能）の組み合わせから、理念型としての「経営（体）構造」を類型化している。加藤の所論によると、「経営体の基本的性格」として位置づけられる「所有」、「経営」、「支配」は、上記の五つの基本的機能が分化していくことで達せられ、企業組織の構造的・制度的成熟が可能となる。[6] しかし、ここで看過してはならないことは、発展過程の帰趨として起こる機能主体間のコンフリクトである。

利害関係において、個別主体の観点からは、他の利害関係者と異なる経営資源や能力を有することが求められ、いきおい機能主体としての専門性を有する必要がある。しかしながら、Lawrence & Lorsch がいうように、機能分化や専門化は、個々の利害関係者が置かれる環境の異質性ゆえに「指向性の相異」が生じ、統合度を低下させる。[7] たとえば、株主は、投資資本に応じた利益配当や株価上昇を指向し、一方で経営者が企業組織の維持・存続を指向するならば、利益配分をめぐるコンフリクトが生じるであろう。また、管理機能と事業・課業機能の垂直的関係では、統制の幅の原則に伴う階層数の増加と権限委譲の必要性から、命令伝達のノードを増やさざるをえず、コミュニケーション歪曲が生じやすくなる。(8) 結果として、全体情況を把握するための情報伝達および処理能力への負荷が増大し、管理への負担が増大する。また、事業・課業機能間の水平的関係においても、各単位組織が個別目標の効率的達成、利益責任を達成しようとするがために、同一市場での過当な社内競争や、予算、人員、技術情報といった経営資源の奪い合いによって、「組織の垣根」が顕在化し、事業戦略間でのシナジーが希薄化する。つまり、「管理する者」や「戦略を策定する者」とこれを「実行する者」の間で、指向性の相異によって不整合が生じ、組織の統合度を低下させるのである。

機能間のコンフリクトを解決するには、Cyert & March がいうように、継続的なバーゲニングを通じた組織学習や、諸目標の再定式化や手段の精緻化を図るといった「組織化の努力」としての「調整」が必要となる。(9) その理由は、高次の目的の次元では、認識の相異が表面化することなく受容されやすいが、各利害関係者の環境特性や指向性の相異により、次第に手段の次元に転換されるに従って、実行可能性や技術的問題が問われ、相異が表面化するためである。それゆえに、諸主体の個別的な環境や指向性を相互認識させ、合意形成や革新を促すために、バーゲニングが必要となる。

しかしながら一方で、バーゲニングは、必ずしも問題の本質的解決には結びつかず、短絡的な部分最適化に導かれる蓋然性が残る。なぜならば、特定の利害関係者が既存の制度（権威体系や役割体系、規則や慣習）において影響力を有していた場合、自己の利益を優先しようとするあまりに、他者に対する過度の要求や排他的行動、あるいは革新を阻害する抵抗勢力となるからである。

たとえば、日本ハムの牛肉偽装事件は、事業部制のもとで、各事業部の競争力向上によって、全社的な成長を目指すという戦略であった。しかし、食肉事業部は、自己の部門収益の確保に苦心するあまり、偽装工作という不正に及んだのである。加えて、各事業部を統括する機能が働かず、本社と事業部との間での情報伝達が不十分であったため、全社的対応が遅れることとなった。(10)

また、雪印乳業の食中毒事件では、雪印は流通側の製品鮮度に対する要求に応じようと、行政指導を無視し、従業員へ過度の負担を強いてまで、製品が店頭に並ぶまでの時短競争（D‐0商戦）に没頭せざるをえなかった。同業他社との過当競争が、「消費者への安全な製品の提供」という社会的責任に反した杜撰な衛生管理体制をもたらし、それが事件として露呈したのである。(11)

このように、安易なコンフリクトへの対応、管理と課業、戦略と実行の不整合が、企業の不祥事の遠因となっている。企業組織が成長・拡大していこうとすれば、たとえ、相互に利害を有する関係であったとしても、「協働的側面」と「主観的側面」の相異、利害関係者の間での指向性の相異、目的と手段の連鎖における情況認識の相異が起こる。問題は、コンフリクトを支配や妥協に委ねることである。その結果、特定の機能主体の指向性から合理化を追求することを容認し、全体最適性が失われ、意図した戦略は、特定の利害関係者の影響力によって歪み、協働に不整合をもたらすのである。

三　調整コストと組織の統合度・社会的応答性

Thompsonは、相互依存関係が連続的・互恵的になるにつれて、調整が困難になるとした上で、調整の三類型として、⑴ルーティーンおよび規則の確立としての標準化、⑵スケジュールの確立による計画、⑶フィードバックによる当事者間の相互調節をあげている。(12)これらの三つの方法の適用については、コミュニケーションや意思決定への負荷といった調整コストの問題および他の利害関係者への諸影響を考慮する必要がある。統合度の強化と調整コストの最小化を優先した場合、標準化および規則・ルールを制度化することが合理的であり、その結果、組織の内部に安定性をもたらすこととなる。しかしながら、変動が激しい環境下では、制度と実践での不整合、制度化の準備に要する時間的コストに配慮しなくてはならない。また、計画や当事者間の相互調節においては、少数の当事者間で比較的早期に対応することが可能となるが、局所的な調整活動がもたらす他の利害間関係者への影響や、高次の目的との整合性といった問題が問われることとなる。(13) ここで看過してはならないことは、調整コストの配分やその結果が、組織の統合度および社会的応答性に大きな影響を与えるということである。

これまでの日本企業を例にして考えてみよう。多くの日本企業は、株式の相互持合、安定株主工作により、株主の影響力を排除する一方で、メインバンク制と労使一体化政策により関係の安定化を図ってきた。また、系列化によって部品供給業者や流通業者との関係においては、取引コストの削減と資本以外の経営資源（人員の出向やノウハウの提供）による擬似的垂直統合（子会社化）を図り、協調体制を強化してきた。つまり、日本企業は、「メインバンク制のもとでの従業員支配型のコーポレートガバンス構造」と「協調的な企業グループ化」を編成原理とし、安定的で統合度の高い利害関係を維持してきた。(14)

このような編成原理は、一方で、事業・課業の現場において、漸進的なイノベーションへの努力とグループ内競争によって技術的優位性を維持する効果があった。問題は、他方で、経営陣においては、安定と協調への過信が、緊張感の欠落した関係へと変質し、株主総会、取締役会の形骸化、無機能化をもたらし、経営陣や管理者層に独裁的・支配的性向を蔓延させたことにある。そして、経営陣は、「内部の論理」に強く影響された集団浅慮（Group Think）に陥ったといえる。(15) その結果として、現下のグローバルなメガコンペティション状況においては、戦略的ビジョンを提示できず、安易な収益の確保に走り、トータルな競争力の低下をもたらしているのである。

四　取締役会改革にみる建設的討議の重要性

機能主体間におけるコンフリクト、管理、戦略における不整合、そして、協働における統合度や社会的応答性の低下は、その帰結として多くの経営破綻を招き、利害関係者や社会全般に甚大な影響を及ぼすこととなる。このような結果を回避するためには、確かに、企業組織に対する法規制を強化することも重要である。しかしながら、外部からの監視、規制だけでは、これらに要する費用の増大と一向に改善されない企業活動による負の外部性によって、二重の社会的損失をもたらすだけである。根本的な課題は、企業組織自身が、法規制を遵守し、社会からの要請に応じ、これを体現するために、企業組織の内外におけるコンフリクトを自律的に是正できるかである。

そのためには、各利害関係者の環境特性、指向性の相異等を相互に表出することであり、相互に説明責任を求めることが重要となる。説明責任の意義は、意思決定の正当性の確保、不正防止のための情報開示、結果責任からの解除といった側面ばかりではない。取締役陣を中心にして、利害関係者間の相異を見出し、異なる知識や経験をもとに「一つの情況の中の全ての要因を相互に関連付ける活動（reciprocal relating）」(16)を機能させるためである。

さらに、「特定の利害関係者の指向性から目的と手段の選択がなされていないか」、「意図した戦略と結果の乖離の原因は何か」、「各利害関係者が責任主体として機能しているか」等々のコンフリクトの原因となりえる問題を評価、内省したうえで、全体としての経営を新たに整合化・再構成していくことが求められる。そのためには、経営における戦略、管理、事業構造等について建設的な討議を積み重ね、組織の秩序を創発することである。

「失われた一〇年」の間、多くの日本企業は、収益性や株価の低下、危機管理の欠如、相次いで明るみとなった不祥事により、多くの批判にさらされることとなった。このような「経営の機能不全」ともいうべき問題に対し、一連の商法改正が行われ、経営構造について三つの構造形態（委員会設置会社、重要財産委員会設置会社、従来型、ただし、大会社、みなし大会社の場合）が各企業の判断で選択できるようになった。そして、現在、多くの日本企業は、自社が選択した構造形態のもとに、建設的討議を機能させるために取り組んでいる。

日経ビジネスの取締役会に関する一連の調査結果[17]によると、高い評価を受けている企業には、従来の日本型の構造を踏襲している企業もあれば、米国型に近いものとして、社外取締役制の導入や、監査、報酬、指名等の委員会を設置した企業もある。日本型構造をもつ企業としては、トヨタ、花王が挙げられる。また、執行役員制や社外取締役制を導入し、米国型に近いとされる企業としては、ＳＯＮＹ、ＨＯＹＡが高い評価を受けている。一方で、収益性はもとより、危機管理体制の甘さ、経営戦略の不明確さが目立つ企業は、ワースト部門にランキングされている。

トヨタは、強力なオーナーシップのもとで株主と経営陣が緊張関係を保つとともに、従来の構造に固執せず独自の「社内監視型構造」を設けたとして評価されている。まず、取締役を半数に減らし、変わって業務執行を担う「常務役員」を設置した。そして、事業部門の責任者として専務取締役が、常務役員を指揮し、監視と執行の連結ピンとしての役割を担うという。その理由は現場との一体感、緊密な関係による情報伝達の迅速さを維持するためである。また、花王は、いくつかの事業の失敗、不祥事をもとに組織的に内省し、経営改革を行ってきた。ＦＤ事業の失敗に対する海外投資家の批判からＥＶＡ（経済付加価値）を経営の評価指標としていち早く導入し、また、子会社の「押し込み販売」の不祥事からは、行動規範を制定し、コンプライアンス（法令順守）の強化に取り組んでいる。

一方、構造的には対極に位置するＳＯＮＹは、創業世代なき後、「世界市場において通用するガバナンス」を模索している。執行役員制や社外取締役制を導入し、監督と執行の分離による責任主体の明確をいち早く行った。また、全社的戦略や事業構造改革について活発に討議するために「グローバル・トップ・マネジメント・ミーティング」や各種の統括組織を設置し収益回復のための改革を図っている。ＨＯＹＡは、外部および中立者の視点として、社外取締役制度を有効に活用し、堅実な業績を上げている。ＨＯＹＡの取締役会の構成は、半数を社外取締役が占めており、社内、社外の取締役が、双方の任免権を持つという緊張した関係にある。取締役会において社外取締役は、提出される議案・戦略案に対し、厳しい批判やアドバイスを行う。これに社内取締役は徹底した説明責任が求められ、結果として、監視と戦略策定機能を強化している。

重要なことは、いかなる構造形態においても、上記の事例のように、取締役会や各種会議・委員会を建設的討議の場として位置づけ、「説明責任に基づく相異の表出」「緊張感のある利害関係」「行動、結果に対する内省」といった機能要件を備えていることである。利害関係者の満足度や企業価値を高め、企業組織を社会的公器として成熟させるためには、経営陣を核としながら、これらを条件とした建設的討議を積み重ねていくことである。

五　結びとして

企業組織の存続、拡大の過程において、相異の存在、調整の煩雑さは、不可避的な問題である。コンフリクトの解決を支配や妥協に委ね、統合度を強化しようとすれば、組織は過度の一体化を求め、特定のリーダーとその追随者が支持する倫理観や権力に基づく寡頭支配へと変質する。その結果、利害関係者に対する「平等な配慮」「他者の立場に立った内省的均衡」といった意識や、多様な価値や相異を取り込むオープンエンド性(18)が喪失し、社会的応答性は失われ、場当たり的な管理、戦略が行なわれることとなる。そして、既得権益の保持や自己の正統性を主張するためだけのバーゲニングが繰り返され、結果責任を追及するためのスケープゴートを作り出す無益な議論が行なわれる。

協働においてコンフリクトが生じるのは常である。むしろ、これを短期的、微視的に捉えず生かすことが重要である。利害関係者が指向性の相異を表出し、相互主体的に建設的討議を行なうことで、新たな組織秩序を創発していく、このようなプロセスを継続的に行なうことが、経営に求められるガバナンスではなかろうか。

注

（1） Follett, M. P., "Constructive Conflict," In Graham, P. ed., *Mary Parker Follett Prophet of Management: A Celebration of Writings from the 1920s*, Harvard University Press, 1994, pp. 67-68.（三戸公・坂井正廣監訳『M・Pフォレット―管理の予言者―』文眞堂、一九九九年、八〇頁。）

（2） 経営、管理との関連において、統治の概念規定に関する考察を行ったものとしては、以下を参照されたい。北野利信『経営学原理―新しい価値体系の創造―』東洋経済新報社、一九九〇年。佐々木恒男「経営か管理か、経営学の本質を問う」『龍谷大学経営学論集（片岡信之教授退職記念号）』第三九巻第一号、七二―七九頁、一九九六年。また、昨今の欧米文献におけるガバナンスの諸概念については、出見世信之『企業統治問題の経営学的研究―説明責任関係からの考察―』文眞堂、一九九七年、同稿「コーポレート・ガバナンス論争の背景とその意義」坂本恒夫・佐久間信夫編『企業集団支配とコーポレート・ガバナンス』文眞堂、一九九八年、一―二三頁を参照されたい。

（3） 加藤勝康「経営（体）構造とその発展」山本安次郎・加藤勝康編著『経営学原論』文眞堂、一九八二年。同稿「経営発展の意義とその基礎過程」山本安次郎・加藤勝康編著『経営発展論』文眞堂、一九九七年。

（4） *Cf.*, Freeman, R. E., *Strategic Management: A Stakeholder Approach*, Pitman Publishing, 1984, pp. 24-27.

（5） Barnardがいう個人（主体）は、組織（全体）に対する協働的側面とともに主観的側面という二重の意味をもち関係している、ということに着想をえている。*Cf.*, Barnard, C. I., *The Functions of the Executives*, Harvard University Press, 1936, pp. 86 - 89.（山本安次郎・田杉競・飯野春樹訳『新訳　経営者の役割』ダイヤモンド社、一九五六年、九〇―九三頁。）また、組織に貢献する諸個人が、組織人格に立ち、貢献しているといえど、各人の組織人格の内容や主体性の発揮は異なる。この点については、後述と以下を参照されたい。拙稿「公式組織の定義をめぐる問題の検討」『経営学パラダイムの探求―加藤勝康博士喜寿記念論文集』文眞堂、二〇〇一年、二五四―二六九頁。

（6） このような企業組織の構造的展開について、加藤は、「構造的観点からの制度的成熟過程であって、発展過程を意味するものではない」とされる。前掲稿「経営発展の意義とその基礎過程」五六頁。

(7) *Cf.*, Lawrence, P. R. & J. W. Lorsch, *Organization and Environment: Managing Differentiation and Integration*, Harvard University Press, 1967.（吉田博訳『組織の条件適応理論』産業能率大学出版部、一九七六年。）

(8) *Cf.*, Williamson, O. E., *Markets and Hierarchies: Analysis and Antitrust Implications*, Free Press, 1975.（浅沼萬里・岩崎晃訳『市場と組織』日本評論社、一九八〇年。）

(9) *Cf.*, Cyert, R. M. & J. G. March, *A Behavioral Theory of the Firm*, Prentice-Hall, 1963.（松田武彦・井上恒夫訳『企業の行動理論』ダイヤモンド社、一九六七年。）

(10)『日経ビジネス』二〇〇二年九月三〇日号、三四―三五頁、参照。

(11) 産経新聞取材班『ブランドはなぜ堕ちたのか―雪印、そごう、三菱自動車　事件の深層』角川文庫、二〇〇二年。

(12) Thompson, J. D., *Organizations in Action: Social Science Bases of Administrative Theory*, McGraw-Hill, 1967, pp. 54-56.（高宮晋監訳『オーガニゼーション・イン・アクション―管理理論の社会科学的基礎―』同文舘、一九八七年、六九―七二頁。）

(13) 制度化のプロセスとコストの問題については、拙稿「ガバナンス問題への制度論からの一考察―制度化のプロセス・モデルを中心として―」『大阪大学経済学』第五二巻第二号、二九四―三〇九頁を参照されたい。

(14) 詳しくは、以下を参照されたい。小林敏男「株主と向き合った企業経営を目指せ―産業競争力：企業のガバナンス構造改革―」『Nouvelle Époque』一五号、関西社会経済研究所、二〇〇二年。

(15) *Cf.*, Janis, I. L., *Groupthink: Psychological Studies of Policy Decisions and Fiasco*, Houghton Mifflin, 1982.

(16) Follett, M. P., "The Process of Control," *ibid.*, In Graham, P. eds., pp. 214-218.（邦訳、二五二―二五八頁。）

(17) 以下、ケースの詳細については、『日経ビジネス』による「取締役会ランキング」および、その関連記事（二〇〇〇年一〇月二日号、二〇〇一年九月二四日号、二〇〇二年九月三〇日号、二〇〇三年十二月一日号掲載）を参照されたい。

(18) 詳細な議論は、以下を参照されたい。小林敏男『正当性の条件―近代的経営管理論を超えて―』有斐閣、一九九〇年。Selznick, P., *Leadership in Administration: A Sociological Interpretation*, University of California Press, 1957.（北野利信訳『組織とリーダーシップ』ダイヤモンド社、一九七五年。）

十三　「経営者の社会的責任」論とシュタインマンの企業倫理論

高見直樹

一　はじめに

ドイツにおいて、企業倫理の研究は、一九九〇年代の半ば頃からブームといわれるほどの盛況を呈するようになった。企業倫理論に先行するものとして、「経営者の社会的責任」論がある。私は、「経営者の社会的責任」論と企業倫理論との間には見逃すことのできない差異があると考える。本稿では、シュタインマン（Steinmann, H.）による、「経営者の社会的責任」論に対する批判を取り上げることによって、「経営者の社会的責任」論の特質および問題点を明らかにし、「経営者の社会的責任」論と企業倫理論との差異を明確にしたい。

シュタインマンは、構成主義哲学に立脚する方法論的立場から企業倫理論を唱えており、ドイツの企業倫理研究のなかで重要な地位を占めている。かれは、一九七三年に「経営者の社会的責任」論を批判し、一九八〇年代にはいって再度、批判している。本稿では、Steinmann（1973）と Steinmann/Gerum（1985）を取り上げる。前者は企業倫理の研究に取り組む以前の論文であり、後者は企業倫理論の生成期の著作である。Steinmann（1973）については、万仲によって、企業体制への展開のなかで取り上げられている。万仲は、シュタインマンが、企業を取り巻く利害関係集団の利害対立をいかにして解決するかという問題を、『経営者の社会的責任』論批判を通して企業体制論として展開しようとしている」（万仲、一九九七年、二三頁）点に注目している。本稿では、この二つの文献を、シュタインマンがかれの企業倫理論を構築する過程のなかに位置づけ、吟味したい。この二つの文献の検討は、かれの企業倫理論の構築の過程を検討する者にとって不可欠である。なお、かれの企業倫理論は、Steinmann / Oppenrieder（1985）, Steinmann / Löhr（1991）, Steinmann / Löhr（1994）などにおいて、体系的に提示されている。

二　「経営者の社会的責任」論とその問題点

1　「経営者の社会的責任」論とダボス宣言

シュタインマンは、一九七三年のヨーロッパ経営者シンポジウムにおいて決議された「ダボス宣言」を、「経営者の社会的責任」論の代表的なものと認識している。したがって、ダボス宣言の主張を理解し、そしてその問題点を明らかにすることは、「経営者の社会的責任」論の問題点の理解と摘出につながる。ダボス宣言の概略は、以下の通りである。

経営者の職務上の任務は、顧客、協働者、資金提供者、および社会に奉仕し、そしてかれらの相反する利害を均衡化させることである。顧客、協働者、資金提供者、および社会に対する経営者の任務の遂行は、企業の存続が長期的に保障されているときにのみ可能である。このために、十分な企業利益が必要である。それゆえに企業利益は、企業管理にとって不可欠な手段であるが、企業管理の最終目標ではない。

かれは、「ダボス宣言が将来の企業管理に対して要求するところは、市場経済的－資本主義的システムにおける、企業者の新しい行為原理の実践である。すなわち、所有者利害を志向する、利益極大化あるいは収益性極大化の原理の位置に、企業の四つの関係集団（顧客、協働者、資金提供者、および社会……私注）に対する経営者の奉仕的および利害平衡的な役割という意味における『社会的責任』の原理が、登場するべきである」（Steinmann, 1973, S. 468.）という。

2　解決不可能な諸問題

シュタインマンは、ダボス宣言が、①企業者の責任の内容、②企業者の責任の統制、③企業者の責任の正当性、の問題を解決できるかを吟味する。①の議論は、②、③の議論の基礎になるので、①の議論に集中する。かれは、「ダボス宣言は、顧客、労働者、資金提供者、および社会の利害に言及している。なぜまさにこの四つの関係集団が選択され、そしてさらにたとえば納入業者あるいは末端消費者が関係集団のなかに加えられていないのかは、未解決のままである。ここで選択基準を明確にすることが必要であろう。しかしながら、実際にはまた、この四つの関係集団とそれらの利害状況に単に言及するのみでは、それが企業者の管理意思決定の基準になりうるように内容の問題を有効に取り扱うためには決して十分ではない」（*Ebenda*, S. 469.）という。かれは、「経営者の社会的責任」論に対して、まず、関係集団の利害状況の定期的な把握の必要性を唱え、そしてさらに、経営者が自ら解釈した利害状況を自ら比較検討する点を問題視する。そしてさらに、経営者が関係集団のもつ影響力を受けることなく中立的な立場にあることを前提としている点を、非現実的であると批判する。このような①の問題に対する批判に基づいて、かれは、「『経営者の社会的責任』の理念が、企業者の責任の内容の問題に対する見せ掛けの回答を与えるのみである」（*Ebenda*, S. 470.）と断定する。この確認に基づいて、かれは、「二つの残された問題（統制および正当性）は全く未解決のままである」（*Ebenda*, S. 470.）と考える。

3　イデオロギー的な内容

シュタインマンは、「『経営者の社会的責任』の理念は、企業者の実際の行動がどの程度まで規範に違反しているかに対してチェックされうる、近似的に明確な尺度さえも含んでいない」(*Ebenda*, S. 470.) ために、「その理念は、『偽の規範的な無内容な御題目』であると特徴づけられうる」(*Ebenda*, S. 470.) という。かれは、「そのような無内容な御題目が、そのようなものとして一般に広く認識されない限り、それらは一定のイデオロギー的な役割を遂行しうることになる。とくにイデオロギーを受け取る人びとに対しては、現存の権力構造、およびその維持にとって不可欠な方策を、正当化することができ、そして権力行使(権力の誤用)の社会的な帰結を隠蔽することができる。正当化および隠蔽がうまくいくときには、現存の権力構造の変革に向けた方策もまた容易に回避される」(*Ebenda*, S. 470.) という。

4 会社権力の制度化された統制に対する代替案ではない

権力行使の秩序の問題は、①いかにして最高の権力行使が達成されうるか、というエリート的 - 個人的な観点に基づく議論と、②いかにして権力行使の誤用が阻止されうるか、という制度的な観点に基づく議論とから考察される。シュタインマンは、「『経営者の社会的責任』の理念は、権力秩序問題の個人的な観点から導き出されるものとみなされるべきである」(*Ebenda*, S. 471.) と理解する。かれは、「経営者の社会的責任」論がもつ権力秩序問題の個人的な観点に対して、次の二点について批判する。一点は、「経営者の社会的責任」論が、「経営者の教育、経営者の倫理的基準への拘束、経営者の選抜、の理想的な方法と手法が存在する」(*Ebenda*, S. 471.) と考えている点についてである。かれは、そのような理想的な方法は経験に基づくとありえないという。そしてもう一点は、「経営者の社会的責任」論が、「権力の委譲によって人間の行動様式それ自体が変化しうるという可能性」(*Ebenda*, S. 471.) を考慮していない点についてである。かれは、「『経営者の社会的責任』の理念は、それゆえに、権力秩序問題の個人的な観点の弱点が認識されない場合においてのみ、権力統制の制度的な方策に対する代替案として提供され（そして政策的に利用される）ことが可能である」（*Ebenda*, S. 471.）という。

5　民主主義理念との矛盾

「経営者の社会的責任」論は、利害一元的な企業観への批判から生まれたはずなのに、経営者中心の理念であって、利害一元性の改善にはなっていない。シュタインマンは、「経営者の社会的責任」論の問題点について、次のようにいう。「社会的責任の意向にそった経営者の行動が、明示的にそれ（政治的－国家的領域からの統制……私注）に対する代替案として把握されており、大企業における管理権力の正当化と統制への、権力のもとに置かれている社会的集団（顧客、労働者、資金提供者、社会）の参加の理念が、一般に、その理念の視野のなかには登場しようもない」（*Ebenda*, S. 471.）と。英米的あるいはフランス的な民主主義モデルにとっては、「社会の重要な生活問題に関する意思決定への参加、およびその意思決定の統制は不可欠である」（*Ebenda*, S. 471.）ことから、「経営者の社会的責任」論は、民主主義の理念とは矛盾する。

三　「経営者の社会的責任」論から企業倫理論への転回

シュタインマンは、企業秩序（＝企業体制）に関する研究を、一九七三年以前に大著『利害コンフリクトにおける大企業』（Steinmann, 1969）において体系的に展開していた。シュタインマンが「経営者の社会的責任」論を批判し、前節までに取り上げた論文を公にした一九七三年は、まさに「経営者の社会的責任」論の全盛期である。かれは、一九八〇年代に入って、再度、「経営者の社会的責任」論を批判している。両者の間にある約十年の間に、かれは、企業倫理論の構想を練り上げていく。本節では、シュタインマンとゲルム（Gerum, E.）との共同の著作「企業秩序」（Steinmann/Gerum, 1985）に依りながら、「経営者の社会的責任」論、企業体制論、企業倫理論の差異を明確にしたい。なかでも、「経営者の社会的責任」論と企業倫理論との差異を明確にし、そして「経営者の社会的責任」論から企業倫理論への転回を明らかにしたい。一九七三年の「経営者の社会的責任」論批判と一九八五年の批判についてはほぼ同じであることから、シュタインマンが「社会的責任」論に対しては、一九七三年と一九八五年は同じ考えに立っていることは明確である。それゆえに、Steinmann/Gerum (1985) を用いて、前節で明らかにした「経営者の社会的責任」論と、これから取り上げようとする企業体制論、そして企業倫理論との関係を論じる正当性は確保できる。

1　企業秩序論と「経営者の社会的責任」論との差異

企業秩序とは、「市場経済システムに適切な、すべてが個別企業の恣意的なものに委ねられたままではありえないという秩序構造を、企業内に定着させる」(Steinmann/Gerum, 1985, S. 165-166.) ものである。企業秩序論の基本問題は、①「誰の利害が企業の目標および政策を決定するべきであるか」(*Ebenda*, S. 166.)、②「いかにして企業の公式の意思決定構造が、諸利害が一致するように (法的に) 形成されるべきであるか」(*Ebenda*, S. 166.)、という問題に関連する。②に関しては、意思決定機関、意思決定過程、および情報 (計画情報と統制情報) についての諸規制がなされなければならない。

かれの企業秩序に関する所説は、利害一元的な企業秩序を批判するものである。かれは、「経営者の社会的責任」論についても利害一元的な企業秩序の批判として捉えている。かれは、ダボス宣言の特質を、次のように要約する。「ここで (ダボス宣言で……私注)、将来の企業管理に対して要求されるところは、市場経済的-資本主義的システムにおける、企業者の新しい行為原理の実践である。所有者利害を志向する、営利経済的な原理の位置に、企業の先に挙げた四つの利害集団 (顧客、協働者、資金提供者、および社会……私注) に対する経営者の奉仕的および利害平衡的な役割という意味における『社会的責任』の原理が、登場するべきである。利益は、このコンセプトにおいては目的のための手段になり、そしてもはや、企業者の行為がもっぱら志向するべきである最終目標ではない。この行動ガイドラインが、企業者の大多数によって従われるようなことでもあれば、企業は、実際に、利害多元的な制度としてみなされるであろう。このようなあるいは類似の種類のガイドラインは、最終的には当然のことながら、企業秩序に、その法的な基礎において影響を与えない」(*Ebenda*, S. 240.) と。かれは、ダボス宣言のもつこのような特質をもとに、「経営者の社会的責任」論が伝統的な企業秩序の改革提案としては十分ではないと考える。それゆえにかれは、企業秩序に関する所説を述べ、そしてさらに、企業倫理を提唱するのである。「経営者の社会的責任」論には、基礎づけという点において、克服しなければならない点が残されている。

2 「経営者の社会的責任」論と企業倫理論との差異

Steinmann (1973) とSteinmann/Gerum (1985) との違いは、両者の間に企業倫理論が勃興したことから生じている。後者の著作において、「経営者の社会的責任」論による伝統的な企業秩序の改革提案の他に、「最近の五―十年のうちに、企業倫理(事業モラル)による企業体制の補完へのますます鋭い要求が唱えられた」(Steinmann/Gerum, 1985, S. 242.) ことが述べられている。こうした要求は、「企業活動の管理において利益原則が誘発するコンフリクトの作用を制限するために、企業によって自己拘束という意味において(展開され、そして)受け入れられるような規範」(*Ebenda*, S. 242.) の確立を要求するものである。シュタインマンに、かれの企業倫理論を構想するきっかけを与えたのは、ネスレ社のボイコット運動に関する事例である(Steinmann/Löhr, 1988)。ネスレ社は、一九八二年に、第三世界における母乳代用品の販売を規制するガイドラインを設けた。かれは、次のようにいう。「そのガイドラインは、マーケティング方策に対する規則と禁止を、十一項目に規範として提示している。……このような、ネスレ社の全組織に対して義務的であり、(およびネスレ社の順守を監視する)規範を通じて、利益を獲得するために第三世界の発展途上国における母親たちの無知につけこむ行動様式が、締め出されることになる」(Steinmann/Gerum, 1985, S. 243.) と。

かれは、企業倫理論と「経営者の社会的責任」論との差異を、次のようにいう。「企業倫理は、『経営者の社会的責任の理念』から、まず第一に、それと結合されている基礎づけの要求によって区別される。企業倫理は、基礎づけられた倫理的原則の上に構築されなければならないのに対して、『社会的責任の理念』は、そのような明示的な基礎づけの要求を全くもたない。この違いはさらに、次の点に表れる。すなわち、企業倫理は、—正当に理解されるときには—、(ネスレ社の場合にそうであったように、)倫理的に正しい行為を共同して発見するために、企業と具体的な(重要な)意思決定に関連する利害集団との間の議論による意志疎通の過程に対してオープンでなければならないのである。これに対して、『社会的責任の理念』は、むしろエリートを中心として組み立てられており、そこでは、経営者のみに、企業の関係集団の競合する諸要求の間の利害平衡の任務が委ねられる」(*Ebenda*, S. 243-244.)。

3 企業倫理論と企業秩序論との差異

最後に、企業倫理論と企業秩序論との差異を明らかにしておきたい。「企業倫理と企業体制の間に境界線を引くことはより困難である。ここにおいては基本的に、規制手段の様々な意義が問題となる。立法者が一般的でそして公正な社会的な利害平衡の観点のもとに、企業の体制に対する(最低限の)規制深度を決定しなければならない、ということが認められるならば、相対的に、企業倫理は自発的な自己拘束として、それに対する補完的な機能を(自ら……私注)引き受けることができる。しかも、個別状況に特有のものであると把握されるので、全体にわたる規制を拒むような事態に対して、あるいは立法者が法律による適切な指導をおこなうために、その作用についてほとんど知らないか、もしくは知ることができないところにおいて、である。時の経過のうちに、当然、両者の領域の間の境界線もまた、変化しうる」(*Ebenda*, S. 244.)。要するに、企業秩序(=企業体制)による全体にわたる法的な規制は、個別的なところにおいては馴染まないことがあり、そこに、企業秩序の有効性の限界がある。企業倫理とは、こうした企業秩序の限界を補完するものである。

四　結──共和主義的企業倫理の構想──

シュタインマンは、「経営者の社会的責任」論について、ダボス宣言を取り上げることを通じてその基本思考を明確にし、そしてこれについて批判した。かれは、「経営者の社会的責任」論と企業倫理論とを連続するものとしてではなくて、対立するものとして捉えている。「経営者の社会的責任」論は、利害一元的な企業秩序の批判から生じ、公共の利害の保障を目指すものである。「経営者の社会的責任」論について、かれが批判したのは、次の点である。「経営者の社会的責任」論は、公共の利害を保障するにあたって不可欠な権力統制を、個人的な観点から導き出しており、企業による制度的な観点に基づいて導き出していないという点である。

シュタインマンは、第一に、「経営者の社会的責任」論に内在する問題点を克服するものとして、企業倫理論を唱えるに至った。そして第二に、企業体制論を補完するものとして企業倫理論を唱えた。かれは、企業倫理を、次のように定義している。「企業倫理は、関係者との対話による意思疎通を通じて基礎づけられる、あるいは基礎づけられうる、すべての実質的および過程的な規範を包含しており、その規範とは、具体的な企業活動の管理において利益原則が誘発するコンフリクトの作用を制限するために、企業によって自己拘束という目的のために義務的に実施されるものである」(Steinmann/Löhr, 1988, S. 310., Steinmann/Löhr, 1991, S. 10.)。

シュタインマンの課題は、企業と社会との間におこるコンフリクトをいかにして解決するかという問題に対して、企業と社会との調和的な関係の確立を目指すことである。万仲は、この問題に、「シュタインマン (Steinmann,

H.）教授とその門下の人達によって、企業体制論あるいは企業秩序論として精力的に展開されてきた研究を手掛かりにして」（万仲、二〇〇一年、i頁）取り組んでいる。私は同じ問題に、シュタインマンの企業体制論および企業倫理論を手掛かりにして取り組んでいきたい。

シュタインマンは、一九九〇年頃から、かれの企業倫理論を、社会主義的思考と自由主義的思考の難点を克服する共和主義的思考を基礎において構成し展開している。共和主義は、「私的な企業者は、公共の利害へと絶えず義務づけられるべきである」（Steinmann/Löhr, 1995, S. 143.）という考え方に立つものであり、かれは、「企業倫理に関するわれわれの理解においては、公共の利害は、和解の命令として表現される。公共の利害の最高の表現は、すべての関係者の全般的な自由なコンセンサスと解される、和解である」（*Ebenda*, S. 144.）という。要するに、シュタインマンの企業倫理論においては、私的な企業者は、すべての関係者の全般的な自由なコンセンサスを通じての和解へと絶えず義務づけられるべきである。

引用文献

Steinmann, H. [1969]: *Das Großunternehmen im Interessenkonflikt*, Stuttgart.

Steinmann, H. [1973]: Zur Lehre von der „Gesellschaftlichen Verantwortung der Unternehmensführung“ – Zugleich eine Kritik des Davoser Manifests –, in: *Wirtschaftswissenschaftliches Studium*, 2. Jg., Heft 10.

Steinmann, H./Gerum, E. [1985]: Unternehmensordnung, in: Bea, F. X./Dichtl, E./Schweitzer, M. (Hrsg.): *Allgemeine Betriebswirtschaftslehre, Band 1: Grundfragen*, 3. Aufl., Stuttgart. これについては、次をも参照のこと。（H・シュタインマン／E・ゲルム［一九九八年］生駒道弘抄訳「企業秩序」、F・X・ベア／E・ディヒテル／M・シュヴァイツァー／小林哲夫／森　昭夫（編著）『一般経営経済学・第一巻基本問題』森山書店。）

Steinmann, H. / Löhr, A. [1988]: Unternehmensethik – eine „realistische Idee“. Versuch einer Begriffsbestimmung anhand eines praktischen Falles, in: *Zeitschrift für betriebswirtschaftliche Forschung*, 40. Jg., Heft 4.

Steinmann, H. / Löhr, A. [1991]: Einleitung: Grundfragen und Problembestände einer Unternehmensethik, in: dieselben (Hrsg.): *Unternehmensethik*, 2. Aufl., Stuttgart.

Steinmann, H. / Löhr, A. [1994]: *Grundlagen der Unternehmensethik*, 2. Aufl., Stuttgart.

Steinmann, H. / Löhr, A. [1995] : Unternehmensethik als Ordnungselement in der Marktwirtschaft, in: *Zeitschrift für betriebswirtschaftliche Forschung*, 47. Jg., Heft 2.

Steinmann, H. / Oppenrieder, B. [1985] : Brauchen wir eine Unternehmensethik?, in : *Die Betriebswirtschaft*, 45. Jg., Heft 2.

万仲脩一［一九九七年］：「「経営者の社会的責任」論と企業体制論―シュタインマンの所論を中心として―」、『商大論集』（神戸商科大学）第四九巻、第三号。

万仲脩一［二〇〇一年］：『企業体制論―シュタインマン学派の学説―』白桃書房。

十四　ヴェブレンとドラッカー
――企業・マネジメント・社会――

春日　賢

一　はじめに

アメリカ経営学は、固有のマネジメント論として展開されてきた。その底流にはアメリカ特有のプラグマティズムがあり、管理実践のための実学であることがもとめられてきたのである。これに対し、企業の制度的研究を進めるものとして制度学派（Old Institutional Economics；O. I. E）がある。かかる系譜にドラッカーが位置づけられることからも明らかなように、その視点は傍流ながらも、固有のマネジメント論のみに限定されない広範かつユニークなものである。[1]経営実践の手法に拘泥するのではなく、それがいかなる役割をはたし、いかなる意義をもちうるのか、換言すればマネジメントの社会的輪郭をたえず明確化するものでもあったのである。ドラッカーについては、かねてからとりわけO. I. Eの鼻祖ヴェブレンとの近親性・類似性が指摘されてきた。[2]本稿では両者を比較検討しつつ、そこに通底する企業・マネジメントへの社会的視点について若干触れることとする。

二　時代とメイン・テーマ

ヴェブレンが執筆活動を行っていたのは、二十世紀への世紀転換期から大恐慌発生前までであり、テーラー、フォードに代表されるアメリカ経営学生成の時代である。(3) それは、ビッグ・ビジネスの登場により個人と企業ないしは社会の関係が劇的に転回した時代でもあった。「機械制大規模工場生産の確立」および「株式会社制度の普及」という両面的事実の進行によって、企業は巨大単位として社会経済活動の中枢を担うにいたったのである。経済学者ヴェブレンはこれらの事実を見据え所説を展開していったのであるが、その視点のコアはアメリカを中心とする独占資本主義の様相・潮流を理論的・歴史的に解き明かすことにあった。彼自身はそれを「進化論的経済学」(Evolutionary Economics) の名のもとに追究していったが、そこには産業社会の発展にともなって顕在化しゆく重要な論点が先見的にふくまれていた。株式会社の制度的機能と自律化、資本概念の変化、所有と支配の分離、技術的専門家集団への視点、企業制度と社会・景気の関係、テクノロジーの進展に関する視点など、企業を中心とする社会に関する諸々の論点を包括しており、それは新たな「企業の理論」というのみならず、にわかに到来しつつある「企業社会の理論」でもあった。アメリカが国家としていわば成人の域に達し、自らの個性を明確化した時代に記されたその所説は、アメリカの本質に対する洞察の深さゆえにアメリカ独占資本主義の潮流を見通したものであった。それは、産業社会の進展にともなってアメリカ経営学があつかうこととなった論点に顕在化することもまま ありながらも、むしろ逆にその全体的な影響が「アメリカ的なもの」として隠然たる点で、経営学史上大きな存在とみることもできよう。(4)

ドラッカーの執筆活動は戦間期にはじまっているが、動機はナチスおよび全体主義の脅威とその排除にあった。

このことがライターたる彼のアイデンティティに、はっきりとしたメイン・テーマとなって刻印されている。それこそが、「自由にして機能する社会の実現」である。そしてしだいにその筆致は新たな社会としての産業社会、そしてそこでの原動力たる企業・マネジメントへと重心を移していくこととなる。ここにおいてはメイン・テーマのうち「機能する社会」が主たる論点となり、そのための要件が①コミュニティの問題および②権力の正当性問題と設定される。[5]そして大枠としてはこの二要件の充足をめぐって、自問自答するというのがドラッカー所説の基本的なスタイルとなっていった。こうしたなかで企業およびマネジメントの意義と役割を明確化・体系化し、何をなすべきかを的確に方向づけていったという点で、彼はまさに「マネジメントを発明した男」「マネジメント理論が生んだ偉大な思想家」であり、さらには「企業社会をつくった男」[6]とまでもいいうるであろう。ただしその長きにわたる執筆活動において、「企業」「マネジメント」概念に対する重心移動があったこともまた見逃しえない。当初の彼は企業概念を主軸に据えるもとで、マネジメント概念を論じていった。けれども産業社会そのものの限界を見通すなかで、今度はマネジメント概念を主軸に据える論法へと転換していったのである。かくしてマネジメントは営利事業のみならず、目的達成に向けた単複無数の行為主体すべてにあてはまる実践的知識として、より強力に位置づけられるところとなった。いまだそのマネジメント概念は展開途上にありながらも、やはり彼をして経営学史上の最重要人物のひとりに数えあげねばならない理由がここにある。

ヴェブレンとドラッカー、両者は産業社会の進展にともなう企業・マネジメントの機能と役割を明らかにしていった研究者である。背景となった産業社会の発展段階や、また「企業」と「マネジメント」のあつかいは異なるものの、いずれもかかる社会での中心的推進主体を企業・マネジメントとし自説の軸に据えている。すなわち彼らの所説は、企業・マネジメントを産業社会の中心的展開論理とする、あくまでも「社会の理論」であった。それは産業社会、あるいはポスト産業社会という枠をこえた企業・マネジメント社会の理論であったのである。

三 視点とアプローチ

両者は研究者としての評価の多様性・曖昧さ、あるいは極端な毀誉褒貶という奇妙な共通点がある。これは、関係する領域の広さととらえどころのなさを表わしているといってよい。ヴェブレンは「ヨーロッパのグランド・セオリストに比肩されるもっともアメリカ的な思想家」と称えられる一方で、「社会学者からは経済学者、経済学者からは社会学者」とみなされてきた。ドラッカーもまた「マネジメントを発明した男」「マネジメント理論が生んだ偉大な思想家」と称えられる一方で、久しく「経営学者なのかジャーナリストなのか」というあつかいを受けてきた。実はこの点にこそ、ヴェブレンとドラッカーをつなぐアプローチのコアがある。両者に通底しているのは社会現象に対する認識の仕方、つまるところは冷徹な観察者としてのスタンスである。既成の肩書きではおさまり切らないとらえどころのなさから、ヴェブレンは「知的な懐疑者」「トリックスター」「偶像破壊者」ともいわれる。(7) ドラッカーは自らいみじくも「傍観者」「社会生態学者」を名乗る。質素な移民コミュニティ生活からアメリカ社会のアウトサイダーたらざるをえなかったヴェブレンは、その異質性のゆえにアメリカ的なものが何であるかをするどくとらえていった。アウトサイダーであるがゆえに、アメリカ人以上にアメリカの本質を理解していったのである。ナチスの迫害を逃れて渡米したドラッカーもまた、決して時代潮流におもねることなく、あくまでも傍観することによってそれが何であるのかをするどくとらえていった。社会や時代に対して、常にアウトサイダーとして傍観することによってそれらを冷徹に客観視し、その本質を見極めていったのである。

社会や時代が変化していくさなかにあって両者はともに、そこから隔たったニュートラルな視点を有するマージナルマン（境界人）であった。ひるがえってそれゆえにこそ、社会や時代の潮流を誰よりも客観的に読み解き見通すことができたのである。「予見者」「未来論者」という両者の評価は、それを端的に表わすものであろう。もとよりそれは尋常な人間のなせる業ではない。そこには不確かな自己存在をめぐる絶えざる問いかけがあった。どこに行ってもよそ者である彼らは所詮は正統に対する異端、拠り所のない放浪者でしかなく、アカデミズムにおいては多様で曖昧な評価を受けざるをえない厄介者であった。かくしてここに、冷遇の度合いが強まれば強まるほど、自らを取り巻く社会状況への客観的分析がするどくなるという、異端者特有の逆説的な傾向を見て取ることができるのである。ヴェブレンとドラッカーは、本来的な意味での経済学者・経営学者そして理論的研究者ではない。総体として時代や社会を把握しえた社会思想家であり、文明論者であった。そうした彼らがとらえた現実がたまたまアメリカや日本の企業社会だったのであり、そこで重責を担う企業やマネジメントが対象として明らかにされていったにすぎない。その意味では、「社会思想家ヴェブレン、ドラッカー」がそれぞれの時代潮流をするどく読み取った結果として、「経済学者ヴェブレン」「経営学者ドラッカー」が誕生したともいえるであろう。

他方で両者はまた、テクノクラシー的な変革への視点を有する点でも共通している。テクノクラシーの理論的先駆者とされるヴェブレンが提示したのは、エンジニア・ソヴィエトなるものであった。ここでは巨大化した株式会社制度に対抗する産業組織として、技術者集団が結束するということが想定されているが、産業社会の高度化にともなって重要化する専門家層への注目と、彼らを軸とした社会変革への視点が要諦をなしている。ドラッカーは自身のメイン・テーマ実現に向けて、何をいかになすべきかを絶えず問うており、よりよい社会への変革という視点が常にある。そこで注目されたのが企業であり、そして専門的なマネジメント（経営者）であった。高度化した知識・技術を有する職業的専門家層という見方をとる以上、ここにもテクノクラシー的発想を認めることができる。けれども変革に際しての方向性をはじめとして、とりわけその実現に向けた具体的アプローチという点で、両者は決定的に異なっている。ヴェブレンはあくまでも経済学者であり、そのかぎりで社会的な運動への理論的根拠を提示したのであって、専門的なマネジメントへの視点はない。あくまでも萌芽的な段階にとどまっている。ドラッカーは経営学者として、ロジックの軸にはマネジメントが据えられている。マネジメントを拠り所に、彼は絶えず未来に向けたポジティブな行動を提言していく。マネジメントという行為の視点に立つことによって、望ましい成果を達成しよりよい社会を自らつくりあげてゆこうという実践者のアプローチがそこにはある。両者はともにテクノクラシー的な変革への視点を有しながら、その担い手としてマネジメントを認定するか否かで袂を分かっているのである。この点でみるかぎり、ヴェブレンはむしろユートピアンであり、ドラッカーは具体的な建設者であるといえるであろう。とはいえ全体的な枠組みとしてみれば、視点およびアプローチにおいて、両者が基本的にはやはり同様のものを有していることだけは間違いない。

四　企業制度とマネジメント

全体的に両者の所説は隠然たる類似性・近親性を有する一方で、結論部分において際立った差異を示している。こうした違いはつまるところ、企業制度およびそれを中心とする社会の理解の仕方にある。ここで大きな論点となるのは「所有と支配の分離」をいかに受けとめ、どのような展望を示したかにある。ヴェブレンにおいて制度とは、一般に普及した思考習慣であり、象徴的意味の体系のことであった。この制度と人間行為の相克のうちに社会進化の時系列的展開をみる彼は、そこにおける経済的な活動・構造を大きく二分して理解する。生産的・産業的で競争によらない非差別的な経済的利害に資するものと、取得的・金銭的で競争による差別的な経済的利害に資するものである。「industry-business」として知られる、ヴェブレン特有の制度の経済的区分である。これは明らかに「機械制大規模工場生産の確立」「株式会社制度の普及」という、当時の両面的事実を反映し理論化したものであった。経済生活における前者すなわちindustryを彼は「マシン・プロセス」と称して、不断に進歩しつづける科学技術的発展過程の総体ととらえた。これに対して後者すなわちbusinessとは金銭による他者からの収奪を表わし、そのコアをなすのは株式会社とされる。ここにおいて資本は企業資本として擬制化することが強調され、それによって経済の禍福の幅が際立ち、最悪の事態にいたっては社会活動そのものが機能不全に陥るとされる。そして彼によれば、この株式会社が普及した社会にあってはそれ自身が経済行為の推進体として、企業者をはじめとする人間的創意をもbusinessの枠組みで取り込んでいこうとするのであった。

かくしてヴェブレンにあっては、株式会社が自立（自律）化した制度的実体とされ、非人格的経済主体として経済社会の中核を担うことが示される。ここにあるのは「所有と支配の分離」に対する危機意識にほかならない。それはいわば「株式会社体制社会」（business）であり、「産業社会」（industry）との不一致・齟齬から自己永続的な経済発展をもたらす一方で、究極的には自己破綻せざるをえないという大企業体制のパラドックスが含意されている。すなわち株式会社の自立（自律）化とは経済社会の禍福を際立たせる「ヤヌスの鏡」にほかならないとして、企業社会到来への深い懸念が示されるのである。このように自律的な企業制度による発展と崩壊をはらんだ社会体制という見方を取るかぎりにおいて、ヴェブレンの制度概念は現状認識の客観性を重視した両面性（発展と崩壊）を具有するものでもあったのである。(8)

ドラッカーにおいて制度とは、「機能する社会」のための具体的機関でなければならなかった。新たな産業社会が構想された段階で、その重責を担わされたのが企業である。まず彼は根本的な疑問を呈する。新たな産業社会における代表的組織現象は「大量生産工場」「株式会社」であるが、両者は「機能する社会」のための要件すなわち①コミュニティの問題（個々人に社会的な身分と役割をもたせること）、②権力の正当性（社会上の決定的権力が正当であること）をそれぞれ満たしていない。どうすべきか、と。この「大量生産工場」「株式会社」はまさしくヴェブレンにおける「industry-business」の経済的区分にほかならないが、ドラッカーの場合は両者を決定的な分裂状態にあるとみるのではなく、マネジメントの存在により有機的に調停されている、あるいはさせなければならない、とみる。すなわちヴェブレン同様に「所有と支配の分離」への危機意識を抱きながらも、彼はそれを社会的に正当化していこうとするのである。かくして彼は企業を「社会的制度」＝社会的機関と積極的に位置づけることによって、根本的な疑問に対処しようとしたのであった。

「大量生産工場」概念は社会秩序たる「大量生産の原理」へと衣替えされ、企業は「決定的」「代表的」「基底的」制度との社会的意味づけが施される。そしてそのはたすべき社会的役割として、経済的・統治的・社会的機能があげられていく。こうして社会が機能するうえでの二要件が再び審議にかけられるのであるが、かかる枠組みにおいてはまず社会的要請から経済的機能が企業存在第一の理由として正当化される。そしてこのことを前提に、社会的機能ならびに統治的機能が説きおよばれる。これら二機能はまさしく社会が機能するうえでの二要件、①コミュニティの問題および②権力の正当性問題をあつかったものにほかならなかった。こうして議論は、企業を社会的制度と規定しながらも必ずしもその枠組みにおさまり切らない部分があることを認め、それをいかにして理論づけてやるかということを骨子に展開されるのであった。いわばここでの「社会制度的企業論」は企業の「社会的制度化」のための理論的作業をもふくんでいたのである。しかしてその社会制度的企業論ではまず、社会の側からみた企業の役割として「決定的」「代表的」「基底的」制度との把握がなされた。ここでは「大量生産の原理」を軸とする産業社会において企業がいかに大きな位置を占めざるをえないか、そしてそのことにより社会が機能するうえで企業がもはや必要不可欠の存在であり、つまりは社会的な制度たらざるをえないということが説得的に展開される。社会からみた企業の役割はまさしく社会的制度でなければならないし、またそうでなければ社会は成り立ちえないことになるのである。では、企業の側からみた社会の存在はどうなるのか。自立（自律）化した社会的制度とされる企業そのものの有する独自の行動原理をどうみるのか。いうまでもなくそれは経済的成果＝利潤の追求にあるだろう。ドラッカー自身そのことを認めながらも、企業を機能する社会的制度と規定することによってそこに異なった意味をもたせようとしたのである。すなわち単なる経済的成果＝利潤の追求だけではない、と。それこそが統治的機能・社会的機能であった。経済的機能を軸にこれら二機能を加えることによって、企業自身の行動と社会との間にある齟齬を解消し、真の意味で企業を社会的に「制度化」しようとしたのである。ドラッカーはとりわけ社会的機能の整備に大きな期待を寄せ、経済的機能を軸とした三機能の唇歯輔車を想定していたようである。(9) ここに、ヴェブレンの「industry-business」問題は、ドラッカーにおいて一応の調停をはたされることになるのである。

かくみるかぎりにおいて、ドラッカーはヴェブレンの所説ならびに問題意識を継承しつつ、自らのメイン・テーマとのかかわりでそれを展開させたということができよう。すなわち彼なりに「industry-business」の調停を試みたのである。ヴェブレンが自律的な企業制度による発展と崩壊をはらんだ社会ビジョンであったとすれば、ドラッカーは自律的な企業制度による発展を前提し、またそれを目標とする社会ビジョンにほかならなかった。そしてそれを可能とするもの、「industry-business」を調停するものこそが、マネジメントなのであった。

五　おわりに

ドラッカーが、ヴェブレンの企業社会ビジョンを強い理論的背景として保有していることは明らかである。結局のところ、ヴェブレンの「industry-business」問題は、ドラッカーのマネジメント論をもってしても完全には調停されえなかった。(10) いわばヴェブレン‐ドラッカーの視点は、そのまま現代経営学の大きな課題として残されているのである。かくみるかぎりにおいて改めて注意しておく必要があるのは、ドラッカーが本来の意味での経営学者ではないことである。ヴェブレンと同様に社会思想家・文明論者としての彼が、固有の経営学者がなす以上に、企業・マネジメントをはっきりととらえ体系化していったのである。そしてその際注目すべきなのは常に「社会」の視点があり、固有のマネジメント論すなわち実践性のみに限定されない社会科学としての視点を保持していることである。「企業と社会」が幾度となく問われ、経営の倫理が声高に叫ばれるなか、経営学そのものが自らの存在を問われている。それは固有の実践性のみならず、社会性に対する要求であり、つまるところは社会科学としてのより強力な自覚にもとめられるであろう。企業・マネジメントを社会的な制度ととらえるならば、経営学においてそれは従来の制度論（O. I. E）から新たに社会論として再構成されるべきではないか。ヴェブレン‐ドラッカーの視点は「企業とは？　マネジメントとは？」という根本的な問いをふくみながら、社会との関係において企業・マネジメントを把握することの意義を絶えず訴えつづけているといえるのではないだろうか。

注

（1）権　泰吉『アメリカ経営学の展開』白桃書房、一九八四年。
（2）岩尾裕純編著『講座経営理論Ⅰ　制度学派の経営学』中央経済社、一九七二年。
（3）角野信夫『アメリカ企業・経営学説史』（増補改訂版）文眞堂、一九九三年。
（4）松本正徳『ヴェブレン研究』未来社、一九七一年。
（5）Drucker, P., *The Future of Industrial Man*, 1942.（上田惇生訳『産業人の未来』ダイヤモンド社、一九九八年。）
（6）J・ビーティー著、平野訳『マネジメントを発明した男ドラッカー』ダイヤモンド社、一九九八年。
（7）中山　大『ヴェブレンの思想体系』ミネルヴァ書房、一九七四年。
（8）Veblen, T., *The Theory of Business Enterprise*, 1904.（小原敬士訳『企業の理論』勁草書房、一九六五年。）*Absentee Ownership and Business Enterprise in Recent Times*, 1923.
春日　賢「企業者と株式会社―ヴェブレン企業社会の構図―」『経済論集』（北海学園大学）第四五巻第二号、一九九七年。

（9）三機能の唇歯輔車については、労働組合ならびに工場共同体のはたす役割が重視されている。Drucker, P., *The New Society*, 1949.（現代経営研究会訳『新しい社会と新しい経営』ダイヤモンド社、一九五七年。）

（10）Drucker, P., *The Age of Discontinuity*, 1969.（上田惇生訳『断絶の時代』ダイヤモンド社、一九九九年。）*Post-Capitalist Society*, 1993.（上田他訳『ポスト資本主義社会』ダイヤモンド社、一九九三年。）

島田　亘「ドラッカー社会思想の系譜」経営学史学会編『経営理論の変遷』文眞堂、一九九九年。

春日　賢「ポスト企業社会とマネジメント—ドラッカーのマネジメント・イデオロギー」『経済論集』（北海学園大学）第四八巻第三・四号、二〇〇一年。

十五　調整の概念の学史的研究と現代的課題

松田昌人

一　はじめに

企業における調整を正面に据えた研究には、たとえば一九三九年にJames D. Mooney & Alan C. Reileyが組織設計の本源的な原理として調整を論じた*The Principles of Organization*や、一九五〇年に経営管理者の主要な目標や職能のなかでとりわけ調整を重視したWilliam H. Newmanの*Administrative Action*がある。調整を一番初めに正面に据えたのは、Mary Parker Follet と考えることができる。なぜなら、Harold Koontz & Cyril O'Donnellが、Follet を「調整概念に対して最も独創的・建設的な思考を与えた第一人者」と指摘しているからである。(1) これは、Follet の一九二五年から三二年までの四つの論文を主に指していると考えられる。さらに近年では、人間や情報技術を含むシステムのなかでは活動がどのように調整されるかという観点から、Thomas W. MaloneやKevin Crowston を中心に開発されてきた「調整理論」も挙げることができる。(2)

これらの研究は必ずしも調整の代表的研究であると断言することはできないが、あくまで調整を正面に据えている、そして調整研究の観点や要点の相違を認識しやすい、という意味で本稿はとりあげている。たとえば、

Follet が論じる調整は主に部門内・部門間の調整について、Mooney & Reiley は主に事業部間の調整である。いずれも企業内の水平的調整が中心であるが、Follet は経営者の役割としての調整すなわち垂直的調整も、Mooney & Reiley より詳細に論じている。それに対して Newman は、マネジメントの諸段階において調整が同時に実現されていることを指摘していることから、企業内の垂直的調整が中心と解釈できる。調整に必要な要素についても、各論者の見解は全く同一というわけでもない。

さらに、ビジネス・プロセス・イノベーションやサプライチェーン経営等の今日的な組織変革・革新においては情報技術利用が所与となっていることを考慮すると、従来の調整研究の枠組みで今日的変革・革新を分析・評価できない場合は、調整理論の枠組みが有効となり得る。調整理論は、企業間調整をも視野に入れて調整を論じている。しかし、ビジネス・プロセスもサプライチェーンも、活動の連鎖構造であるということ以上を意味するわけではない[3]。さらに、環境変化に適応するように絶えず改善努力を重ねた結果としてビジネス・プロセス・イノベーションやサプライチェーン経営の実践に至った企業にとっても、斬新な理念とはいえない[4]。にもかかわらず、それらが今日的経営理念とされる理由は、活動間の円滑な調整が欠如していることが多いあるいは容易でないと考えることができる。その意味では、前述の先行研究に立ち返る必要性も出てくる。

本稿は、調整を正面に据えた研究を跡づけることによって、調整（研究）の観点や対象が企業内にとどまらず企業間へ移っていることと、調整理論が開発されても従来の調整研究の意義が否定されるわけではないことを述べている。さらに、調整の現代的な課題として、顧客満足の実現が主眼となっていることから、企業・顧客間の調整を視野に入れる必要があることを示唆している。

二　Follet による統一体における調整

Mary Parker Follet は、調整概念に言及する研究として、一九二五年に「統合的な単位体としてのビジネス」、一九二七年に「コントロールの心理学」と「リーダーとエキスパート」、一九三二年に「計画された社会の個人主義」を発表している。(5)

まず、「統合的単位体としてのビジネス」は、部門内・部門間の調整しかも水平的調整が中心といえる。Follet は、企業を構成するあらゆる多様な要素がうまく調整されていることが重要であることが指摘されているが、ここでの多様な要素とは主に組織構成員と部門を表している。たとえば、製造部門の構成員が自身の問題について何らかの意見を持つ場合は、工程と設備との関連のみならず生産部門と販売部門との関連について理解していなければならないことが指摘されている。そして、企業を構成するこのような部分の活動は、広範囲に関係し依存し合って企業というひとつの統合的単位体を形成することが重要で、ひいてはそれが企業管理や産業組織の評価基準となるとされている。それゆえ Follet は、調整を「統合的単位体を形成すること」と定義している。さらに、各構成員の責任についても、全体のなかの特定の仕事のみならず全体に対しても責任があることになり、それゆえ企業は、あらゆる構成員がこの責任を感じるような統合的単位体としても組織されていなければならないことになる。

ここで注意すべきは、統合的単位体としての企業を考慮するならば、水平的のみならず垂直的調整も必要となってくることである。しかし、この時点では垂直的調整には十分言及されておらず、「コントロール」という観点が後に登場することによって、管理者による垂直的調整が論じられていくことになるのである。

そこで、「コントロールにおける心理学」と「リーダーとエキスパート」であるが、まずFolletは前者の論文において、コントロールを理解するために統一体概念の研究が進んでいる分野を分析している。そして、統一体の性質はそれを構成する要素によって決定されるのみならず、構成要素の相互の関係によっても決定されるという真理を見出している。これは、システム思考における概念、すなわち複合体としての全体であるシステムには、その全体性に関連した特性がみられ、全体を構成する部分部分としては意味をなさないという創発特性を示している。(6) そして、企業がこの統一体の性質を持っていなければ経営者はコントロールを得られないことと、調整を通じてコントロールが可能となることを指摘するに至るのである。

後者の論文においては、経営者の主な仕事が調整であり、具体的には、短期目標と長期目標との関係、あらゆる提案や個別計画と会社の全般的な目的との関係を理解することを前提に、グループの希望や活動から生まれた共通目的を達成すべきことを構成員に理解させることが重要とされている。そして、優れた指導者ほど、指導者に仕えるよりも共通目的を果たすことを構成員に要請するものであり、その行動は、共通目的に対する多様な貢献を統一化するすなわち調整そのものということになる。

最後の「計画された社会の個人主義」では、組織の原理として四つの調整が提示されている。それは、①責任のある当事者間の直接接触による調整（コントロールは経営者を通じての垂直的関係のみならず部門長間の水平的関係を通じて実行されねばならない）、②初期段階での調整（ある部長が部門方針を作成している間に他の部長と関連問題について前もって議論しておかねばならない）、③特定状況にあるすべての要因を相互に関係づけるという調整（たとえば商品化の過程は、関連部門をひとつにまとめて考えることだけではなく、全社的な相対的関連のなかで考えねばならない）、④継続過程としての調整（コントロールは連続的活動で、ある問題が解決されると新しい要素がその状況に入ってきて、新しく解決すべき問題に直面する）である。

①から③は、上述の三つの論文における調整研究の総括ともいえる。④は、組織が生存し続けるためには絶えず調整が必要と換言できる。このような、調整は組織原理であるという見解は、Follet が重視した統一体すなわちシステムの特性を企業が備えるための原理でもあり、組織設計において調整が本源的な原理であることを意味するものと考えられる。

三　Mooney & Reiley による組織原理としての調整

Follet の研究は、概念として調整を論じはじめて、調整は組織原理であるという見解に至るものであった。本節の James D. Mooney & Alan C. Reiley は、調整が組織原理であることを最初から明確にしている。(7)

Mooney & Reiley は、調整を論じるに先立って、組織を「ある共通目的を達成するための人間の連携形態」と定義している。そして、調整の原理、階層の原理、職能の原理、スタッフの原理という四つの組織原理を定義し、調整の原理を第一原則と呼んで最も重視している。なぜなら、他の三つの原理は、この調整原理の一部に包含されており、調整が機能することによって他の原理が有効になるからである。したがって、調整の原理が組織設計の本源であるという立場に立っていると解釈できる。彼らは、調整概念を説明するにあたって、ある二人が努力を結集していくつかの重大な物体を持ち上げて動かす単純な例を挙げている。たとえば、ひとりが物体を持ち上げた後にもうひとりが物体を持ち上げる場合は、活動に一致団結性がないので、彼らの活動は調整されているとはいえない。そこで、Mooney & Reiley は、調整を「グループの努力が規律正しく整えられており、共通目的を追求する活動の一致団結性を提供するもの」と定義している。

調整を実現する要素として、Mooney & Reiley は、権限、相互サービス、教義、修練を挙げている。このなかで、権限は経営者による垂直的調整、相互サービスは協働関係、職能等の水平的調整を意味するので、ここではFolletの調整研究において必ずしも十分言及されているとはいえない教義と修練をとりあげることにする。

宗教的特色の強い教義は、企業経営実践においては目標を定義することとされている。Mooney & Reileyは、目標を外的・内的と区別し、平和時には外的目標がない軍隊組織の動員日を例に、外的目標は関心や目標次第では何でもあり得るので連続的ではないが、内的目標は不断・連続的であり効率的に設定されねばならない、そしてその効率的な設定のために調整が必要であると論じている。ただし、今日的企業の外的目標は、絶えず変化する市場環境に能動的・積極的に適応することであるので、外的目標も連続的であり得ることに留意する必要がある。とりわけ重要なのは、「あらゆる構成員が組織風土のなかで活動して教義を自らの活動指針の基盤とするには、教義を知るにとどまらず教義を感じて吸収すべき」という指摘である。つまり、組織構成員間で共有される風土・文化も同時に重視していることになる。そして、修練とは「艦長は水兵よりも大規模修練を必要とする」、「トップの自己修練なくしてライン下のあらゆる階級・階層の修練は期待できない」という記述より、教育・訓練的な要素を意味する。

Mooney & Reileyは、全般的管理の研究に始めて本格的に着手したとされている。[8] したがって、彼らが論じる調整は事業部間に及んでいると考えられる。本稿ではゼネラル・スタッフによる調整はとりあげなかったが、前述の組織風土・文化と教育・訓練が調整にとって重要であるという指摘も、Mooney & Reileyの調整研究の大きな特徴である。

四 Newmanによる経営者の役割としての調整

William H. Newmanによる調整の定義は、Mooney & Reileyと類似しているが、「従業員の業務活動を共通目的に向かって調和・結集・統合すること」としている。(9) Newmanが調整を重視する理由は二つある。第一に、今日にも当てはまることだが、企業規模が大きくなればなるほど多くの業務活動を調和させることが困難になっていくこと、部門や仕事の高度な専門化が統一的な成果をあげるための努力の結集を必要としていること、さらに、新技術、競争条件や取引量の変化、慣習的作業方法に変化をもたらす要因等によって、調整作業がますます増大していることがある。第二に、優れた管理者にとって、調整が主要な活動であってもそれだけにのみ多くの時間をかけることはなく、計画、組織、監督、コントロール等の経営管理の各段階において調整を同時に実現していることがある。ここでいう経営管理段階とは、「マネジメント・サイクル」という用語は使用されていないが、それと同義的な内容である。したがって、Newmanが論じる調整は、経営者の垂直的調整が中心といえる。

そこで、Newmanは経営者が調整の必要性に直面した場合に考慮する要件として、①調整助成組織の編成、②計画間の首尾一貫性と適切なタイミング、③有効なコミュニケーション手段、④構成員の自発的な調整に対する助成、を挙げている。そのなかで、FolletやMooney & Reileyにおいて必ずしも十分言及されなかった要件を二つとりあげる。

第一に、調整助成組織の編成である。経営者は、職能的専門化が進めば進むほど、分業化・細分化された各単位の貢献を集成（調整）することが困難になる。そこで、円滑に調整できなくなった場合は、業務活動が組織的に緊密化するように諸部門の再編成あるいは調整助成部課の編成を考慮する必要が出てくる。たとえば、経営者の意思決定を専門家の立場から支援するマネジメント・スタッフや、職能別組織においてプロセス志向で統合されたチームとそのオーナー等は、調整を助成する組織と考えることができる。(10)

第二に、有効なコミュニケーション手段である。調整に必要な詳細情報の多くは、作業書類や書類形式報告によって、あらかじめ確立されたコミュニケーション・チャネルを流れる。このコミュニケーションが、業務活動を調整するとされている。したがって、ここでのコミュニケーションとは、フォーマル・コミュニケーションである。さらに、口頭による定期報告も、時間的消費は多いが調整において極めて重要な説明や解釈の機会を提供しているという意味で重視されている。インフォーマル・コミュニケーションには言及されていないが、業務活動の調整においては両者を活用することが重要である。(11)

Newmanは、経営実践において調整作業が増大し困難化になっていくという視点で論じたために、同時に調整を視野に入れた改善・変革の必要性が示唆されている。ただし、あくまで企業内調整を論じているレベルで、企業間調整にまで及んでいない。

五　調整理論の開発と調整の現代的課題

今日的な組織変革・革新においては、情報技術利用が所与となっている。したがって、人間や情報技術を含む組織の活動がどのように調整されるかについては、まさに今日的課題といえる。Thomas W. Malone & Kevin Crowstonは、情報技術利用が組織・市場の構築方法、協働形態、調整方法を変革し得ることを視野に入れて、この課題を分析するための「調整理論」を開発してきた。(12) ところで、Kevin Crowstonによると、組織における相互依存性と調整に関する従来の研究の多くは、依存性と調整メカニズムを一般的用語のなかで論じており、依存

表　活動間の依存性とそれらを管理するための調整手段の選択肢

依存性	依存性を管理するための調整手段の例
共有資源	
課業の割り当て	先着順，優先注文，予算編成，マネジャーの決断，入札
生産者・消費者関係	
必要条件となる制約	告示，連鎖，追跡
移転	物理的輸送，コミュニケーション，ジャスト・イン・タイム
有用性	標準化，参加方式設計
同時的制約	スケジューリング，同期性
課業・サブ課業	目標選定，目標分割

（出所）　Thomas W. Malone & Kevin Crowston, Working Paper, 1993, Table 1 を一部修正。

性の種類、依存性が創り出す問題、提案された調整メカニズムがそれらの問題に取り組む方法について詳細に特徴づけられていない。[13] それゆえ、調整理論開発において経営学を含む多様な領域の調整概念が利用・拡張されたものの、調整を正面に据えた前述の先行研究に言及されなかった、と考えることができる。

Malone & Crowston による調整理論の枠組みは、二つの図表に集約される。まず、彼らは「調整とは活動間の依存性を管理することである」という定義からはじめて、多様な依存性とその管理に利用される調整活動を同定し、依存性と調整手段を表のように整理している。さらに、Crowston は、その分類を動的に捉えるために、「依存性は、目標、活動、関係者、資源等の間で生じる」という観点から、それらの要素を課業（達成目標や遂行活動を含む）と資源（活動に必要な関係者を含む）の二つに集約し、課業・資源間依存性の管理を動的に捉えた調整メカニズムを図のように展開している。課業を○、資源を□で表しているこの図では、ひとつの課業とひとつの資源を想定した基本的メカニズム（①②）、複数課業とひとつの資源を想定した複合的メカニズム（③④⑤）、ひとつの課業と複数資源を想定した複合的メカニズム（⑥⑦⑧）が提案されている。

調整理論の枠組みは、今日的変革・革新を前提にしており、企業間調

図　基本的・複合的な調整メカニズム

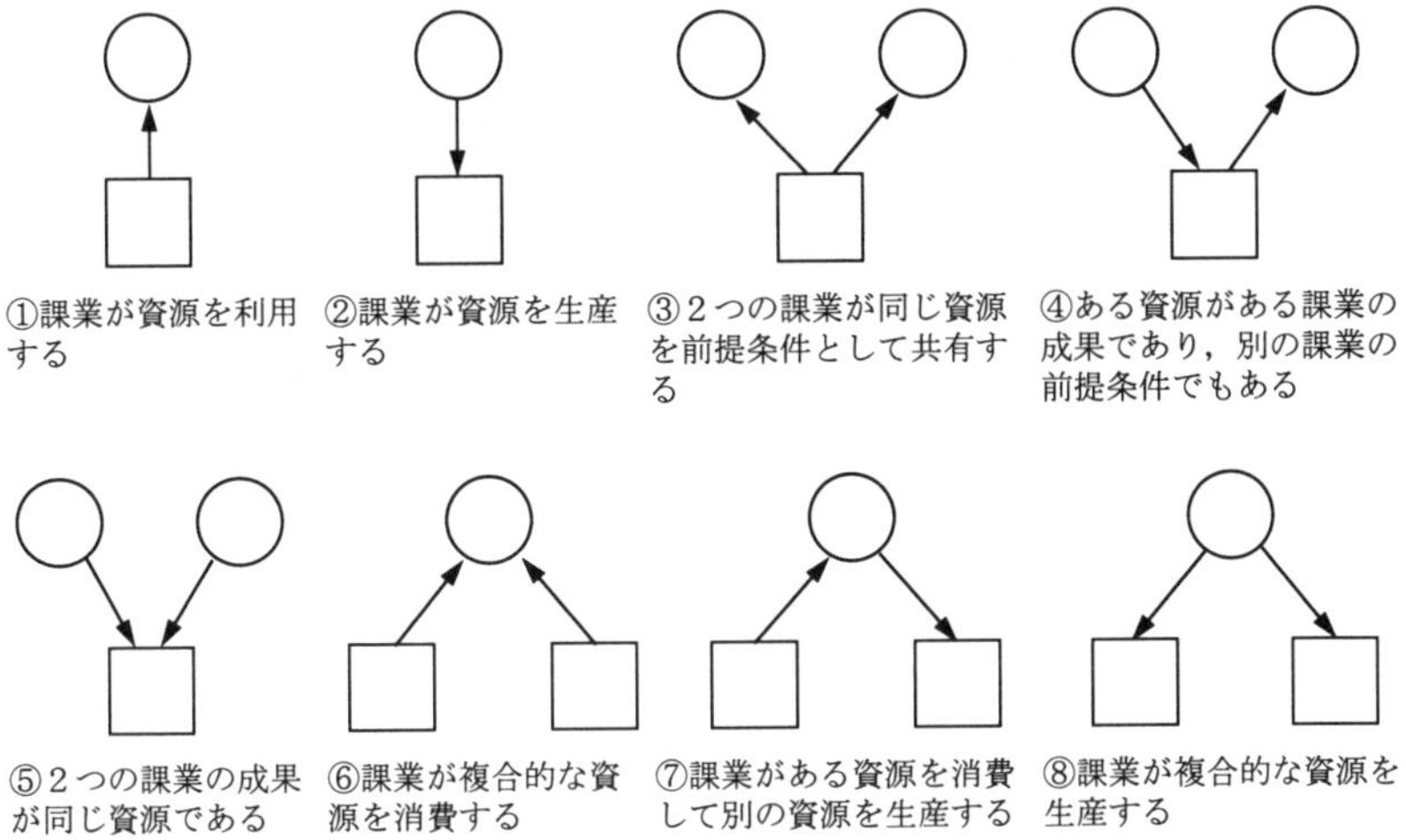
①課業が資源を利用する
②課業が資源を生産する
③２つの課業が同じ資源を前提条件として共有する
④ある資源がある課業の成果であり，別の課業の前提条件でもある
⑤２つの課業の成果が同じ資源である
⑥課業が複合的な資源を消費する
⑦課業がある資源を消費して別の資源を生産する
⑧課業が複合的な資源を生産する

（出所）Kevin Crowston, Working Paper, 1994, Figure 1 と Figure 2 より作成。

整も包含するものである。無論、調整理論が企業間調整をはじめて正面に据えた、あるいは情報技術利用をはじめて視野に入れたとは断言できないが、今日的な企業経営実践を考慮すると、適合的な枠組みとなり得る。しかし、従来の調整研究の意義は、否定されるものではない。たとえば、Follet が重視する統一体すなわちシステム特性は、調整理論において必ずしも明確に述べられているとはいえない。または、今日資源ベースビューにおいて展開されているケイパビリティが競争優位の要因であるという視点に立つならば、Mooney & Reiley が指摘する組織風土・文化と教育・訓練、Newman が重視する経営者の垂直的調整能力は、重要な要素となってくる。[14] そういう意味では、これらは今も調整の現代的な課題といえる。これらの要素も、調整理論の枠組みに十分含まれているとはいえない。

さらに、ビジネス・プロセスやサプライチェーン等の連鎖構造には、本来、それを構成する企業のみならず消費者を含めた顧客も含まれるので、顧客を包含した調整について言及されてもよい。たとえば、それらを従来の直線的な連鎖構造ではなくハブ・アンド・スポーク構造で捉える枠組みにおいては、顧客が企業活動を設計し、その価値を評価し、信頼のルールを作っている。[15]したがって、企業・顧客間調整や「顧客が企業活動を調整する」発想も、調整の現代的な課題となり得るだろう。

注

(1) Koontz, Harold & Cyril O'Donnell, *Principles of Managements,* McGraw-Hill, 1955, p. 37.
(2) Crowston, Kevin, "A Taxonomy of Organizational Dependencies and Coordination Mechanisms", The Center for Coordination Science Working Paper, MIT, 1994.
(3) Utterback, James, *Mastering The Dynamics of Innovation,* Harvard Business School Press, 1994, pp. 97-102.（圓川隆夫「制約条件の理論が可能にするサプライチェーンの全体最適」『ＤＩＡＭＯＮＤハーバード・ビジネス』ダイヤモンド社、十一月号、一九九八年、二三頁。）
(4) Davenport, Thomas H., *Process Innovation,* Harvard Business School Press, 1993, pp. 5-8.
(5) Follet, Mary Parker, *Dynamic Administration,* Harper & Row, 1940.（米田清貴・三戸公訳『組織行動の原理［動態的管理］（新装版）』未来社、一九九七年、訳書一〇一―一三二頁、二五二―二八八頁、三三九―三七〇頁、四〇五―四三一頁。）
(6) Checkland, Peter & Jim Scholes, *Soft Systems Methodology in Action,* John Wiley & Sons, 1990, pp. 18-26.
(7) Mooney, James D. & Alan C. Reiley, *The Principles of Organization,* Harper & Brothers, 1939, pp. 5-46.
(8) 仲田正機『現代アメリカ管理論史』ミネルヴァ書房、一九八五年、四九頁。
(9) Newman, William H., *Administrative Action,* Prentice-Hall, 1950, pp. 390-403.
(10) Hammer, Michael & James Champy, *Reengineering the Corporation,* Harpercollins, 1993, pp. 160-162.
(11) Krackhardt, David & Jeffrey R. Hanson, "Informal Network", *Harvard Business Review,* July-August, 1993, pp. 104-111.
(12) Malone, Thomas W. & Kevin Crowston, "The Interdisciplinary Study of Coordination", The Center for Coordination Science Working Paper, MIT, 1993.
(13) Crowston, Kevin, *op. cit.*
(14) Barney, Jay, "Firm Resources and Sustained Competitive Advantage", *Journal of Management,* Vol. 17, No. 1, Elsevier, 1991, pp. 99-120.
(15) Keen, Peter & Mark McDonald, *The eProcess Edge,* McGraw-Hill, 2000, pp. 138-166.

十六　ＨＲＯ研究の革新性と可能性

西本直人

一　ＨＲＯとは

ＨＲＯ（High Reliability Organization：訳語としては「高信頼性組織」が一般的）と名称される組織に関する研究は、一九八〇年代後半からアメリカＵＣバークレー校の研究者群を中心として活発に展開され始めたものであるが、日本では経験的調査はもちろんのこと理論研究もわずかしか行なわれておらず、それが現実の組織に対してどのようなインプリケーションを有しているかもあまり知られていない。本稿では、そうした現状にあるＨＲＯ研究が今後日本においても活発に議論されることを目的に、これまでＨＲＯ研究がどのような理論的コンテクストの中で形成されてきたかをまず検討し、今後の発展の方向性を簡潔に提示してみたい。

ＨＲＯとは、その理論的創始者であるＫ・Ｈ・ロバーツの言によれば、以下のような特徴を有している組織を包摂する概念である。すなわち、「危険な業務を扱う数ある組織のなかでも、長い期間にわたって高い安全性を守り続けている一群の組織がある。こうした組織群を識別するには、次のような質問が有効である：『ともすれば大惨事に陥りかねなかった事態にその組織がどれほど遭遇し、防ぎえたか？』。もしその答が何万回といったレベルであれば、その組織は『高い信頼性』を兼ね備えた組織だといえる」[1]。つまり、HROとは、惨事となりかねない事態に数多く接しながらも、その事態を初期段階で感知し未然に防ぐ仕組みを体系的に備えた組織を指す。言い換えれば、重大な事故や惨事につながる機会に遭遇する回数（分母）が極端に大きいことと、そうした機会が実際の惨事にまで発展する回数（分子）の極端な小ささから構成されるコントラストが特徴である。

具体例が提示されると直感的に把握しやすいであろう。ロバーツによれば、HROの例として一部の原子力発電所、原子力空母および潜水艦、航空管制システム、配電施設、そして国際的な銀行といった組織が挙げられる。一見してわかるように、これらの組織にはそもそも失敗が許されない。もし失敗すれば即座に人命に関わる業務に携わり、試行錯誤という普通の組織が日々活用している学習スタイルさえ許されない極めて厳しい条件下で、常に組織の存続をかけ失敗を未然に防ぐ組織作りを達成してきた組織であることが多い。

HROの典型例としては、「世界で最も危険な四、五エーカー」と呼ばれる原子力空母の甲板上で作業を行なうオペレーション・チームが挙げられる。その日常作業はある元海軍兵が語ったところによれば次のようなものである：「大都市の空港がうんと小さくなって、とても混雑している様子を思い浮かべてほしい。滑走路は短いものが一本だけ、タラップやゲートも一つずつしかない。複数の飛行機を、横揺れする滑走路に普通の空港の半分の間隔で同時に離着陸させるんだ。朝発進した機はすべてその日のうちに帰艦させなければならないし、空母の各種装備も戦闘機自体もシステムとしてギリギリの状態にあって余裕などまったくない。それから、発見されないようにレーダーのスイッチを切り、無線に厳格な統制を課し、エンジンをかけたままの戦闘機にその場で給油し、空中にいる敵には爆撃やロケット弾を命中させる。海水と油ですっかり覆われた甲板に、二十歳前後の若いクルーたちを配置する。半分は飛行機を間近で見たことのない連中だ。ああ、それからもう一つ、死者を一人も出さないようにするんだ」[2]。

こうした過酷な条件下での作業の安全性を測るために、合衆国海軍では**クランチレート**という尺度を採用している。「クランチ」とは移動中の航空機が隣接する機に接触することを指す（接触はそれによって生じた損害の程度に関係なくどれも一回のクランチとしてカウントされる）。そして、そのクランチの回数を発着回数で割ったものがクランチレートと呼ばれる。驚くべきことに、空母カール・ヴィンソンの一九八八年におけるクランチ回数は皆無で、一九八九年におけるクランチレートは八〇〇〇回の発進につきわずか一件という信じ難い低水準に抑えられていた。

もっともすべての空母のオペレーション・チームが同レベルの安全性を達成しえているわけではなく、また危険な業務にあたっているすべての組織がＨＲＯに含まれるわけでもない。空母のように危険な業務を日常的に処理している組織群のなかでも、とくに優秀な実績（同種の組織と比べ有意に低い事故発生率）を長期間上げ続けてきた組織のみがＨＲＯの条件を満たしていると考えられる。ほぼ同じ条件下（設備、環境、人員のスキル・レベル等）に置かれているにもかかわらず、ある組織は極めて安全なオペレーション実績を達成し、ある組織は頻繁に大小の事故を繰り返すという事態は、各種産業を横断して共通に見られるところである。なぜ組織によって事故の発生する頻度、事故の深刻さが大きく異なるのか、そこに影響している諸要因群を経験的な調査から見つけ出そうとする直截な問題意識がＨＲＯ研究を開始するときの出発点となっている。

では次に、こうしたＨＲＯ研究に重大な影響を及ぼした理論群について考察を進めていきたい。

二　ＨＲＯ研究とそれを取り巻く理論群との関係

事故や危機、エラーに関する諸言説は「悲観論／楽観論」という対立軸で捉えられることが多いが、ＨＲＯ理論は概して、肯定主義的さらには楽観論的であるという評価を受けるのが一般的である。ＨＲＯ論が楽観論であるという評価を受けやすい理由としては、それがより悲観的な立場にたつ諸言説に疑問を呈する、もしくは批判する立場からスタートしたことが主因となっている。そして、その悲観的な言説の代表が、社会学者チャールズ・ペローによって確立された**ノーマル・アクシデント**に関する理論である。

1　ペローのノーマル・アクシデント理論

ノーマル・アクシデント理論（以下、ＮＡ理論と略称）とは、ペローが一九八四年にはじめて提出した理論であり、一般に悲観論と評される通り、その結論として「従来の安全装置がいかに有効なものであったとしても、回避不能な事故はどうしてもついてまわる」という主張が理論の中核となっている。

ＮＡ理論がそれまでの理論と根本的に異なり、大きな説得力を持ちえた理由の一つは、それが事故ないし危機を引き起こす引金となった技術的な諸要因や個人の行動を分析対象とせず、もっぱら事故を引き起こすにいたった主体としてシステムをとり上げ（システム・パースペクティヴ）、その**システム**の内的構成のあり方が事故を必然的に生み出すというロジックを一貫して採用したことにある。そして、事故を必然的に発生させるシステムの内的構成を説明するために、ペローは二つの抽象的概念を提出する。一つは、複雑な相互作用であり、もう一つはタイト・カプリングである。

複雑な相互作用とは「あるコンポーネントが、偶然的もしくは必然的な理由から通常の生産ラインを逸脱し、別の一つ以上のコンポーネントと相互作用しうる」[(3)]ような相互作用であり、また「未知の連鎖、ないしは未計画の予期せぬ連鎖をともなない、不可視かもしくは即座に理解しえない相互作用からなる」[(4)]ものである。また、**タイト・カプリング**とは、「二つの項目間にスラック、バッファー、ないしはゆとりが何ら存在しないことを意味するメカニカルな用語である」[(5)]。たとえば、原子力発電設備におけるように、ある部品ないしユニットの故障や欠陥が即座に他の部品ないしユニットに影響を及ぼすようなとき、その影響し合う二つの項目はタイト・カプリングの関係にあるといわれる。そして、この複雑な相互作用とタイト・カプリングという二つの属性を有するシステムないしテクノロジーに関わる組織（たとえば、原子力発電所、核兵器、飛行機、化学工場、宇宙事業など）では重大事故の発生を避けえないという主張こそＮＡ理論の骨子である。

２　ロバーツによるＮＡ理論への対案

こうしたＮＡ理論の**事故の不可避性**という結論に対して疑問を呈し、経験的反証を突きつけたのがＫ・Ｈ・ロバーツをはじめとするバークレー・グループであった（ロバーツをはじめ主立つ研究者がＵＣバークレー校に属していたためこのように呼称される）。その理由はきわめてシンプルで、ＮＡ理論によって重大事故を引き起こす可能性が最も高いと結論づけられた原子力発電所のなかでも、長期間にわたって優秀な安全性を達成し続けている組織が存在したからである。その性質上、事故が不可避だと考えられるシステムにおいて長期間安全が確保されてきたのであれば、当然そこには他の組織にはない何かがあるに違いないと考えるそのコロンブスの卵的発想こそＨＲＯ研究の革新性を支えているものに

表１

潜在的に誤作動を生じさせる諸特性およびプロセス	各誤作動を解決するための組織的な戦略およびプロセス	複雑性およびタイト・カプリングの両方を解決するための戦略
複雑な相互作用		
①予期せぬ連鎖が生じる可能性	・継続的トレーニング	冗長性 アカウンタビリティ 責任 信頼しうる「文化」
②複雑なテクノロジー	・継続的トレーニング	
③相容れない機能が相互に作用し合う可能性	・諸機能を分離させる職務デザイン戦略	
④間接的な情報源	・多くの直接的情報源	
タイト・カプリング		
⑤時間に依存するプロセス	・冗長性	
⑥オペレーションの順序を変えられないこと	・階層的差別化	
⑦目標に到達する手段が一つしかないこと	・バーゲニング	
⑧スラックの欠如	・バーゲニング	

他ならない。

　ロバーツは、事故の不可避性を反駁するにあたって、NA理論の提出した事故原因の主要因を複雑な相互作用とタイト・カプリングの二つの概念を軸に八つにまとめ上げる（表1参照）。そして次にロバーツは、事故の発生を促すこれら八つの要因を抑制するためにHROが実際に用いている手段をそれぞれ割り当てる。

　ロバーツによれば、複雑な相互作用を助長する事故要因の抑制に成功しているHROは、予期せぬ連鎖やテクノロジーの複雑性に対してオペレーターの継続的なトレーニングを、システムの諸機能が輻輳し合うことに対して機能を一つ一つ分断させておく工夫を、間接的な情報源に対して多くの直接的情報源を体系的に備えている。また、タイト・カプリングの場合、HROは、時間に依存するプロセスに対して冗長性を、オペレーションの順序を変えられないことに対して階層的差別化を、目標に達する手段が一つしかないことおよびスラックの欠如に対して人員間の自由なバーゲニング過程を体系的に備えている。そして、これら複雑な相互作用要因およびタイト・カプリング要因の両方を抑制しうる総合的な戦略として、HROには、冗長性、アカウンタビリティ、責任、信頼しうる文化の四つが備わっていることがロバーツらによって明らかにされた。

3　ワイクのHRO論

　これまで主にロバーツの業績をもとにHRO研究の考察を進めてきたが、ここでワイク&サトクリフによるHRO研究の成果についても触れておきたい。ワイク&サトクリフがHROを取り扱う際の問題意識はきわめてシンプルである。二人の基本認識にもとづけば、近年の産業界では業種を超えて複雑化、大規模化、テクノロジーの高度化といった諸現象が進展しているが、そのため企業が直面する環境や市場の変化の大きさ、頻度、スピードはますます高まるばかりである。つまり、当初想定もしていなかった突発的な**予期せぬ事態**（たとえば、自然災害、企業間訴訟、マスメディアによる敵対的報道やTOBなど）に企業をはじめ現代組織が遭遇する機会は確実に増している。そして、企業や公的機関のような組織体の存続は、この予期せぬ事態をうまく管理しうるか否かに大きく与っており、そのためにはＨＲＯ的な諸特性を備えていることが通常の組織においても重要になってきているというのがワイク&サトクリフの考え方である。

こうしたＨＲＯと普通の組織との連続性を前提とした上で、ワイク&サトクリフは独自にＨＲＯを特徴づける諸特性をまとめ上げ、ＨＲＯの五つの特徴を提出した。それらは、①失敗の重視、②単純化への抵抗、③オペレーションに対する感受性、④復旧に払う強いコミットメント、⑤専門知識の尊重の五つである。ワイク&サトクリフは、ＨＲＯに限らず一般の組織もその通常のオペレーションにおいてこれら五つの特徴を高められれば、組織として予期せぬ事態への対応力が強化されると考えている。

4　ヒューマンエラー分析

ＨＲＯの理論的ポジションを定めるためには、ヨーロッパにおいてＨＲＯ研究とほぼ同時的に発展してきたヒューマンエラー分析との理論的近接性について考察することが有益だろう。

ヒューマンエラー分析の代表的研究者としてはＪ・リーズンが挙げられるが、当初ヒューマンエラー分析は主にエラーや事故を引き起こしたオペレーターの個人的ないし認知的要因（たとえば、操作手順の誤認や事故当時のオペレーターの疲労度など）にその分析焦点を制限していた。しかし、現実の事故を分析するにあたって、いっそう包括的な組織的要因にまでその分析の枠組みを広げる必要性に迫られることになる。

ヒューマンエラー分析はもともと人間の個人的行いこそ事故原因であるという認識から開始されたが、現在では「ヒューマンエラーは結果であって、原因ではない」、すなわちオペレーターたちがエラーを繰り返すのは組織的な諸要因によるものだという新たな認識の下に研究が進められている。この個人的なエラーとそれを生み出す組織的諸要因という構図について、リーズンは次のような簡潔なメタファーでその本質を言い表している。

安全を脅かす行為は蚊のようなものだ。一時は叩いて追い払うことはできるが、かならずまた新しい蚊がやってくる。唯一効果的な方法は、彼らを育てている水溜まりの水をなくすことだ。過誤や逸脱でいえば、その「水溜まり」は、医療従事者のミスを誘発する用具・機器の設計や間違ったコミュニケーション、過重労働、予算や経営上の圧力、担当業務を早く片づけるために余儀なくさせられる標準からの逸脱、不適切な組織構造、予防措置や安全対策の欠如……といった具合にとめどなくあげられる。これら表面に見えない要因がエラーの裏にかくれているが、これらは、すべて理論的に検知できるものであり、不幸な出来事が起こる前に是正できるものなのである。(6)

もちろんここで言われる「蚊」は個人が繰り返し引き起こすエラーであり、「水溜まり」はそのエラーを生み出す組織的な諸要因である。リーズンはエラーや事故におけるヒューマンファクターの重大性を深く認識していたが、次第にその分析焦点を個人的な意味でのヒューマンファクターから個々人が相互作用して生み出すヒューマンファクター、つまり**オーガニゼーショナル・ファクター**へと移行させた。

そして、こうしたオーガニゼーショナル・ファクターに起因する組織事故の防止に不可欠な対策としてリーズンが最終的に結論づけた主張は、**情報に立脚した文化**をつくり上げることが有効であるということであった（この情報に立脚した文化とは、①報告する文化、②正義の文化、③柔軟な文化、④学習する文化という四種類の組織文化が相互に作用し合って形成される総合的な文化のことを指す）。

こうしたリーズンの主張は驚くほどＨＲＯ研究の知見と重なり合っている。もともとリーズンの研究は非常に実証的かつテクニカルな志向性を持つ。そのリーズンが組織文化という概念について言及せざるをえなくなったとき、彼は次のように述べている：『『ハード』な工学分野出身の人たちにとって組織文化の性質を説明しようとすることは、ほとんど雲の形状を正確に定義しようとするかのようにみえることであろう』(7)。この言葉に象徴される通り、より工学的な認知科学的志向を好む研究者たちは、操作化するどころか定義することさえ困難な諸概念を用いることに反発を覚えるかもしれない。しかし、リーズンとＨＲＯ研究者たちが異なる知的伝統からその研究を進めてきたにもかかわらず、現在ではその問題意識はきわめて近く、あたかも二つの研究領域が合流したかのような状況にまで発展してきている。この「組織的なるもの」に対する関心の高まりは、深刻な産業事故、組織事故が絶えない現実からの強い要請を直接、間接に感じ取ってのものであるように思える。なぜ組織事故はこれほどまでに深刻化してきたのか、なぜ組織事故を根絶することができないのか、なぜ日常的にオペレーターたちは同じようなミスを繰り返すのか、そうした現実的な問いと説明づけへの要請が、これまでＨＲＯ研究とヒューマンエラー分析の研究者たちの問題意識をかき立ててきたし、これからも衝き動かしていくだろう。

三　おわりに

最後に、ＨＲＯ研究が今後進むと思われる方向性とその可能性について若干言及してみたい。今後のＨＲＯ研究が進む方向性ないし課題としては、主に三つ挙げられる。第一に、**定量的な実証研究**、第二に、**理論の継続的な一般化志向**、第三に、**社会構築主義的な理論展開**である。

第一の定量的な実証研究に関していえば、とかくＨＲＯの諸概念は組織文化や、冗長性、アカウンタビリティなどきわめて抽象的で操作化しにくいものが多い。そうした困難はあるものの、手をつけられるところからＨＲＯの実証的なデータを蓄積し分析の精度を上げ、現実の組織を測り得る正確な尺度を漸進的に開発していくことは当然必要だし、ＨＲＯ研究のなかでは今後もっとも進展が期待される研究領域である。

第二の理論の継続的一般化に関していえば、ＨＲＯ研究はその結論やインプリケーションにおいて頻繁に追加や修正が行われている。その理由の一つとしては、ＨＲＯ研究がその調査対象とする組織の類型を広くとり始めたことに求められる。当初、その調査対象は人命に甚大な被害を及ぼしうる組織にどうしても限定されるきらいがあったが、現在ではロバーツやワイクの先駆的研究により金融機関や一般企業もまたＨＲＯ研究の主要な調査対象と見なされるようになり、組織のＨＲＯ的特性が組織のパフォーマンスとどのような関係を持つかが真剣に議論されるようになった。こうした調査対象の拡大にともなって生じる理論上の追加・修正は、研究の一貫性や定量化という点であまり望ましくないものと受け取られる可能性があるとはいえ、ＨＲＯ研究がその当初より持ち続けてきた理論の実践志向、ないし現実との適合性を重視するスタンスを今後も維持するのであれば、理論の追加・修正は一般性をより高めるものとして歓迎されるべきものだろう。

第三に理論の社会構築主義化ということに関していえば、近年のＨＲＯ研究では、社会的成員の個人的かつ集合的な行動および認知、そしてそれらと相互作用し合う客観的な諸要因を統合的に考察するにあたって社会構築主義的パースペクティヴを採用する研究者の数が増してきている。思い起こしてみると、危機や組織事故が発生した後の原因追及の歴史は、当初技術的アプローチ一色で、そのバイアスを是正したのがヒューマンエラー分析による認知的（個人的）要因の発見であった。そして、近年になってはじめて個人的なエラーの背後により広大で見えにくい組織的諸要因が数多く存在することが認識されるに至った。ここにきて、これら三種類のアプローチ（技術的、認知的、組織的）を統合する必要性が高まっているのは歴史的に見てごく自然な傾向のように思える。ＨＲＯ研究者たちは、こうした排他的でともすれば矛盾し合う各理論群を統合的にまとめ上げる視点を社会構築主義に求めているが、その試みの成否はこれからのＨＲＯ研究の具体的成果にかかっているといえよう。

注

（1）Roberts, K. H., "Some characteristics of one type of high reliability organization," *Organization Science, 1*, 1990, pp. 160-176, p. 160.
（2）Weick, K. E., & Sutcliffe, K. M., *Managing the unexpected*, San Francisco : Jossey-Bass, 2001.（西村行功訳『不確実性のマネジメント』ダイヤモンド社、二〇〇二年、三六—三七頁。）
（3）Perrow, C., *Normal accidents*, New York : Basic Books, 1984, pp. 77-78.
（4）*Ibid.*, p. 78.
（5）*Ibid.*, pp. 89-90.
（6）Reason, J., *Forward to human error in medicine*, Marilyn Sue Bogner, ed. Hillsdale, NJ: Lawrence Erlbaum Associates, 1994, p. xiv.
（7）Reason, J., *Managing the risks of organizational accidents*, Ashgate, 1997.（塩見弘監訳、高野研一・佐相邦英訳『組織事故—起こるべくして起こる事故からの脱却』日科技連、一九九九年、二七三頁。）

十七　「ハリウッド・モデル」とギルド

國島弘行

一　はじめに

近年、ハリウッド映画産業でのビジネス・モデルが注目されている。例えば、ソニーの出井会長は「知識産業の理想像を、柔軟さを極限まで押し進めた『ハリウッド型企業』」(『日本経済新聞』二〇〇二年一一月二九日)としている。理論的にも、多くの論者によって、柔軟な雇用・組織の極限の形態としてみられている。[1] D・ピンクは、「ハリウッド・モデル」を「特定の目的のために特定の場所に人材が結集して、使命が終わると解散し、メンバーはそれぞれの次のプロジェクトに向かっていく」新しいモデル (Pink, 2001, p. 17, 訳書一四頁) としている。そこでは、フリーランサーあるいはインディペンデント・コントラクターと呼ばれる「自立した個人」が人材の中心となる。

最近では、インディペンデント・コントラクターとしてのフリーのコンサルタントやクリエーターなどがアメリカで一九八〇年代以降急増し、多様な産業・分野で「ハリウッド・モデル」が採用されるようになった。しかも、雇用の多様化や人減らしを含む労働移動増加は、特定の企業への従属すなわち「会社人間」から労働者を解放し、仕事内容・場所・時間・雇用主（顧客）などへの自律性を労働者に与え始めている。このような自律した労働者を極限化したものが、「雇われない生き方」としての自立した個人である。したがって、「ハリウッド・モデル」は、事業プロセスをオープンな企業間関係で担うバーチャル企業を極限化した、自立した個人を主要な担い手としたオープンな事業ネットワークである。

他方で、自立した個人は、安定した勤務先を持たない「遊牧民」でもある。そのため、不安定性や不平等を背負う可能性が大きい。ハリウッド映画産業では、ギルドという職能別の労働組合が強い規制力を持っている。ギルドは、自立した個人を支援する企業外部のネットワークとしての機能を持っているのである。

二　アメリカ映画産業での「ハリウッド・モデル」

1　アメリカ映画産業での「ハリウッド・モデル」の歴史的展開

アメリカ映画産業において今日の「ハリウッド・モデル」が始めから存在していたわけではない。一九一〇年代にハリウッドに集積した映画産業は、一九二〇年代以降ウォール街の支援のもと独立したスタジオ（製作会社）、配給会社、興行会社間の吸収・合併を繰り返した。その結果、メジャー数社に水平的に集中されるとともに、アメリカ的大企業の基本モデルである垂直統合型ビジネス・モデルを形成し、ビジネス・プロセスを構成する製作、配給、上映（興行）という基本的職能を一つの企業に内部化した。さらに、映画会社は、脚本、配役、セット組立、撮影、編集など製作職能を構成するあらゆる要素的職能を担当した。また、俳優、脚本家、監督、技術者などの製作スタッフを劇場スタッフとともに正社員としてほぼ全員長期雇用し、養成する等、労働市場も内部化した。

一九五〇年前後から、現代の「ハリウッド・モデル」へ移行する。アンチ・トラスト法の適用にもとづく一九四八年最高裁判決は、製作と興行とを分離させ、垂直統合型モデルを解体した。テレビ番組との競合によって映画産業が衰退した一九五〇年代には、製作本数を絞り込み、小説の映画化をはじめ多様なタイプの作品を製作する戦略に転換した。そこでは、固定費の削減と新しい自由なアイデアの発掘とのため、映画会社が企業内の各職能を外部業者に委託する「アンバンドリング」を展開し、さらに下請け業者もアンバンドリングを個人のレベルまで展開した。その結果、雇用関係も長期的な関係からプロジェクト単位のものへ移行した。かくして、現代の「ハリウッド・モデル」が形成され、プロデューサーをコーディネーターとして、出演者、脚本家、監督、編集や照明などの他の製作スタッフなどが主としてフリーランスとして、プロジェクトごとに集まることになった。今や、メジャー・スタジオである映画会社は、マーケッティング、資金調達、配給職能だけを主として担当するようになっている。(2) 映画産業は、一九八〇年以後急速に拡大し、アメリカの基幹産業の一つになった。国内上映、海外上映、有料TV、ビデオ、TV上映、レンタル、玩具などへと著作権流通の範囲を拡大し、クリエーターの著作権・著作隣接権も複雑に展開している。そこでは、ビジネス・プロセスを構成する企業や個人間での権利・契約関係が複雑になるなかで、ギルドが企業への交渉力の弱い個人に対して重要な役割を持ってきている。ギルドは、自立した個人への支援機関である。

2　ハリウッド映画産業のギルド

アメリカ映画産業におけるギルドは、クリエーター集団の職能別労働組合であり、一九三〇年代以後、俳優、監督と助監督、脚本家、エキストラ、技術者など職能別に次々に登場した。(3) 一九五〇年、現代の「ハリウッド・モデル」への移行のなかで、クリエーターは、キャリアへの自律性を獲得したが、製作会社からの安定した雇用や福利厚生を失った。ギルドも、従業員のための組織から、主としてフリーランスなどの自立した個人を支援する外部のネットワークへ転換し、以下のような新しい機能と権利を確立してきている。

ハリウッド・メジャー作品はこれらのギルドの所属者だけで製作される。しかし、ギルドへの加盟に際して、厳しい資格審査あり、「各ギルドが定める実務経験レベルを満たした上で、当該ギルドの現役メンバー二名の推薦を受けるのが基本」（菅野冬樹「ハリウッドデビューの舞台裏」『月刊ディレクターズマガジン』一九九九年二月号、クリーク・アンド・リバー社、一一頁）である。ギルドの加盟自体が、標準としての資格となり、企業への技能保証となっているのである。さらに、ギルドは以下の機能も持つ。第一に、医療保険、年金などの福利厚生の提供、厚生費の映画会社や製作会社からの徴収、第二に、映画会社や製作会社と団体交渉による出演料などの最低賃金、労働時間や休憩・食事時間などの労働条件や著作権（作品の二次使用の再使用料）の決定、第三に、オーディション等に参加するために必要なエージェンシーへの規制、例えば、エージェンシー・フランチャイズ制（業者指定）、エージェント手数料の一〇％規制、第四に、著作権管理としての作品の再使用料の徴収と分配、第五に、キャリア・マネジメントの認証、とくに加盟者全員の作品履歴の登録、オーディションの記録、ロールクレジットにおける全員記載原則によるクリエーターの客観的な評価と著作権の保証、第六に、業界ルールの情報提供、例えばレジュメ（経歴書）や顔写真の書式、イエローページ（求職広告）への登録、個人所得の申告、スト破りやギルドと契約しない製作会社との仕事の禁止などの業界ルールの、ギルド・マニュアルへの明記、第七に、チェック機能、例えば、メンバーと企業の責任を明確にするための、ギルド加盟員の義務としての詳細な業務日報の提出などがある（同上論文。http://www. dga.org, http://www.sag.org）。

三 「ハリウッド・モデル」の現代的意義と理論研究

一九八〇年代以降、アメリカでは大企業による大規模なホワイトカラーの人員整理とＩＴ革命とに伴って、不動産・金融・経営・マーケティング・通信などの産業でフリー・コンサルタントを始めとするインディペンデント・コントラクターやＳＯＨＯ事業家が急増した。また、パートや派遣労働者などの雇用の多様化、テレワークや在宅労働などの多様な働き方も増加してきた。このような自立した個人を人材として利用する「ハリウッド・モデル」が、八〇年代以後ＩＴ産業や新事業・新製品の立ち上げで採用され始め、現在多様な分野や産業でも拡大してきている。経営学での理論研究においても、ハリウッドを典型かつ先駆的事例として現代経営を整理する理論が多く現れている。ここでは、「ハリウッド・モデル」を拡大させている歴史的条件との関連で分析している三つの研究を、ＩＴ革命、企業と労働の要求の視点から取り上げる。

1　情報革新とマローン&ロバーチャーの理論

Ｔ・マローンとＲ・ロバーチャーは、ハリウッドに先覚的事例をみることができるモデルの特徴を一人企業であるｅランサー（電子的に結合されたフリーランサー）、一時的企業、標準に基づく自己管理に求める。このようなモデルが普及する基本的条件を、情報技術の革新に求めた。情報や物を移動させるための調整技術が経営組織や管理のあり方を規定しているとして、三つの歴史的段階に区分し説明している（Malone and Laubacher, 1998, pp. 145-152）。産業革命前の段階においては、調整技術は徒歩、馬、舟に依存し、調整のためのメカニズムである経営組織は市場で相互に取引する小さな自立的組織であった。工業の時代においては、調整技術が鉄道、電信、自動車、電話、メインフレーム・コンピュータとなり、企業は全国・国際市場との直接取引が可能となり、規模の経済が生まれた。大規模で・多様な職能や事業を直接管理するため、集権的意思決定・管理を伴う大規模で階層的な官僚制組織が二十世紀の支配的な経営モデルになった。

情報の時代においては、「二十一世紀の調整技術である高性能パソコンと幅広い電子的ネットワークが導入されて、経済の方程式は一変した。情報は多くの場所、多くの人々の間で瞬時に費用をかけずに共有できるようになり、……個人は自分自身を管理し、他の独立した相手と電子的リンクを通じて自分の努力をコーディネーションできるのである」(ibid., pp. 147-148)。小企業は、スリムさ、柔軟性、独創性といった小さいことの優位性を持った。しかも、大企業の専有物であった情報・専門知識・グローバルな資金調達を利用できる可能性をもち、規模の利益の恩恵を享受できるのである。そこでの経営組織は、市場で相互に取引する小さな自立的組織としての一人企業を構成要素とする弾力的ネットワークとしての一時的企業である。そして、管理は、ルール、プロトコル、技術仕様書、文化などの標準に基づく自己管理が基本になるのである。

マローンとロバーチャーは、情報の時代における基本的なビジネス・モデルを、標準にもとづいた、自立した個人のオープンなネットワーク組織に求め、それは自律分散型かつオープンな情報ネットワーク技術に依存していることを明らかにしている。一九八〇年代以後、ＰＣとインターネットは、「ハリウッド・モデル」を拡大した。しかし、映画産業に見るように、ＩＴが絶対的な条件とはいえない。企業と労働者からの要求を検討する。

2　経営戦略の転換とＰ・キャペリの理論

Ｐ・キャペリは、一九八〇年代に、長期雇用、内部人材育成、企業と社員双方での責任負担などからなる内部労働市場型雇用関係から、企業間移動と内部請負制の復活に典型的にみられるような市場原理にもとづく雇用関係へ移行したと考える。この先駆的事例に、ハリウッドをみるのである。そして、この転換の契機を以下の四点にみる (Cappelli, 1999, p. 5, 訳書二〇—二一頁)。第一に、製品市場での競争激化によって、コスト削減、製品投入期間の短縮、ニッチ市場に着目した差別化が図られ、人や設備の陳腐化が加速化し、人や設備への固定・長期的な資本投下が困難になった。第二に、中間管理者の調整・監督職能のＩＴへの移転の結果として、多様な職能のアウトソーシング化が可能になった。第三に、金融の新しい手法によって株主価値上昇への圧力が高まり、コスト（特に固定費）削減が強いられるようになった。第四に、コア・コンピタンス、社外ベンチマーキング、プロフィットセンターなどの新しい経営手法は企業内へ市場原理を持ち込み、個々の社員が市場の脅威にさらされるようになった。大量生産・販売などの従来の経営の限界は、利潤追求や経営のルールを転換し、柔軟・短期的視点で資本を回転することを企業に求めた。キャペリは、このような戦略転換のなかで、企業が「ハリウッド・モデル」を拡大したと考えたのである。

3　労働者からの要求とＤ・ピンクの理論

Ｄ・ピンクは、「ハリウッド・モデル」の普及に、ニューエコノミーの本質があると主張する。「ハリウッド・モデル」では、労働者モデルが「組織人」から「自由気ままな独立した労働者」である「フリーエージェント」へ、組織モデルが「固定的な大組織から、戦力が常に入れ替わる小規模なネットワーク」へ移行するという。「フリーエージェント」は、フリーランス（法律上の独立契約者＝インディペンデント・コントラクター）を典型にして、臨時社員（主として派遣社員）、ミニ起業家（ＳＯＨＯ事業家・法人化しているフリーランス）であり、控えめにみてアメリカの労働者の四人に一人になるという。さらに、在宅勤務の従業員や頻繁に転職する人などの「フリーエージェント社員」も増えている。

「フリーエージェント」は、雇用主でもあり、被雇用者でもある。したがって、彼らは組織から自立した個人であり、その典型が雇われない生き方である。そのような労働者は、組織人が持っていたプロテスタント的労働倫理から、仕事を楽しむというフリーエージェントの新しい労働倫理へと価値観を変換した。そこでは、時間、場所、量、条件、相手への「自由意思」、自己表現や自分の看板という「自分らしさ」、市場評価という「責任」、カネ、出世、事業拡大でなく自己実現を求める「自分なりの成功」が重視される（Pink, 2001, pp. 59-84, 前掲書六五—九七頁）。

このような新しい働き方が登場した背景として、ピンクは、以下の四点を取り上げている。第一に、従来の労使関係の社会契約、すなわち従業員の忠誠心と会社からの安定保証との交換という関係が崩壊し、複数の雇用主（顧客）への仕事分散がリスク分散になった。第二に、パソコンやインターネットによって生産手段が小型で安価になり、個人がそれらを所有でき、その操作も簡単になった。第三に、繁栄の結果、仕事の目的に生活の糧を求めることだけでなく、やりがいを求めるようになった。第四に、企業や職種の寿命が短くなり、人々は勤め先の組織より長く生きるようになった（ibid., pp. 47-55, 同上訳書五一—六二頁）。

ピンクは、特定企業への従属から解放され、自由や自己実現を求める自立化した個人を追求する新しい個人主義が労働者の間で台頭していることが、「ハリウッド・モデル」普及の基盤にあると考えたのである。

以上の三つの研究から、新しい技術的基盤のもと、労使双方で「ハリウッド・モデル」が求められているということができる。しかし、総労務費などのコスト削減や資本回転のスピード化のために労働の柔軟化を追求する企業の現実と、自己実現を追求する自立した個人の理想との間には大きな距離が存在し、新たな矛盾を生み出している。

四　「ハリウッド・モデル」の矛盾とギルド

「ハリウッド・モデル」を求める企業と自立した個人との間の矛盾は、労使双方に現れている。この矛盾に対し、上記の三つの研究はギルドが有効であるとしている。ロバーチャーとマローンは、「ハリウッド・モデル」の矛盾を、正規のフルタイム労働者のために作られてきた従来の世界と自立した個人である新しい労働者との不一致に求める（Laubacher and Malone, 1997）。自立した個人は、従来の世界の利益、すなわち経済的安定としての企業保険・年金、キャリア開発としての企業内のキャリア階梯、社会的人脈としての同僚や企業との一体感などを得ることができず、不安定な生活を余儀なくされている。この矛盾を克服する機関として、中世の職人組織のアナロジーである「新しいギルド」が提唱される。それは、企業外部での個々の労働者間の連帯によって人間的な欲求を充足し、仕事から仕事へ漂流する個人に安住の「住処」を提供するものである。この新しいギルドは、基本的なタイプである映画・建築産業での労働組合や専門家団体に加えて、大学や企業の同窓会、同じ地域・オフィスパークのグループやインキュベター、市町村や州政府による人材紹介機関や職業学校、同族や友人関係など、多様な形を取りうるとしている。

彼らは、新しい労働者のギルドが提供しなければならない機能を整理している。第一に金銭的安定の保証、企業が提供していた非賃金ベネフィット（健康保険、生命・傷害保険、退職基金）や失業保障（収入平準基金）の提供、第二に職業紹介と訓練、労働者の技能と経験にもとづくプロジェクトとのマッチング、そのための多様な技能標準と賃金の決定、メンバーの評価の立証・証明、決められたフォーマットでの仕事の記録、公的な訓練プログラム・徒弟制プログラムなど専門的訓練の提供、第三に社会的ネットワークとアイデンティティ、同じような関心や経験を持った人が集う場、社会的絆と暗黙知（情報と助言）を共有し、所属感を持つ場の提供である。要するに、ギルドが長期的視点での安定的生活の維持、技能など標準決定・管理、共同体などの機能を果たし、労働者自らがこれらの機能や標準を掌握することである。これによって、ギルドは、保険、退職年金、職業紹介、技能教育などの機能の外注化も可能となる。

ピンクは、「ハリウッド・モデル」が劣悪な労働条件や不平等を生み出し（ibid., pp. 213-228, 同上訳書二五五—二九〇頁）、テンプスレーブ（臨時社員奴隷）やパーマテンプ（万年臨時社員）に、低賃金、退屈で屈辱的な仕事、使い捨てを押しつけ、ストックオプション、昇給、医療保険、年金等を与えないという矛盾を生みだしていると指摘している。その原因は、正社員か臨時社員かという問題ではなく、労働市場における交渉力や需要のある技能の欠如にある。このような矛盾に対し、映画産業などのギルドのように、医療保険、技能訓練、共同購入、税金などの情報、労働組合員への最低報酬額の保障などを提供することで、労働者が好きな道を歩く手助けをしながら、団結する新しい労働運動が必要であるという。

キャペリは、「ハリウッド・モデル」、彼によれば「市場原理にもとづく雇用関係」へ移行によって、辞職者の増加、社員のコミットメントの低下、社内教育訓練への投資意欲の低下という問題が企業側に生じると指摘した（Cappelli, op.cit., p. 159-164, 前掲訳書二二七—二二三頁）。このような矛盾に対応するためには、企業の外部でのインフラの構築が必要であるという。組織横断的に移動する職人のためのギルド、弁護士、医師などの専門的職業従事者の専門家団体は、訓練プログラムに投資・管理し、資格認定制度によって後任者を補充し、職人気質によってコミットメントを維持する、企業外部のインフラとしての機能を果たしているのである。「ハリウッド・モデル」は、労使双方に多様な矛盾をもたらしている。その矛盾への対応のために、自立した個人を支援するインフラとしてのギルドの役割が重要になっているのである。

五　結　び

自立した個人のオープンな事業ネットワークである「ハリウッド・モデル」は、オープンな企業間ネットワークである「バーチャル企業」や「シリコンバレー・モデル」を極限化し、インディペンデント・コントラクターのように企業から労働者を自立化させる。それは、垂直的統合と直接雇用や労働市場の内部化とにもとづく二十世紀型企業官僚制を越えた、事業や組織の二十一世紀モデルである。そこには、労働者が自らを雇用し、自らのキャリアや働き方を自己決定し、自己実現を追求するという意味で、大きな歴史的進歩性があると考えることができる。しかし、自営の形式を取っても実質的には資本の指揮・動員などの強制のもとに置かれたり、企業からの保障を失うことで市場のなかで不安定と不平等が押しつけられる可能性もある。自立した個人を支援する新しいギルドがもつ機能は、ギルドが強い組織力と労働などの標準に強い規制力とをもつことで、労働者には新しい型の安定を、ビジネスには新しい型の信頼・契約関係を与えうると考える。

注

（1） ここでは、「ハリウッド・モデル」を説明したものとして以下のものを取り上げた。Pink, D., *Free Agent Nation: The Future of Working for Yourself*, N.Y., 2001.（池村千晶訳『フリーエージェント社会の到来』ダイヤモンド社、二〇〇二年。）Cappelli, P., *The New Deal at Work-Managing: The Market-driven Workforce*, Boston, 1999.（若山由美訳『雇用の未来』日本経済新聞社、二〇〇一年。）Malone, T., and R. Laubacher, "The Dawn of the E-lance Economy," HBR, 1998. Laubacher, R., and T. Malone, "Flexible Work Arrangements and 21st Century Work's Guilds", Working Paper 004, Sloan School of Management, MIT, 1997.

（2） この時期のメジャー企業は、パラマナウント、ＭＧＭ、ユニバーサル、フォクス、ワーナー・ブラザーズ、コロンビア、ＲＫＯ、ユナイデット・アーティストであった。現在のメジャー各社は、メディア・コングロマリットなどに買収されたが、ＲＫＯ以外は現在も存続し、ＭＧＭとユナイテッドが合併し、ディズニー、ドリームワークスが加わっている。北野圭介『ハリウッド一〇〇年史講義』平凡社新書。

（3） 俳優のＳＡＧ、監督と助監督のＤＧＡ、脚本家のＷＧＡ、エキストラのＳＥＧ、技術者のＩＡＴＳＥなどが登場した。

Ⅳ 文献

ここに掲載の文献一覧は、第Ⅰ部の統一論題論文執筆者が各自のテーマの基本文献としてリストアップしたものを、年報編集委員会の責任において集約したものである。

一　経営学における実践原理・価値規準について——アメリカ経営管理論を中心として——

洋書

1 Crainer, S., *The Management Century: A Critical Review of 20th Century Thought & Practice*, Booz-allen & Hamilton Inc., 2000.（嶋口充輝監訳『マネジメントの世紀』東洋経済新報社。）

2 Wren, D. A., *The Evolution of Management Thought*, Fouth Edition, John Wiley & Sons, Inc., 1994.（佐々木恒男監訳『マネジメント思想の進化』文眞堂。）

3 Barnard, C. I., *The Functions of the Executive*, Harvard University Press, 1938.（山本安次郎・田杉競・飯野春樹訳『新訳　経営者の役割』ダイヤモンド社。）

4 Church, A. H., *The Science and Practice of Management*, The Engineering Magazine Company, 1914.

5 Mooney, J. D. and Reiley, A. C., *Onward Industry!: The Principles of Organization and Their Significance to Modern Industry*, Harper & Brothers, 1931.

6 Fayol, H., *Administration industrielle et générale*, 1916.（佐々木恒男訳『産業ならびに一般の管理』未来社。）

7 Buchanan, R. A., *The Engineers: A History of the Engineering Profession in Britain 1750–1914*, Jessica Kingsley Publishers, 1989.

8 George, C. S. Jr., *The History of Management Thought*, Prentice-Hall, Inc., 1968.（菅谷重平訳『経営思想史』同文舘出版。）

9 Roethlisberger, F. J., *Management and Morale*, Harvard University Press, 1941.（野田一夫・川村欣也訳『経営と勤労意欲』ダイヤモンド社。）

10 Mayo, G. E., *The Human Problem of an Industrial Civilization*, Harvard University Press, 1933.（勝木新次・村本栄一訳『産業文明における人間問題』日本能率協会。）

11 Whitehead, T. N., *Leadership in a Free Society: A Study in Human Relations Based on an Analysis of*

Present-day Industrial Civilization, Harvard University Press, 1936.

12 Henderson, L. J., *Pareto's General Sociology: A Physiologist's Interpretation*, Harvard University Press, 1935.（組織行動研究会訳『組織行動論の基礎』東洋書店。）

13 Simon, H. A., *Administrative Behavior: A Study of Decision-Making Process in Administrative Organization*, Macmillan Company, 1945.（松田武彦・高柳　暁・二村敏子訳『経営行動』ダイヤモンド社。）

14 Ansoff, H. I., *Corporate Strategy*, McGraw-Hill, Inc., 1965.（広田寿亮訳『企業戦略論』産業能率短期大学出版部。）

15 Ansoff, H. I., Declerck, R. G. and Hayes, R. l. (eds.), *From Strategic Planning to Strategic Management*, John Wiley & Sons, 1977.

16 Ansoff, H. I., *Strategic Management*, Macmillan Company, 1979.

和書

1 鈴木幸毅『組織と管理の批判的研究』中央経済社、一九七五年。

2 中村瑞穂『管理組織論の生成―組織理論の基礎―』東京教学社、一九七六年。

3 齊藤毅憲『経営管理論の基礎』同文舘出版、一九八三年（増補版、一九八七年）。

4 権　泰吉『アメリカ経営学の展開』白桃書房、一九八四年。

5 仲田正機『現代アメリカ管理論史』ミネルヴァ書房、一九八五年。

6 稲村　毅『経営管理論史の根本問題』ミネルヴァ書房、一九八五年。

7 角野信夫『アメリカ企業・経営学説史』文眞堂、一九八七年。

8 稲村　毅・仲田正機編著『転換期の経営学』中央経済社、一九九二年。

9 三戸　公『随伴的結果』文眞堂、一九九四年。

10 加藤勝康『バーナードとヘンダーソン』文眞堂、一九九六年。

11 河野大機・吉原正彦編『経営学パラダイムの探求』文眞堂、二〇〇一年。

二 プラグマティズムと経営理論——チャールズ・S・パースの思想からの洞察——

洋書

1 Houser, Nathan, and Christian Kloesel (eds.), *The Essential Peirce: Selected Philosophical Writings,* Vol. 1 (1867–1893), Indiana University Press, 1992.

2 The Peirce Edition Project (ed.), *The Essential Peirce: Selected Philosophical Writings,* Vol. 2 (1893–1913), Indiana University Press, 1998.

3 Peirce, Charles S., *Pragmatism as a Principle and Method of Right Thinking: The 1903 Harvard Lectures on Pragmatism,* edited by Turrisi, Patricia A., State University of New York Press, 1997.

4 Peirce, Charles S., *Reasoning and the Logic of Things: The Cambridge Conference Lectures of 1898,* edited by Ketner, Kenneth L., Harvard University Press, 1992.

5 McDermott, John J., *The Writings of William James: A Comprehensive Edition,* The University of Chicago Press, 1977.

6 Bernstein, Richard J. (ed.), *Perspectives on Peirce: Critical Essays on Charles Sanders Peirce,* Yale University Press, 1965.（岡田雅勝訳『パースの世界』木鐸社、一九七八年。）

7 Davis, William H., *Peirce's Epistemology,* Martinus Nijihoff, 1972.（赤木昭夫訳『パースの認識論』産業図書、一九九〇年。）

8 Fontrodna, Juan, *Pragmatism and Management Thought: Insights from the Thought of Charles S. Peirce,* Quorum, 2002.

9 Buchholz, Rogene A., and Sandra B. Rosenthal, *Business Ethics: The Pragmatic Path beyond Principles to Process,* Prentice-Hall, 1998.

10 Rosenthal, Sandra B., and Rogene A. Buchholz, *Rethinking Business Ethics: A Pragmatic Approach,* Oxford

University Press, 2000.（岩田浩・石田秀雄・藤井一弘訳『経営倫理学の新構想』文眞堂、二〇〇一年。）

和書

1 上山春平責任編集『パース、ジェイムズ、デューイ（世界の名著59）』中央公論社、一九八〇年。
2 米盛裕二編訳『パース著作集1』勁草書房、一九八五年。
3 内田種臣編訳『パース著作集2』勁草書房、一九八六年。
4 遠藤　弘編訳『パース著作集3』勁草書房、一九八六年。
5 上山春平『上山春平著作集』第1巻、法藏館、一九九六年。
6 鶴見俊輔『新装版　アメリカ哲学』講談社、一九八六年。
7 山本安次郎『経営学研究方法論』丸善、一九七五年。
8 山本安次郎・加藤勝康編『経営発展論』文眞堂、一九九七年。
9 村田晴夫「バーナードのシステム論とプラグマティズム」、加藤勝康・飯野春樹編『バーナード』文眞堂、一九八七年。
10 村田晴夫「ウィリアム・ジェイムズからバーナードへ」、飯野春樹編『人間協働——経営学の巨人、バーナードに学ぶ——』文眞堂、一九八八年。

三　プロテスタンティズムと経営思想——クウェーカー派を中心として——

洋書

1 Bellah, R. N., *Beyond Belief: Essays on Religion in a Post-Traditional World*, Harper & Row, 1970.（葛西実・小林正佳訳『宗教と社会科学のあいだ』未来社、一九七四年。）
2 Bradney, A., & Cownie, F., *Living Without Law: An Ethnography of Quaker Decision-Making, Dispute Resolution*, Dartmouth Pub. Co. Ltd., 2000.
3 Cadbury, A., Sir, *The Company Chairman*, Director Books, 1990.

4 Child, J., *British Management Thought,* George Allen & Unwin, 1969.（岡田和秀・高澤十四久・齊藤毅憲訳『経営管理思想』文眞堂、一九八二年。）
5 Copley, F. B., *Frederick W. Taylor: Father of Scientific Management,* Vol. 1, Routledge, 1993. (Reprinted of 1923 ed.)
6 Emden, P. H., *Quakers in Commerce: A Record of Business Achievement,* Sampson Low, 1939.
7 Fox, E. & Urwick, L. (eds.), *Dynamic Administration: The Collected Papers of Mary Parker Follett,* Pitman Pub., 1973.
8 Graham, P. ed., *Mary Parker Follett: Prophet of Management,* Harvard Business School Press, 1994.（三戸公・坂井正廣監訳『M・P・フォレット　管理の予言者』文眞堂、一九九九年。）
9 Taylor, F. W., *Scientific Management: Comprising Shop Management, the Principles of Scientific Management, Testimony before the Special House Committee,* Harper & Brothers, 1947.（上野陽一編訳『科学的管理法』産業能率短期大学出版部、一九六三年、新版、産業能率大学出版部、一九八〇年。）
10 Tonn, J. C., *Mary P. Follett: Creating Democracy, Transforming Management,* Yale University Press, 2003.
11 Verson, A., *A Quaker Business Man: The Life of Joseph Rowntree 1836–1925,* Sessions Book Trust, 1987.
12 Weber, M., "Die Protestantische Ethik und der Geist des Kapitalismus," in *Gesammelte Aufsätze zur Religionssoziologie,* Bd. 1, J. C. B. Mohr, 1920.（梶山力・大塚久雄訳『プロテスタンティズムの倫理と資本主義の精神（上）・（下）』岩波書店、一九五五年・一九六二年。）
13 Williams, I. A., *The Firm of Cadbury 1831–1931,* Constable, 1931.
14 Windsor, D. B., *The Quaker Enterprise: Friends in Business,* Frederick Muller Ltd., 1980.

和書

1 上田辰之助『経済人・職分人』理想社、一九四二年。
2 上田辰之助『経済人の西・東』みすず書房、一九八八年。
3 梅津順一『近代経済人の宗教的根源　ウェーバー、バクスター、スミス』みすず書房、一九八九年。

4 山本　通『近代英国実業家たちの世界―資本主義とクエイカー派』同文舘、一九九四年。

四　シュマーレンバッハの思想的・実践的基盤

洋書

1 Schmalenbach, Eugen, Buchführung und Kalkulation im Fablikgeschäft, in: *Deutsche Metall-Industrie-Zeitung,* Nr. 13-22, 1899; *Buchführung und Kalkulation im Fablikgeschäft,* Leipzig 1928.

2 Schmalenbach, Eugen, *Finanzierungen,* Leipzig 1915.

3 Schmalenbach, Eugen, Grundlagen dynamischer Bilanzlehre, in: *ZfhF,* 13. Jg., 1919; *Grundlagen dynamischer Bilanzlehre,* 2. Aufl., Leipzig 1920; *Dynamische Bilanz,* 4. Aufl., Leipzig 1926.

4 Schmalenbach, Eugen, Selbstkostenrechnung I, in: *ZfhF,* 13. Jg., 1919; *Grundlagen der Selbstkostenrechnung und Preispolitik,* 2. Aufl., Leipzig 1925; *Kostenrechnung und Preispolitik,* Köln und Opladen 1956.

5 Schmalenbach, Eugen, *Goldmarkbilanz,* Berlin 1922.

6 Schmalenbach, Eugen, *Der Kontenrahmen,* Leipzig 1927.

7 Schmalenbach, Eugen, *Die Aufstellung von Finanzplänen,* Leipzig 1931.

8 Schmalenbach, Eugen, *Kapital, Kredit und Zins in betriebswirtschaftlicher Beleuchtung,* Leipzig 1933.

9 Schmalenbach, Eugen, Entwurf einer Dienstanweisung für Finanzleiter nebst Begründung und einer Einleitung über allgemeine Organisationsgrundsätze, Manuskript, 1940.

10 Schmalenbach, Eugen, Über die Dienststellengliederung im Großbetriebe, Manuskript, 1941.

11 Schmalenbach, Eugen, Über die exakte Wirtschaftslenkung, Manuskript, 1943.

12 Schmalenbach, Eugen, Handelsbilanzen und andere Bilanzen, Manuskript, 1943.

13 Schmalenbach, Eugen, Gedanken eines Betriebswirtschaftlers zum Wiederaufbau zerstörter Großstädte, Manuskript, 1943.

14 Schmalenbach, Eugen, Allgemeine Grundsätze ordnungsmäßiger Bilanzierung, Manuskript, 1944.
15 Schmalenbach, Eugen, Über die zukünftige Gestaltung der Betriebswirtschaftslehre, Manuskript, 1944.
16 Schmalenbach, Eugen, *Pretiale Wirtschaftslenkung,* Bremen-Horn Bd. 1: *Die optimale Geltungszahl,* 1947; Bd. 2: *Pretiale Lenkung des Betriebes,* 1948.
17 Schmalenbach, Eugen, *Der freien Wirtschaft zum Gedächtnis,* Köln und Opladen 1949.
18 Schmalenbach, Eugen, *Die doppelte Buchführung,* Köln und Opladen 1950.
19 Schmalenbach, Eugen, Gedanken zur betrieblichen Personalwirtschaft, in: *ZfhF,* Neue Folge, 2. Jg., 1950.
20 Kruk, Max; Potthoff, Erich; Sieben, Günter, *Eugen Schmalenbach: Der Mann-Sein Werk-Die Wirkung,* Stuttgart 1984.（樗木航三郎・平田光弘訳『シュマーレンバッハ　炎の生涯』有斐閣、一九九〇年。）
21 Klein-Blenkers, Fritz, *Entwurf einer Gesamtübersicht über die Hochschullehrer der Betriebswirtschaft in der Zeit von 1898-1934,* Köln 1988.

和書

1 神戸大学会計学研究会編『シュマーレンバッハ研究』中央経済社、一九五四年（復刻版一九八〇年）。
2 宮上一男編『シュマーレンバッハ研究』世界書院、一九七八年。
3 古林喜楽監修・大橋昭一・奥田幸助訳『シェーンプルーク経営経済学』有斐閣、一九七〇年。
4 市原季一『ドイツ経営学―ドイツ的経営学の生成と発展―』森山書店、一九五四年。
5 小島三郎『ドイツ経験主義経営経済学の研究―主観主義経営経済学の系譜―』有斐閣、一九六五年。
6 吉田和夫『ドイツ合理化運動論―ドイツ独占資本とワイマル体制―』ミネルヴァ書房、一九七六年。
7 吉田和夫『ドイツ経営経済学』森山書店、一九八二年。
8 鈴木辰治『経営と経済体制―ドイツ経営学研究―』文眞堂、一九七七年。
9 岡田昌也『経営経済学の生成』森山書店、一九七八年。
10 田島壯幸『ドイツ経営学の成立―代表的学説の研究―』増補版、森山書店、一九七九年。
11 中村常次郎『ドイツ経営経済学』東京大学出版会、一九八二年。

12 笠原俊彦『技術論的経営学の特質』千倉書房、一九八三年。
13 森　哲彦『経営学史序説―ニックリッシュ私経済学論―』千倉書房、一九九三年。
14 森　哲彦『ドイツ経営経済学』千倉書房、二〇〇三年。
15 永田　誠『現代経営経済学史』森山書店、一九九五年。

五　ドイツ経営経済学・経営社会学と社会的カトリシズム

洋書

1 Lechtape, Heinrich, *Die menschliche Arbeit als wissenschaftlichen Sozialpolitik,* Jena 1929.
2 Briefs, Goetz, *Betriebsführung und Betriebsleben in der Industrie. Zur Soziologie und Sozialpsychologie der modernen Großbetriebs in der Industrie,* Stuttgart 1934.
3 Geck, L. H. Adolph, *Die soziale Arbeitsverhältnisse im Wandel der Zeit. Eine geschichtliche Einführung in die Betriebssoziologie,* Berlin 1931.
4 Schwenger, Rudolf, Die soziale Frage im industrillen Betrieb, in; *Die soziale Frage und der Katholizismus, hrsg. von Görres-Gesellschaft,* Paderborn 1931.
5 Kalveram, Wilhelm, *Der christliche Gedanke in der Wirtschaft,* Köln 1949.
6 Fischer, Guido, *Mensch und Arbeit im Betrieb,* Zürich 1934.
7 Fischer, Guido, *Christliche Gesellschaftsordnung und Sozialpraxis des Betriebes,* Heiderberg 1950.
8 Marx, August, Ethische Probleme in der Betriebswirtschaftslehre, in; *Gegenwartsprobleme der Betriebswirtschaft,* hrsg. von F. Henzler, Frankfurut a. M. 1995.
9 Gaugler, Eduard, Das Unternehmen im Spannungsfeld betriebswirtschaftlicher und humanitärer Erfordernisse, in; *Arbeit. Ihre Wert, Ihre Ordnung. Mit einer Anspruche von Papst Johannes Paul II.,* hrsg. von Bruno Heck, Mainz 1984, SS. 76-93.

和書

1 市原季一『ドイツ経営学』森山書店、一九五四年。
2 藻利重隆『労務管理の経営学』千倉書房、一九五八年。
3 市原季一『西独経営社会学』森山書店、一九六五年。
4 石坂 巌『経営社会政策論の成立』有斐閣、一九六八年。
5 増田正勝『ドイツ経営政策思想』森山書店、一九八一年。
6 佐護 譽『ドイツ経営労務論史』泉文堂、一九八五年。
7 佐護 譽『ドイツ経営社会政策論』泉文堂、一九八八年。
8 増田正勝『キリスト教経営思想—近代経営体制とドイツ・カトリシズム』森山書店、一九九九年。

六 上野陽一の能率道

洋書

1 Wren, D. A., *The Evolution of Management Thought*, John Wiley & Sons, Inc., 1994.（佐々木恒男監訳『マネジメント思想の進化』文眞堂、二〇〇三年。）
2 Sheldrake, J., *Management Theory*, International Thomson Publishing, Inc., 1996.（齊藤毅憲他訳『経営管理論の時代』文眞堂、二〇〇〇年。）
3 Wren, D. A. and R. G. Greenwood, *Managerial Innovators*, Oxford University Press, Inc., New York, 1998.（井上昭一他訳『現代ビジネスの革新者たち』ミネルヴァ書房、二〇〇〇年。）
4 Urwick, L. F. & Wolf, W. B., *The Golden Book of Management*, New Expanded Edition, In two parts, American Management Associations, 1984.

和書

1 原　輝史『科学的管理法の導入と展開』昭和堂、一九九〇年。
2 奥田健二『人と経営』マネジメント社、一九八五年。
3 佐々木聡『科学的管理法の日本的展開』有斐閣、一九九八年。
4 吉田和夫『日本の経営学』同文舘、一九九二年。

七　日本的経営の思想的基盤——経営史的な考究——

洋書

1 Hirschmeier, J. & T. Yui, *The Development of Japanese Business 1600-1980*, Second Edition, George Allen & Unwin, 1983.
2 Fruin, Mark W., *Japanese Enterprise System*, Oxford University Press, 1983.
3 Wilson, John F., *British Business History, 1720-1994*, Manchester University Press, 1995.
4 Chandler, A. D. Jr., *The Visible Hand: The Managerial Revolution in American Business*, Harvard University Press, 1977.
5 Hannah, L., *The Rise of the Corporate Economy*, Second Edition, Methuen, 1983.

和書

1 J・ヒルシュマイヤ・由井常彦『日本の経営発展』東洋経済新報社、一九七八年。
2 由井常彦『清廉の経営』日本経済新聞社、一九九三年。
3 由井常彦・大東英祐『大企業時代の到来』日本経営史3、岩波書店、一九九五年。
4 間　宏『日本労務管理史研究』ダイヤモンド社、一九六四年。
5 森川英正『日本型経営の源：経営ナショナリズムの企業理念』東洋経済新報社、一九七三年。

6 森川英正『日本経営史』日本経済新聞社、一九八一年。
7 西成田豊『近代日本労使関係史の研究』東京大学出版会、一九八八年。
8 佐々木聡『科学的管理法の日本的展開』有斐閣、一九九八年。
9 鈴木良隆・安部悦生・米倉誠一郎『経営史』有斐閣、一九八七年。
10 日本工業倶楽部五十年史編纂委員会『日本工業倶楽部五十年史』日本工業倶楽部、一九六七年。
11 同右『財界回想録』上・下巻、日本工業倶楽部、一九六七年。
12 経営学史学会編『経営学の位相』文眞堂、一九九四年。
13 経営学史学会編『日本の経営学を築いた人びと』文眞堂、一九九六年。

V 資料

経営学史学会第十一回大会実行委員長挨拶

西川清之

経営学史学会第十一回大会が、二〇〇三年五月十六日から十八日の日程で龍谷大学深草学舎で開催され盛会裏のうちに閉幕することができましたことは、開催校として喜びにたえません。報告者および役員各位をはじめ参加会員皆様に対し、この場を借りて厚く御礼申し上げます。とくに、今大会は経営学史学会の第二ステージのスタートとなる大会で、そのような節目の大会を龍谷大学で開催させていただき、実行委員一同、光栄に思っております。

京都は、京セラ、ローム、オムロンなど、戦後生まれの若い企業を数多く輩出している土地であります。そのような企業のなかの一つ、株式会社サムコインターナショナル研究所の代表取締役社長の辻理（つじおさむ）氏を招聘し特別講演をお願い致しました。講演「私の経営理念」は、参加会員皆様にご満足頂けたものと思っております。お忙しい中、特別講演をご快諾頂いた辻社長に厚く御礼申し上げます。今大会は、『経営理論における思想的基盤』をテーマとして、仲田正機教授の基調報告をはじめとして、統一論題六本、自由論題九本の研究発表・議論が行われ充実した内容となりました。また、これまでのシンポジウム形式を採らないなどの新しい試みも行われました。

大会の企画・実行では、佐々木恒男理事長をはじめ、理事・幹事の諸先生方に懇切なご指導を頂きました。心より感謝申し上げます。

新緑の時期で、また「葵祭り」の時期とも重なって、観光客も多く、参加会員の皆様には宿泊では何かとご不便をおかけしたと思います。また、運営に際しましても、行き届かない点が数多くあったことと存じますが、何卒ご海容の程お願い致します。ご協力ありがとうございました。

第十一回大会をふりかえって

海道　ノブチカ

経営学史学会第十一回大会は、二〇〇三年五月十六日（金）から五月十八日（日）まで新緑の京都、葵祭の時期に龍谷大学深草学舎で開催された。昨年、創立十周年を迎え新たなステージへと踏み出した今大会は、『経営理論における思想的基盤』という統一論題のもと、学説を先行理論や社会的、経済的、文化的状況との関連で理解するだけではなく、思想的、哲学的基盤や宗教観、価値観にまで踏み込んで議論が展開された。三六五年にわたる歴史と思想的、宗教的基盤を持つ主催校にふさわしいテーマであった。

まず仲田正機会員により「経営学における実践原理・価値規準について」というテーマで基調報告が行われ、引き続き統一論題に関して六つの報告が行われた。日本の問題については由井常彦氏が経営史の立場から「日本的経営の思想的基盤」というテーマで大企業の発展とそれを支えた思想は何かについて報告を行い、また齊藤毅憲会員は、「上野陽一の能率道」というテーマで上野学説に新たな光を当てた。宗教観や価値観の問題に関しては三井　泉会員より「プロテスタンティズムと経営思想」というテーマでクウェーカー派の職業倫理と経営思想について報告があり、また増田正勝会員より「ドイツ経営経済学・経営社会学と社会的カトリシズム」というテーマで、ドイツ「カトリック学派」の占める重みが明らかにされた。さらに岩田　浩会員からはパースを中心に、「プラグマティズムと経営理論」というテーマで理論の思想的基盤としてのプラグマティズムについて報告があった。また平田光弘会員からは「シュマーレンバッハの思想的・実践的基盤」というテーマで「経営と実践」という基本問題が論じられた。今大会では、シンポジウムという形式にはこだわらず各報告ごとに三〇分の討論時間を十分にとり、掘り下げた議論が活発に行われた。

また特別講演としてサムコインターナショナル研究所、代表取締役の辻　理氏より「私の経営理念」というテーマで京都のベンチャー企業の具体的理念について講演があった。自由論題に関しては統一論題のテーマと関連深い報告を中心に九名が三会場で各自の研究を発表し、チェアパーソンのコメントをふまえて活発に議論が行われた。

大会期間中の理事会では総会に提案する報告事項と議案の検討、第十二回大会の統一論題の検討などが行われた。また総会では、一年間の活動報告、会計報告などがなされた後、来年の第十二回大会を横浜市立大学で開催することが決定され、横浜市立大学の齊藤毅憲会員より挨拶が行われた。

大会を周到に準備され、運営していただいた西川清之大会実行委員長をはじめ、龍谷大学の皆様方に心より感謝申し上げる次第である。

第十一回大会のプログラムは、次のとおりである。

第二日目、五月十七日（土）

【自由論題】（報告三〇分、チェアパーソンのコメント五分、質疑応答一五分）

A会場（二号館三〇六教室）

九：三〇―一〇：二五　生田泰亮（大阪大学・院生）「プロセスとしてのコーポレート・ガバナンス――ガバナンス研究に求められるもの――」

チェアパーソン・出見世信之（明治大学）

一〇：三〇―一一：二五　高見直樹（大阪市立大学・院生）「「経営者の社会的責任」論とシュタインマンの企

業倫理論」
チェアパーソン・万仲脩一（大阪産業大学）
一一：三〇―一二：二五　境　新一（東京家政学院大学）「企業統治における内部告発の意義と問題点――経営と法律の視点から――」
チェアパーソン・西岡健夫（追手門学院大学）

B会場（二号館三一〇教室）

九：三〇―一〇：二五　西本直人（明治大学）「ＨＲＯ研究の革新性と可能性」
チェアパーソン・福永文美夫（久留米大学）
一〇：三〇―一一：二五　松田昌人（京都経済短期大学）「調整の概念の学史的検討と現代的課題」
チェアパーソン・稲葉元吉（成城大学）
一一：三〇―一二：二五　國島弘行（創価大学）「新しいビジネス・モデルとしての「ハリウッド・モデル」とギルド」
チェアパーソン・大平義隆（北海学園大学）

C会場（二号館三一一教室）

九：三〇―一〇：二五　村山元理（常磐大学）「価値重視の経営哲学――霊性の探求を学史的に照射して――」
チェアパーソン・角野信夫（神戸学院大学）
一〇：三〇―一一：二五　春日　賢（北海学園大学）「ヴェブレンとドラッカー――企業・マネジメント・社会――」

一一：三〇―一二：二五　チェアパーソン・河野大機（東北大学）
島田　恒（龍谷大学）「ミッションに基づく経営――非営利組織の事業戦略基盤――」
チェアパーソン・辻村宏和（中部大学）

【特別講演】（二号館三〇一教室）

一三：三〇―一四：一〇　辻　理（㈱サムコインターナショナル研究所代表取締役社長）「私の経営理念」
司会・西川清之（龍谷大学）

【基調報告・統一論題】（二号館三〇一教室）（報告三〇分、討論三〇分）

一四：一五―一四：四五　基調報告：仲田正機（立命館大学）「経営学における実践原理・価値規準について――アメリカ経営管理論を中心として――」
司会・小笠原英司（明治大学）

一四：四五―一五：四五　統一論題一：由井常彦（文京学院大学）「日本的経営の思想的基盤」
司会・佐々木恒男（青森公立大学）

第三日目、五月十八日（日）

一〇：〇〇―一一：〇〇　統一論題二：岩田　浩（大阪産業大学）「プラグマティズムと経営理論――チャールズ・S・パースの思想から洞察――」
司会・岸田民樹（名古屋大学）

一一：〇〇―一二：〇〇　統一論題三：三井　泉（帝塚山大学）「プロテスタンティズムと経営思想――クウェーカー派を中心として――」

一三：〇〇―一四：〇〇　司会・中川誠士（福岡大学）
統一論題四：平田光弘（東洋大学）「シュマーレンバッハの思想的・実践的基盤」
司会・永田　誠（大阪府立大学）

一四：〇〇―一五：〇〇　統一論題五：増田正勝（広島経済大学）「ドイツ経営経済学・経営社会学と社会的カトリシズム」
司会・髙橋由明（中央大学）

一五：〇〇―一六：〇〇　統一論題六：齊藤毅憲（横浜市立大学）「上野陽一の能率道」
司会・片岡信之（桃山学院大学）

執筆者紹介（執筆順）

仲《なか》田《た》正《まさ》機《き》（立命館大学教授）

主著『現代アメリカ管理論史』ミネルヴァ書房、一九八五年

『企業間の人的ネットワーク――取締役兼任制の日米比較――』同文舘出版、一九九七年

岩《いわ》田《た》浩《ひろし》（大阪産業大学教授）

主要論文「経営倫理学の拡充に向けて――デューイとバーナードが示唆する重要な視点――」経営学史学会編『経営学百年』文眞堂、二〇〇〇年

「バーナードの道徳的プラグマティズム――ジョン・デューイとの近親性を通して――」河野大機・吉原正彦編『経営学パラダイムの探求』文眞堂、二〇〇一年、第五章

三《み》井《つ》泉《いずみ》（日本大学教授）

主要論文「アメリカ経営学における「プラグマティズム」と「論理実証主義」」経営学史学会編『組織・管理研究の百年』文眞堂、二〇〇一年

「バーナード理論の方法的基盤――「実践」と「科学」のはざまに見たもの――」河野大機・吉原正彦編『経営学パラダイムの探求』文眞堂、二〇〇一年、第四章

平《ひら》田《た》光《みつ》弘《ひろ》（星城大学教授）

主要論文 'Die Wirkung der Theorie der Unternehmung von Gutenberg in der japanischen Betriebswirtschaftslehre', in: Horst Albach et al. (Hrsg.):

Die Theorie der Unternehmung in Forschung und Praxis, Springer-Verlag, Berlin・New York 1999.
'Compliance and Governance in Large Japanese Companies'『経営論集』（東洋大学）第六二号、二〇〇四年

増《ます》田《だ》正《まさ》勝《かつ》（山口大学名誉教授・広島経済大学教授）
主著『ドイツ経営政策思想』森山書店、一九八一年
『キリスト教経営思想――近代経営体制とドイツ・カトリシズム――』森山書店、一九九九年

齊《さい》藤《とう》毅《たけ》憲《のり》（横浜市立大学教授）
主著『経営管理論の基礎』（増補版）同文舘、一九八七年
『経営学のフロンティア』（共編著）学文社、二〇〇四年

由《ゆ》井《い》常《つね》彦《ひこ》（明治大学名誉教授・文京学院大学教授）
主著『大企業時代の到来』（大東英祐と共編）日本経営史3、岩波書店、一九九五年
『清廉の経営――石門心学と現代』日本経済新聞社、一九九三年

辻《つじ》理《おさむ》（株式会社サムコインターナショナル研究所　代表取締役社長）

島《しま》田《だ》恒《ひさし》（京都文教大学教授）
主著『日本的経営の再出発』同友館、一九八六年
『非営利組織研究』文眞堂、二〇〇三年

村《むら》山《やま》元《もと》理《まさ》（常磐大学助教授）
主要論文「日本のＭＳＲ（経営・スピリチュアリティーと宗教）研究の立ち上げに向けて、補説：雪印乳業の創業スピリット」『日本経営倫理学会創立一〇周年記念

誌―第二回「経営倫理」懸賞論文、優秀論文集』日本経営倫理学会、二〇〇三年

「企業倫理論」齊藤毅憲・藁谷友紀・相原章編『経営学のフロンティア』学文社、二〇〇四年、第七章

境《さかい》新《しん》一《いち》（東京家政学院大学助教授）

主著『現代企業論――経営と法律の視点――』（第二版）、文眞堂、二〇〇三年

『企業紐帯と業績の研究――組織間関係の理論と実証――』文眞堂、二〇〇三年

生《いく》田《た》泰《やす》亮《あき》（大阪大学大学院経済学研究科博士後期課程）

主要論文「公式組織の定義をめぐる問題の検討」河野大機・吉原正彦編『経営学パラダイムの探求』文眞堂、二〇〇一年、第十八章

「ガバナンス問題への制度論からの一考察」『大阪大学経済学』第五二巻第二号、二〇〇二年

高《たか》見《み》直《なお》樹《き》（大阪市立大学大学院経営学研究科後期博士課程）

主要論文「企業倫理の理論とネスレ社の事例――シュタインマン（およびレーア）の見解――」『大阪市大論集』第一〇三号、二〇〇二年

「シュタインマンの共和主義的思考と企業倫理の構想」『経営研究』（大阪市立大学）第五四巻第二号、二〇〇三年

春《かす》日《が》賢《さとし》（北海学園大学助教授）

主要論文「ポスト企業社会とマネジメント――ドラッカーのマネジメント・イデオロギー――」『北海学園大学経済論集』第四八巻第三・四号、二〇〇一年

「「企業社会」の視点とその課題――予備的概括――」『北海学園大学経営論集』

第一巻第一号、二〇〇三年

松《まつ》田《だ》昌《まさ》人《と》（京都経済短期大学専任講師）

主要論文「サプライチェーン経営における調整の意義――調整の概念と原理の考案を中心に――」中央大学『大学院研究年報』第三〇号、商学研究科篇、二〇〇一年

「情報システム戦略における組織能力――プロセス・イノベーションを視野に入れて――」神奈川大学『国際経営論集』第二三号、二〇〇二年

西《にし》本《もと》直《なお》人《と》（明治大学専任講師）

主要論文「組織論における目的概念の変遷と展望」経営学史学会編『IT革命と経営理論』文眞堂、二〇〇二年

翻訳　カール・E・ワイク『センスメーキング　イン　オーガニゼーションズ』（共訳）文眞堂、二〇〇〇年

國《くに》島《しま》弘《ひろ》行《ゆき》（創価大学助教授）

主要論文「アメリカにおける伝統的組織論の形成・展開――職能論的組織論を中心として――」國島弘行・池田光則・高橋正泰・裴富吉『経営学の組織論的研究』白桃書房、一九九二年

「IT革命と事業戦略の新展開――ビジネスプロセスの変革と新しい企業間関係――」権泰吉・高橋正泰編著『組織と戦略』文眞堂、二〇〇四年

経営学史学会年報掲載論文（自由論題）審査規定

一　本審査規定は本学会の年次大会での自由論題報告を条件にした論文原稿を対象とする。

二　編集委員会による形式審査

原稿が著しく規定に反している場合、編集委員会の責任において却下することができる。

三　査読委員の選定

査読委員は、原稿の内容から判断して適当と思われる会員二名に地域的バランスも配慮して、編集委員会が委嘱する。なお、大会当日の当該報告の討論者には査読委員を委嘱しない。また会員に適切な査読者を得られない場合、会員外に査読者を委嘱することができる。なお、原稿執筆者と特別な関係にある者（たとえば指導教授、同門生、同僚）には、査読者を委嘱できない。

なお、査読委員は執筆者に対して匿名とし、執筆者との対応はすべて編集委員会が行う。

四　編集委員会への査読結果の報告

査読委員は、論文入手後速やかに査読を行い、その結果を三〇日以内に所定の「査読結果報告書」に記入し、編集委員会に査読結果を報告しなければならない。なお、報告書における「論文掲載の適否」は、次のように区分する。

①適

②条件付き適⑴：査読委員のコメントを執筆者に返送し、再検討および修正を要請する。再提出された原稿の修正確認は編集委員会が負う。

③条件付き適⑵：査読委員のコメントを執筆者に返送し、再検討および修正を要請する。再提出された原稿は査読委員が再査読し、判断する。

④不適

五　原稿の採否

編集委員会は、査読報告に基づいて、原稿の採否を以下のようなルールに従って決定する。

①査読者が二名とも「適」の場合、掲載を可とする。

②査読者一名が「適」で、他の一名が「条件付き⑴」の場合は、執筆者の再検討・修正を編集委員会が確認した後、掲載の措置をとる。

③査読者一名が「適」で、他の一名が「条件付き⑵」の場合は、執筆者の再検討・修正を、査読者が再読・確認したとの報告を受けた後、掲載の措置をとる。

④査読者二名とも「条件付き⑴」の場合、あるいは査読者一名が「条件付き⑴」で他の一名が「条件付き⑵」の場合、また査読者が二名とも「条件付き⑵」の場合は、執筆者が再検討・修正のそれぞれの条件を満たしたことを編集委員会が確認した後、掲載の措置をとる。

⑤査読者一名が「条件付き⑴または⑵」で、他の一名が「不適」の場合、後者に再検討・修正後の投稿原稿を再査読することを要請するとともに、執筆者の反論をも示し、なお「不適」の場合には編集委員会がその理由を確認して、原則的には不掲載の措置をとる。ただし再査読後、編集委員会が著しく「不適理由」を欠くと判断した場合は、大会報告時の討論者の意見も参考にして、編集委員会の責任で採否を決定し、掲載・不掲載の措置をとる。

⑥査読者一名が「適」で、他の一名が「不適」の場合、大会報告時の討論者の意見、執筆者の反論をも考慮して、編集委員会の責任で採否を決定し、掲載・不掲載の措置をとる。

⑦査読者が二名とも「不適」の場合、掲載を不可とする。

六　執筆者への採否の通知

編集委員会は、原稿の採否、掲載・不掲載の決定を、執筆者に文書で通知する。

経営学史学会

年報編集委員会

編集後記

経営学史学会年報第十一輯を上梓するにあたり、統一論題論文および自由論題論文の執筆者のご協力に御礼を申し上げたい。また、第十一回大会実行委員会および龍谷大学の関係各位に対し、あらためて深甚の謝意を表し、謹んで本年報を捧げたい。

本年報の書名『経営学を創り上げた思想』は第十一回大会の統一論題「経営理論における思想的基盤」をアレンジしたもので、組織や経営を理論的に探究する経営学の立場から、経営学がこれまで依拠してきた哲学的思想に焦点を当てて論ずることの意義を強調したものとなっている。経営学にとどまらず、自然科学を含むすべての研究が何かしらの思想を背景とし、何らかの哲学を基盤とせざるをえないことは、いまさら言うまでもない。重要なことは、経営の表層面の変化が大きく、次から次へと現状分析の必要と実践的課題への応答に追われ、新しいテーマと理論消化に忙殺されるときこそ、経営学的研究の理論的基盤に目を向けることであろう。

しかし、経営学を創り上げてきた哲学的思想とはいえ、その範囲は広大であり、その深さは無尽である。これを今回の年報で達したとは到底言えないことも、もとより当然である。むしろ本号の特集によって、今後も当学会が率先して「経営学と哲学」という遠大な学術的課題に挑戦する一里塚としたい。

ところで、前号で予告の通り、今回から自由論題論文の新たな査読制度が適用された。これまで、大会の自由論題報告は事前審査のうえ「予稿集論文」として執筆され、大会での討論を踏まえてチェアパーソンの判定を得たうえで年報論文が執筆され、編集委員会の査読を経て掲載されてきた。今号からは、編集委員会の最終判断の前に、さらに二名の査読委員による審査が加えられた。査読委員の各位には多忙のなか、最大限のご協力を得た。記して御礼を申し上げたい。

（小笠原英司　記）

THE ANNUAL BULLETIN
of
The Society for the History of Management Theories

No. 11 May, 2004

Philosophical Foundation of Management Theories

Contents

Preface

Tsuneo SASAKI (Chairman: Aomori Public College)

I **Philosophical Foundation of Management Theories**

1 On the Values, Norms, and Criteria of Business Management
Masaki NAKATA (Ritsumeikan University)

2 Pragmatism and Management Theories: Insights from the Thought of Charles S. Peirce
Hiroshi IWATA (Osaka Sangyo University)

3 Protestantism and Management Thought: On the Viewpoint of Quakerism
Izumi MITSUI (Tezukayama University)

4 Die gedankliche und praxisorientierte Basis von Eugen Schmalenbach
Mitsuhiro HIRATA (Toyo University)

5 Development of Business Administration and Industrial Sociology in Germany and Catholic Social Thought
Masakatsu MASUDA (Hiroshima University of Economics)

6 Yoichi Ueno's Management Thought
Takenori SAITO (Yokohama City University)

7 Intellectual Ground of Japanese Management: A Business Historians View
Tsunehiko YUI (Bunkyogakuin University)

Ⅱ **Special Lecture**

8 My Management Philosophy
Osamu TSUJI (President: Samco International Co.)

Ⅲ **Other Themes**

9 Mission-Based Management: The Foundation of NPOs' Service Strategy
Hisashi SHIMADA (Ryukoku University)

10 Philosophy of Value-centered Management: The Quest for Spirituality as Seen from Management Thought
Motomasa MURAYAMA (Tokiwa University)

11 The Significance of and Problems related to Whistle-Blowing in Corporate Governance, from a Management and Legal Perspective
Shin-ichi SAKAI (Tokyo Kasei-Gakuin University)

12 A Study on Corporate Governance: What is it, Norms or Process?
Yasuaki IKUTA (Osaka University)

13 "Social Responsibility of Executive" and Horst Steinmann's "Business Ethics"
Naoki TAKAMI (Osaka City University)

14 Veblen and Drucker: Business, Management and Society
Satoshi KASUGA (Hokkai Gakuen University)

15 The Historical Study of Concepts of Coordination and Present Subject of Coordination
Masato MATSUDA (Kyoto College of Economics)

16 Innovativeness and Potentiality of HRO Studies
Naoto NISHIMOTO (Meiji University)

17 The Hollywood Model and Guild
Hiroyuki KUNISHIMA (Soka University)

Ⅳ Literatures

Ⅴ Materials

Abstracts

On the Values, Norms, and Criteria of Business Management

Masaki NAKATA (Ritsumeikan University)

The purpose of this study was to examine the trajectory of the values, norms, and criteria of theories on business administration. In the first stage, theorists have analyzed management according to the functionally departmental organization such as production or sales department and so on. Raising the efficiency of the individual department became the values of management theory in this age. After 1930's, theorists of management came to analyze general management of the enterprise chiefly. The value criterion of management has changed into the request of efficiency in the entire enterprise. In addition, the theories of management came to research not only the enterprise but also the nonprofit organization such as the school and the hospital in 1970's. Then, the values of management has changed into the norms or the criteria by which business fulfills not only a value of efficiency in technological and economical aspects but also employee and customer's psychological satisfaction ratings. Now, the values of management has become pluralistic.

Pragmatism and Management Theories: Insights from the Thought of Charles S. Peirce

Hiroshi IWATA (Osaka Sangyo University)

Can pragmatism be a significant thought contribute to management theories? In order to approach this far-reaching subject, in this paper, the outline of epistemology, knowledge theory and moral theory specific to pragmatism is presented by analyzing the thought of Charles S. Peirce, who is a founder of pragmatism, in detail. On the basis of such a philosophical inquiry, some suggestive ideas for management theories given by pragmatism are examined. First, pragmatic reasoning processes which emphasize continuity between non-logical and logical processes will give a methodological suggestion to the theory of knowledge creating management. Second, pragmatic moral-creative theory composed of unity between esthetics and ethics will open up a dynamic way for business ethics. Finally, pragmatic knowledge theory based on fallibilism will be useful to explain the logic of managerial development oriented toward endless qualitative enrichment.

Protestantism and Management Thought: On the Viewpoint of Quakerism

Izumi MITSUI (Tezukayama University)

The purpose of this paper is to investigate the religious background of management thought. We discuss the importance of religious background in the management thought studies based on contextualism. Then, we argue the relationship between business and religion with 'role of religion in the social sciences' view proposed by Robert Bellah. We treat 'religion' as 'symbolic system that makes a sort of cosmology to be an identity for individuals and societies.' Quaker is one sect of Protestantism and the Friends is minority but had certainly made basic thought of modern business and management. However, there are quite few studies on this issue. In this paper, we survey Quaker Enterprises in Britain historically and examine transitions of their unique management thought. In particular, we discuss two remarkable Quaker business families, the Rowntree and the Cadbury, with the first source. Finally, we discuss the effects of Quakerism to thoughts of F. W. Taylor and M. P. Follett.

Die gedankliche und praxisorientierte Basis von Eugen Schmalenbach

Mitsuhiro HIRATA (Toyo University)

Eugen Schmalenbach (1873-1955) ist ein Gründer der Betriebswirtschaftslehre in Deutschland. Heute noch übt er einen großen Einfluß auf die Wissenschaft und Praxis von den Betrieben aus. Er war dazu geboren, durch wissenschaftliche Arbeit und Forschung den Betrieben zu dienen. Nach Schmalenbachs Überzeugung war die Wissenschaft, die Statur und Leben der Betriebe erforschte, ohne enge Verbundenheit mit dem Betrieb ebensowenig möglich wie die Wissenschaft von den Krankheiten und deren Heilung ohne die Kranken. Schmalenbach handelte bei der Erschaffung aller seiner Werke und Schriften, die sich mit betrieblichen Fragen befassen, stets nach dieser Maxime. Seine Wissenschaft stand unmittelbar im Dienst der Praxis und schöpfte auch ihre Anregungen aus der Praxis. Sein Ehrgeiz war es, immer und immer wieder der betrieblichen Praxis zu dienen. Eine enge Zusammenarbeit zwischen Wissenschaft und Praxis — das ist die ideale Erfüllung des Vermächtnisses, das er der Nachwelt hinterlassen hat.

Development of Business Administration and Industrial Sociology in Germany and Catholic Social Thought

Masakatsu, MASUDA (Hiroshima University of Economics)

The way to the unified nation and the rapid industrialization in the 19th century encouraged the political and social consciousness of German Catholic and led it to the organization of the Center Party, the catholic labor movement and the Christian Trade Union. In the period of the Weimar Republic the human problems of the firm caught the interest of the catholic social thought and a group of the catholic sociologists (G. Briefs, L. H. Geck, H. Lechtape, etc.) started the establishment of industrial sociology (Betriebssoziologie) and the theory of social business management (Soziale Betriebslehre) to develop a anthroprocentric business management. Afterwards the same awareness of problems was succeeded by a group of the catholic scholars in the area of business administration (Betriebswirtschaftslehe) (W. Kalveram, G. Fischer, A. Marx, E. Gaugler). They emphasized the development of studies on the human side of business management and the establishment of business ethics as a neighboring discipline.

Yoichi Ueno's Management Thought

Takenori SAITO (Yokohama City University)

Yoichi Ueno (1983-1957) started his career as a psychologist and later he studied Scientific Management as a part of Applied Psychology. Moreover, he was a pioneer of Management consultant in Japan, contributing to adapt Scientific Management to Japanese Companies. Although he had not been evaluated highly in Japan, Ueno was known as a representative Japanese Management scholar in West European countries. Be around fifty years old, he got close to Oriental thought such as Buddhism and Confucianism, and established his original "Noritu-do" (the right way of improving Efficiency). In this paper,after summarizing Ueno's career, the author wants to explain the concept of "Noritu-do" which was still applicable to the present day.

Intellectual Ground of Japanese Management: A Business Historians View

Tsunehiko YUI (Bunkyogakuin University)

This paper attempts to clearify the intellectual ground of Japanese Management. Discussion on so-called Japanese Management is still brisk and controversial. However, many discuss only labour management focussing on life time employment and seniority payment, which is a part and parcel of Japanese business. This paper traces the development of Japanese large industrial firms in the first half of the 20th century, closely examining formation of top management identified with board of directors and middle management with high flexibility and shop-floor orientation. In the last analysis, this paper discusses the growth of integrated entity of corporation, based on the Japanese original monoistic philosophy advocated by K. Nishida and others, which contributed greatly the formation of Japanese business with integrity and solidarity.

My Management Philosophy

Osamu TSUJI (President : Samco International Co.)

In this article, I would like to express my philosophy on business management. My company, Samco International, was established in the form of a venture business 23 years ago. At the outset of our company, we were faced with serious financial problems, and we could not afford to think about a management philosophy. About five years after the foundation, we were finally able to establish one: to contribute to world industry and science through our technological achievement in the field of thin film. In addition, we set a goal of becoming a publicly traded company in five years, and realized it six years later. At present, our company is still young and growing. I believe the role of the executive officer is more important than ever. And as a socially responsible firm, we aim to: create more employment, nurture competent staff, and return prosperity to our nation and our region.

経営学を創り上げた思想
経営学史学会年報　第11輯

二〇〇四年五月二一日　第一版第一刷発行

検印省略

編者　経営学史学会
発行者　前野眞太郎
〒162-0041　東京都新宿区早稲田鶴巻町五三三
発行所　株式会社　文眞堂
電話　〇三―三二〇二―八四八〇番
FAX　〇三―三二〇三―二六三八番
振替　〇〇一二〇―二―九六四三七番
組版　オービット
印刷　平河工業社
製本　広瀬製本所

URL. http://www.keieigakusi.jp
http://www.bunshin-do.co.jp
落丁・乱丁本はおとりかえいたします

定価はカバー裏に表示してあります
ISBN4-8309-4490-0　C3034

●好評既刊

経営学の位相　第一輯

●主要目次

I　課題

一　経営学の本格化と経営学史研究の重要性　山本安次郎
二　社会科学としての経営学　三戸　公
三　管理思考の呪縛――そこからの解放　北野利信
四　バーナードとヘンダーソン　加藤勝康
五　経営経済学史と科学方法論　永田　誠
六　非合理主義的組織論の展開を巡って　稲村　毅
七　組織情報理論の構築へ向けて　小林敏男

II　人と業績

八　村本福松先生と中西寅雄先生の回想　高田　馨
九　馬場敬治――その業績と人柄　雲嶋良雄
十　北川宗藏教授の「経営経済学」　海道　進
十一　シュマーレンバッハ学説のわが国への導入　齊藤隆夫
十二　回想――経営学研究の歩み　大島國雄

経営学の巨人　第二輯

●主要目次

I　経営学の巨人

日本の経営学を築いた人びと　第三輯

●主要目次

アメリカ経営学の潮流　第四輯

●主要目次

経営学研究のフロンティア　第五輯

●主要目次

経営理論の変遷　第六輯

●主要目次

経営学百年——鳥瞰と未来展望—— 第七輯

●主要目次

組織管理研究の百年　第八輯

●主要目次

IT革命と経営理論 第九輯

●主要目次

現代経営と経営学史の挑戦——グローバル化・地球環境・組織と個人——　第十輯

●**主要目次**